水戸藩農村社会の史的展開

野上 平

茨城新聞社

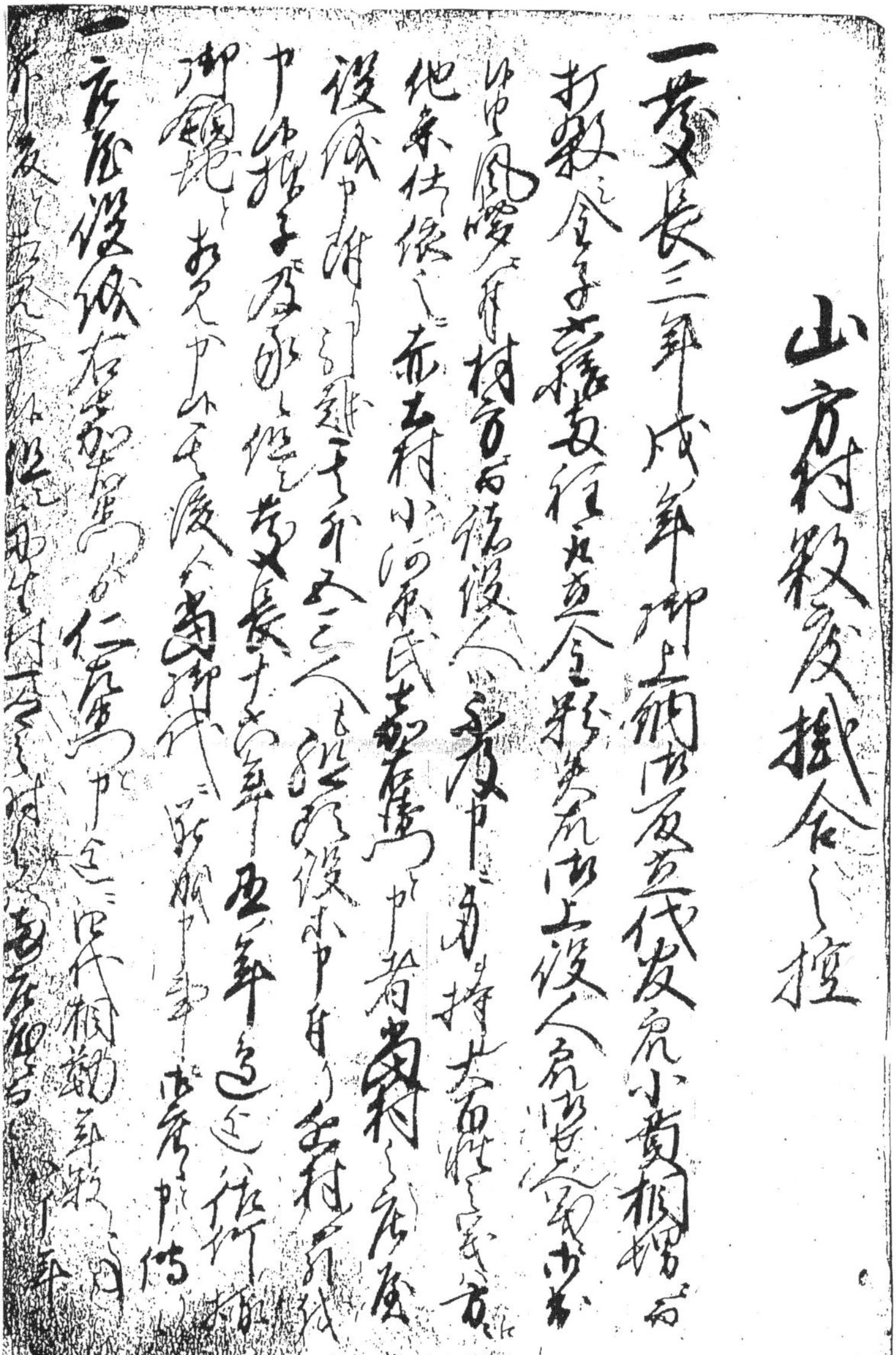

山方乱の伝承記録

水戸藩農村社会の史的展開　目次

第三章　幕府巡見使水戸藩領通過時における関係村々の対応

第四章　金献郷士　薄井友衛門家の系譜をめぐって

付　録

序　説

史実は史料を通じて間接的に認識され得るものであろう。しかし認識する過程において、史料の収集・整理・吟味・解釈等の重要な技術的な作業がある。もちろん史実を客観的に認識するには当然、扱う対象史料の選択・範囲が適切であらねばならない。

私自身、農村史という限られた分野ではあるが、調査研究を長年続けているうち、次第に史料採訪地の範囲が広がり、扱う数量も増えていった。しかも集めた史料は民俗学・考古学等の調査結果報告書、あるいは自然環境・景観史に関する研究書に至るまで、多岐の分野にわたるようになった。これによって、今までに発表された歴史研究著作や、文献史料からは知り得なかった各地の生活習慣・伝承、出土品の特色、さらには古い地形・気象、植生生態等に関する情報・知識をかなり得ることができた。

もちろんこれらの知識や情報が、史実を客観的かつ正確に認識する上で、すべて信頼できる内容とは限らない。ところが集めた資史料の内容を検討していると、不思議と古文書・古記録等文献史料では想像できなかったかつての農山村の景観や暮らしぶりが脳裏をよぎることが多くなった。それというのも自然景観・環境、その地方の生活習慣・俗諺、住民の意識等は文字に記し、残されていない例が多いからであろう。文献史料は、すべてを私どもに語りかけてはくれないのである。

また多岐の分野の知識・情報を、記録文書の内容と重ねてみると、水戸藩領農村の実態や、発生した事件・事象に関する従来の通説、歴史的評価に疑問を抱くことも多くなった。さらに水戸藩農村史研究には、未開拓分野の残されていることも少しずつ鮮明になってきた。しかし反対に、自信なく迷っていた史料解釈や、長年抱いていた疑問が他分野の調査研究の成果・知識を得たことで、氷解する例も少なくなかった。

平成十七、二十年の二回にわたって発表した「生瀬の乱年代考上・下」（『茨城史林』二九・三二号）は農村史研究者や郷土史家ばかりでなく、一般読者からも注目され、思わぬ反響があった。数年たった今なお、地方史研究会セミナーや市民向け郷土史講座等の主催者から、この論考に関する講演依頼があり、「生瀬の乱」へ関心を寄せる地元民が増えていることに驚いている。

周知のように一七世紀初頭、常陸北部山間地生瀬郷で起こったとされる「生瀬の乱（一揆）」は、この地方が佐竹氏から徳川氏支配に移行した直後の事件として捉えられ、「一村皆殺し」の残酷物語として古くから伝承されてきた。しかし乱の発生年代には諸説があって定まっていない。その上、伝えられる乱の発端・内容・規模などにも種々の説があり、あまりにも謎が多い。ただ、現在発行されている各出版社の日本史年表の多くは、慶長十四年（一六〇九）発生説を採用し、秋年貢徴収をめぐって起こった騒動としている。

ところがこれほどの大事件でありながら、水戸藩の正史には全く触れられていないのである。御三家の名門水戸藩が無抵抗・無防備の農民を大量虐殺したとすれば、それは確かに藩の沽券にかかわる不名誉な処置に違いない。体面を重んじた水戸藩が、この事件に関する記録をすべて密封したのではないか、との説が生まれたのもそのためであろう。

しかし私は地域の農村史研究を続けているうちに、いずれの伝承（説）も、史実として認めることができなくなった。したがって水戸藩の事件密封説も信じられなくなった。それというのも、次のような疑問が常に頭から離れなかったからである。

その一つは伝承のすべてが、事件の発端は秋年貢徴収に巡回した代官が、村人によって殺害された、としている点である。秋年貢は各村が所定の場所に責任をもって納めるもので、徴税官が地方に出張することは考えられない。仮に徴税官が村に出向いたとすれば、未納分を取り立てる来春である。秋ではない。

第二の疑問は各伝承のように、わずか数人の制圧隊が、逃げ惑う数百人もの村民を一夜のうちに殺戮することが果たして可能なのか、という点である。

これらの疑問を解明しようと調査を始めたところ、生瀬乱に類似した乱の伝承が、常陸北部山間の久慈川中流域、山方地方（常陸大宮市）にも残っていたことが分かった。また生瀬郷移住民に関する民話が、山間部各地に伝わっていたことも突き止めた。

これらに加えて、佐竹義宣が旧領を離れる前、夏年貢徴収を計画していたことを「秋田藩家蔵文書」で確認できた。さらに、佐竹氏が去った直後断行したとされている徳川氏の慶長七年（一六〇二）検地（一般に備前検地）は、生瀬郷をはじめ常陸北部の広い範囲で、未完了だったこともほぼ明らかにできた。

以上の判明結果（傍証事例）に基づき検討し、生瀬乱は佐竹氏が慶長七年五月初旬、国替えを通知され、七月下旬秋田に下向するまでの混乱期に発生したもので、事件は村民皆殺しではなく、小生瀬村民の村外への大量脱走（逃散）説が有力との見解を示した。

佐竹氏にとって、脆弱といわれていた農村支配基盤が安定化したとみられた矢先の国替え通知である。長年各種負担に喘いでいた農民の不平不満は領主左遷を知ったことでいっそう高まり、反抗心が一気に強まったと考えられる。そんな中で、夏年貢徴収を急ぐ佐竹氏が代官を村々に派遣したことから、事件は発生したとみたのである。特に旧領主佐竹氏に対する農民の反抗的態度が山間部で激しかったとみられるだけに、事件が生瀬郷の地で発生しても不思議ではなかったのである。

第二章「水戸藩政時代の犯罪と刑罰についての事例的研究」、第三章「幕府巡見使水戸藩領通過時における関係村々の対応」については、ともに未開拓とさえいわれている、研究の遅れた分野である。もとより力量不足の私が挑むにはあまりにも荷が重いとは承知していた。特に前者は法学的知識のない者が研究課題として取り組むには無謀とも思えた。しかし、人別帳、御用留、農民の日記などに限らず、地方文書には窃盗、博奕、不義密通、殺害、牢扶持、上り者（人）、追放、死罪、磔といった、犯罪と刑罰に関する記述は極めて多いのである。それを承知しながら、これらのことに無関心・無理解のまま、農村史研究を進めることは許されないと考えたのである。

そこでまず、水戸藩領内で発生した事件（犯罪）と、その処分（刑罰）に関する事例を、可能な限り多く集めることに心掛けた。その過程で最初に発表したのが、「水戸藩農村における刑罰執行について──前半期の極刑例を中心として──」（平成十一年『郷土文化』四〇）であった。その後収集した史料を加え、また読者からのご指摘、ご指導を参考に平成十九年、新たに「水戸藩における重刑の実態と問題点」（吉成英文編『常陸の社会と文化』所収）を発表した。小論はそれに若干の訂正・補筆を行ったものである。

もとより私には法理論的分析は不可能なことであった。小論は収集した史料の中から、代表的犯罪・刑罰を取り上げ、私なりの判断で類型別にまとめ、広く紹介することに主眼を置き執筆した。ただはっきりしたことは水戸藩の刑罰は幕府・諸藩と比べ、極めて厳しいものであったが、儒教の影響による人権思想の高まりや、人道主義的な藩主（特に六代治保・七代治紀）の施政下に入って、緩刑主義的流れが強まったように思われるのである。

一方藩士の間にも人権を重んじる立場から、領内での判決・紛争処理には信頼性・正当性を欠く事例が多いことに批判の目を向ける識者がいないわけではなかった。判決（裁断）の信頼性・正当性を高めるには役人の不心得を正すことはもちろんのこと、判断を導くための根拠となる捜査技術の向上、平等性を確保するための成文刑法典の制定、判例集の編集は不可欠であった。当時の識者もこれらの課題に着目したと思われるが、藩として真正面から取り組んだ形跡はない。

次の「幕府巡見使の水戸藩通過時の対応」に関する論考（第三章）については、ある郷土史家からの薦めがあって、急遽本書に収めることにしたものである。内容的には「奥州帰巡見使」の棚倉道中通過の状況紹介が中心となっている。もとより水戸藩全領にわたっての幕府監察の実態把握は時間的にも不可能と考え、とりあえず『常陸太田市史』、『里美村史』等で記述した要旨を基本にし、その後各地の調査で得た関係史料を加味し、再構成することにした。

結局、小論は水戸藩内の、ごく限られた地域を対象とした検証ということになる。しかし一〇〇名を超える監察団が各地を巡回することの問題点や限界について、少なくとも次の二点については、ある程度明らかにすることができたのではないかと、考えている。

一、巡見使通過は、各領主・領民にとって、精神的・経済的な面ばかりでなく、接待関係諸係役員、道橋・宿所等を中心とした環境整備のための人足出役等の人的負担も計り知れなかった。特に巡見使通過筋関係村々（近隣を含めて）にとって、一行を迎えるにあたっての対応・準備に要した経費、労役負担（特に時間の浪費）は農作業、日常生活に支障をきたしたことは間違いなかった。

ただ、一行の宿泊地村について、太田村（常陸太田市）を中心にみてきたが、この村の場合、全体的にはむしろ特殊な例かも知れない。中世佐竹氏の拠点であった太田村は、水戸藩成立後も早くからこの地方の商業の中心地として栄え、広い邸宅や別邸を有した富裕層も少なくなかった。したがって、本陣および諸役人等の宿割、詰所決定も比較的容易な上、夜具・食器などの準備にもそれほど心配はなかったものと考えられる。しかも村高二五〇〇石前後の大村の上、非農家の住民も多く、係員・人足動員にも何かと好都合だったとみられる。

二、それぞれの地方に、巡見使通過予定期日、一行に対する接待心得等が通達されると、領主・領民に緊張が走ったことは間違いない。その点でも、監察制度は幕府の権威を広く誇示するには極めて効果的であったといえる。ところが、制度の最大目標である各地の実態把握は十分に達成されていたとはいい難く、しかも時代が下るに従い形式化がいっそう進むようになった。

いずれにしても、当初から歓迎されなかったこの監察制度はついに幕末、継続を断念せざるを得なくなった。それまでの間も回を重ねるたび、巡見使一行の規模縮小、接待の簡素化が計られていた。しかしそれはとりもなおさず、幕府権威の衰退を象徴するものでもあった。

第四章の「金献郷士薄井友衛門家の系譜をめぐって」は、水戸藩内最有力郷士の一人として広く知られた、鷲子村（常陸大宮市）薄井家の盛衰過程を検討するつもりで取り掛かった論考である。同家は烏山藩に接した山間僻遠の鷲子村において、地元特産の紙・煙草等の問屋を営み、藩に多額の献金を繰り返しながら、物成二五〇石代官列郷士という高位の地位を得た。ところが同家の末路は哀れで、明治新政府の成立過程で村を追われ、地位も財産もすべてを失った。

薄井家の盛衰については、地元鷲子地方を中心に、さまざまな伝承が長い間語り伝えられてきた。同家については、子孫のひとり、農村婦人運動家で知られた故矢島せい子氏が昭和四十年「鷲子薄井家のことなど」を『茨城県史研究』（二号）に、同四十三年に「続鷲子薄井家のことなど」を『茨城県史研究』（付録）に発表したことなどから、改めて地元民をはじめ、幕末研究者・郷土史家からも注目されるようになった。その後も『水戸市史（中二）』（昭和五十七年発行）や、『美和村史』（平成五年発行）等の自治体史でも同家の活動に触れられ、幕末維新関係研究者の間でも、関心は高まった。

ところが、同家は代々友衛門を襲名したことや、当主、一族それぞれ改名を重ねていたこと、さらに詐称などもあって、正確な家系理解は困難とされてきた。確かに今までの各書、論著の薄井家関係記述を見ると、それぞれの執筆者・研究者によって、同家の家譜理解はまちまちであることが分かる。

そこで私は同家の盛衰過程の研究に取り掛かる前に、まず家系の混乱をできるだけ整理してみようと考えたのである。幸い常陸大宮市歴史民俗資料館で進めている同市内の文書調査で、薄井家一族の後裔宅から、未公開の史料が発見された。ただこれらの史料の多くは破損・汚れがひどく判読困難なものであった。それでもその中から若干ではあるが、友衛門および兄弟一族の襲名・改名の時期を探る手がかりとなる記述をみつけることができた。今回、零墨の中から把握できた内容と既知の事柄を合わせ、同家の家系を整理してみた。しかし乱麻を絶つにはほど遠く、むしろ一部、特に最後の友衛門昌殷以降（近現代）で新たな疑問が生じ、混乱を増やす結果になったかも知れない。

ともかく、小論をまとめる過程で、私は薄井家の盛衰過程を考える場合、隣接の譜代大名大久保氏の支配する烏山藩との関係を考慮しなければならないのではないか、との思いを強くしたのである。つまり同じ有力献金郷士でも、湊村（ひたちなか市）の大内家や、太田村（常陸太田市）の小林家などとは、異なった視点からもみつめ直す必要がありはしないか、ということである。

また、天狗の乱の際、地元では本家友衛門家は民兵隊を組織し、独自の行動をとり、強暴の限りを尽くしたと伝えられているが、具体的なことになると判然としない。最後はその本家のみが駿河国に逃れているが、地元民が推定するように烏山藩の取り計らいなのか、この経緯についてもはっきりしない。いずれにしても同家の家譜解明を取り扱ったことで、今後解決をしなければならない課題がいくつか浮き彫りにできたと思っている。

第五章「領内東北部を襲った災害と地域差」および第六章「天保七年の冷害と餓死の記録」は、平成元年度に着手した『新修日立市史』編さん過程で収集した史料を中心にまとめたものである。

一般に冷害・旱魃などの天災については、全国・全領一律に捉えられてきた感が強い。ところが丹念に調査してみると、凶作年といわれながら、その一方で豊作に湧いた地域もあった。第五章ではその事例のいくつかを取り上げてみた。

第六章の「天保七年の冷害と餓死の記録」は、第五章の補足として執筆した論考である。水戸藩での天保七年の凶作は、天明のそれを超える悲惨な状況だった、といわれてきた。しかし水戸藩では備荒貯穀の制度が整い、窮民救済が徹底したことなどもあって、一人の餓死者も出さなかったと伝えられてきた。しかし各地の調査で、当時の惨状に関する諸記録をみてきた私にはこの通説を簡単に信ずることはできなかった。幸いこの疑問を晴らす史料が発見された。その一部は『新修日立市史』でも紹介したが、山間の村では餓死者がやはり出ていたのである。

凶作年に村内に餓死者が出ることは、飢餓対策を怠った村役人の責任問題に発展するおそれがあった。そのため多くは「病死（病気体）」などとして処理されていたことが分かった。結局餓死者の問題は、公式記録からは捉えにくいということになる。

さて天保四・七年の被害状況を書き残した記録のほとんどは稲作収穫皆無とある。しかしその実状も具体的な点になるとはっきりしない。そこで私は天保期の宮田村（日立市）の年貢納付量より、作況指数を試算してみた。ただ当時の作柄は地域差が大きいので、試算した数字を全領一律として理解することにはもちろん無理がある。一地域の事例として参考になれば幸いである。

第七章の「北浦地方の災害と農村の窮乏化」は『北浦町史』に収めた論考である。この地方は北浦湖岸の低地部と、標高三〇メートル前後の洪積台地からなっている。湖岸低地部と台地の間を流れる河川流域部には水田が開け、台地部は畑作地となっている。実は常に干害に悩まされる地域がある一方、水害常習地の広がる地方でもあった。

深山奥山の少ないこの地方でも、一七世紀から後半にかけ、河川上流山地部を中心に、森林伐採による農地造成、溜池増設が盛んとなった。これはこの地方の貴重な水源涵養林を失うことでもあった。土地の古老の一人は、「この地方が干・水害常習地と化した原因は、樹木伐採によるもの」と分析する。

一方森林減少は猪・鹿など野獣の棲み処《か》や餌場を奪うことにもつながった。猪・鹿による農作物荒し（作荒し）は年々深刻となった。農民の生活はいっそう苦しさを増した。

これに追い打ちをかけるように、一八世紀半ばごろから、明和期に相次いだ旱魃と、天明期連年のように襲った長雨・冷害で、農村の疲弊は一気に加速した。その過程を検証する。

第八章の「行方地方の和算の普及と化蘇沼稲荷社算額」は『北浦町史』で取り扱った内容の補足である。旧水戸徳川家支藩守山藩領、内宿村の化蘇沼稲荷社に伝わる算額の存在は古くから知られていたものの、その内容が広く公開されることはなかった。町史編さんで、この算額の紹介を担当することになった私は、松崎利雄氏（故人、当時日本数学史学会顧問）の指導を仰ぎ、何とかその責任を果たすことができた。しかし、紙幅の制限もあって、額に載っている七問すべてを対象にできず、特殊な問題（力学に関する内容）三問のみに限定し、他の四問は割愛した。その後一般読者から、七問すべてを知りたいとの要望もあったので、本書に取り上げることにした。

第九章の「水戸藩連枝守山・府中藩農家の家族構成と結婚・出産」も『北浦町史』に収録した論考である。農村分解が一層進むようになった後半期の守山・府中藩の人別帳の分析結果を紹介したものである。民俗学的にも、この地方は古くから女性の社会的地位の高い地域として注目されてきた。

これを裏付けるかのように幕末になると、両村とも女子の相続（初生子、姉家督）例は多い。ただ間引き（嬰児圧殺）の対象は、男児より女児が多かったようにも思われる。また両宿村（守山藩）の例でみる限り、女性の第一子出産年齢は富農層ほど早く、貧農ほど遅い傾向にあることが分かった。結局、富農層は早婚型、貧農層は晩婚型であった。貧農層家庭に子どもの数が少ないのは、女性の出産年齢期間が短かったことも影響していたのではないだろうか。

第十章の「磯出大祭礼」は、平成十五年三月に執行された東・西金砂神社祭事の経過、種々の祭礼行事、地域住民の関わりなどをまとめたものである。常陸北部に鎮座する両神社では連携して七二年ごとに一度、「浜降り」（磯出）神事を執行する。一般には「金砂神社大祭礼」とも呼ばれ、同年の祭事は一七回目という。

東・西金砂神社を下った御神体は、久慈川の支流山田川沿い（山田郷）を南下し、下流部でコースを東に変え、水木浜（日立市）まで渡御する。私はこの祭事で渡御コース山田郷国安区の祭礼係「大世話人」を務めた。

本稿はその全記録である。

　正直、この記録を本書に収めるにはそぐわない内容との思いも強かった。しかし人口減少、地域崩壊の進む現状をみれば、次回からの開催は不可能と考える。この祭礼が最後と判断し、収録することにした。

＊文書所蔵者、話者等の住所、氏名は一部を除き、発表当時のものである。

第一章　生瀬・山方乱の発生と備前検地完全実施の疑問

はじめに

一七世紀初頭、常陸国北部の山間地久慈郡生瀬郷（茨城県大子町）で、水戸藩などの役人によって一村皆殺しにされたという大事件が起こった。いわゆる「生瀬乱」とか「生瀬一揆」と呼ばれる事件である。

実はこれに似た騒乱の伝承は、生瀬郷近くの久慈川上流部山方地方（常陸大宮市）にも残っていたことが近年明らかとなった。ところがいずれの事件も当時の農村社会を揺るがすような大事件でありながら、水戸藩の公式記録には乱に関する記事は全く見当たらないのである。また地元や近郷に残る村方文書にも、これを裏付けるような確かな記録・史料も、今のところみつかっていない。

ただ生瀬乱については、二〇〇年も後になって著名な藩吏や学者・文人が現地を訪れて、伝承を採集し、その内容を記録した文書類は残っている。なかでもよく知られているのは、藩医原南陽の実弟で、松岡・南郡の郡奉行を勤めた雨宮又右衛門（瑞亭）や、「田制考証」などの著者として知られた高倉胤明（逸斎）の記録である。前者は「美ち草」(1)に、後者は「探旧考証」(2)に収められている。

以後編集される水戸藩の編年史や郷土史、一揆関係書には、必ずといってよいほど、生瀬乱の記事が加えられるようになった。その多くが「美ち草」ではなく、その数年後にまとめられた「探旧考証」を参考にしている。

一方、今ではすっかり忘れられてしまった「山方乱」は、かつては地元をはじめ、近隣の村々でも長い間、語り伝えられてきたらしい。幕末郡庁下役人だった加藤寛斎（善兵衛）は、山方地方を巡回した際、地元民から山方乱についての伝承を聞き取り、これを整理して書きとめている。

もっとも、古くは地元住民の中にも、山方乱は郷土を混乱させた大事件として捉え、その伝承内容を書き残す者も少なくなかった。ところが「山方乱」の伝承は、「生瀬乱」のように著名人に注目されることもなく、時代の流れとともに消滅しまっていた。一方「生瀬乱」の伝承は、地元から遠く離れた農村にも「生瀬浪人・移住者」の民話として、古くから語り継がれていたことが明らかとなった。

いずれにしても今となっては、「山方乱」はもちろんのこと、「生瀬乱」の真相解明は不可能に近い。最近一部の研究者から、生瀬乱は史実ではなく、後世の創作だとする説さえ発表されている。(3)また、「生瀬乱」の発生年代についても慶長七年（一六〇二）、同十四年、元和三年（一六一七）、同七年説など、諸説あって一定していない。いずれの乱も多くの謎に包まれている。

ただ「生瀬乱」の発生年代、その要因・性格などについては多くの先学によって検討されてきたことは周知の通りである。しかしいずれの先学も「山方乱」や「生瀬浪人・移住者」の伝承を含めての考察は行っていない。そこで小論では「生瀬乱」の発生年代・性格について、「山方乱」の伝承を傍証事例に、「生瀬浪人・移住者」民話を参考に、さらに徳川氏支配下になって実施された、いわゆる備前検地完了の疑問点と乱との関連性にも着目しながら、検討を試みることにした。

一　加藤寛斎の記録と夏年貢徴収

加藤寛斎は管内の村々を巡視した際、沿道の風景や名所旧跡、社寺などをスケッチし、これにその地で見聞したことや、旧家に残る古記録、古文書を筆写して書き添えて編集し、「常陸国北郡里程間数之記」(4)を著した。この「間数之記」をみると、山方あたりの様子を描いた絵の下に、山方乱の伝承について、次のように書きとめている。

慶長七年、佐竹侯羽州秋田へ国替の砌、佐竹侯之役人収納取立として山方村に出張す。百姓思ひらく、国を去り往人に納んより、跡の国主へ社、可納事当然と百姓共相談して、金才料なるもの此村枇杷川にて 坪ノ名ナリ 鉄炮にて打殺し、其金を奪けるとそ、佐竹家より人数を出し、百姓皆伐捨てニせしニ、叶田、金子両姓計隠れ忍ひて生を全ふせしと云、金子ハ裏の古井ニ身を隠し、叶田ハ常安寺ニ参り合、騒動を聞て寺の縁下ニ忍ふ。此二姓ハ残り、余皆亡ふ。其後他村・他邦より来り百姓と成とそ、生瀬ニ彷彿より、此頃ハ下強暴ニして如此。頃藤村里正惣六なるもの生瀬乱の時、右村を忍出て頃藤村へ来り、百姓ニ成しと云、何れも土人の説

これによると、事件は慶長七年（一六〇二）佐竹氏国替え直前に起こったことになる。要するに事件は、佐竹氏の金才料（徴税官か）が村に出張し、年貢金徴収を開始したことが発端である。その金才料が山方と小貫との村境を流れる枇杷川で、地元農民に射殺され、徴収金を奪われた。そこで佐竹氏は征圧隊を山方に派遣し、農民を皆殺しにしてしまった。しかし叶田と金子の二姓は、巧みに身を隠し、難を逃れた。これが事件の概要である。

寛斎はこの山方乱を「生瀬乱ニ彷彿」と評したものの、徳川氏支配下で起こった事件とは受け止めていなかった。それにしても地元民が伝えるように、佐竹氏の役人が年貢徴収に来村したのだろうか。ただ伏見に滞在していた佐竹義宣が旧領を離れる前、急ぎ「夏年貢」（後述）徴収を国許に命じていた事実に注意しなければならない。

国替えを伝えられた直後の五月十五日、義宣は家老の和田昭為に書簡を送って、今後の対応について指示している[5]。その中に「夏祢んく（年貢）のと越りをも取候て見可申候、又百姓へも取分候之切手を可相渡候、以来先納之むつかしくなき様ニ可申候」との文面がある。結局、義宣自身も農民に年貢の「先納」を求めれば、厳しい反発も起こるだろうと覚悟し、注意を促していたのである。

寛斎が伝聞したように「国を去り往（く）人（佐竹義宣）」に納付するより、「跡の国主（新領主）」に「納める事が当然」と、農民共は相談した上で、旧領主の金才料を殺害したのだろうか。もしこれが事実だったとすれば、義宣の心配は現実のものとなったことになる。さらに寛斎の伝承記録で注意したいのは「此頃下強暴」と強調したことである。確かに当時佐竹氏の領内統治は脆弱だったこともあり、次の事例が示すように、農民は何かと抵抗を企てることが多かったらしい。

国替え一〇年ほど前になるが、文禄の役の際には、直轄地の、しかも膝下の太田郷、水戸郷の農村でさえ、年貢滞納を企てる農民が多かった。農民の領主支配の不安定さを象徴するようなこの動きに対し、義宣は滞納した農村は「一、三郷も、女おとこによらず、其一郷のものを不残はたものにあげ可[6]」との方針を重臣に伝えていた。つまり年貢滞納の村は皆殺し（はたもの＝磔刑）の処分も辞さない、その村がたとえ一郷、三郷に及んでも支障はない、というのである。

しかもこの方針は二度にわたって、重臣に伝えられた。ただ二度目には「はた物あけ候て其郷中はう所ニいたし候てもくるしくあるましく候」と、いっそう強固な姿勢を表明している。「はう所（亡所）」つまり廃村を恐れず、一村殺戮（磔）も強行してよいというのである。こうした佐竹氏の強権的・威嚇的姿勢は農民にとって、大変な恐怖だったに違いない。

その佐竹氏がやがて豊臣政権の確立を背景に、支配体制の安定化に向かうことになる。しかしそれは豊臣政権

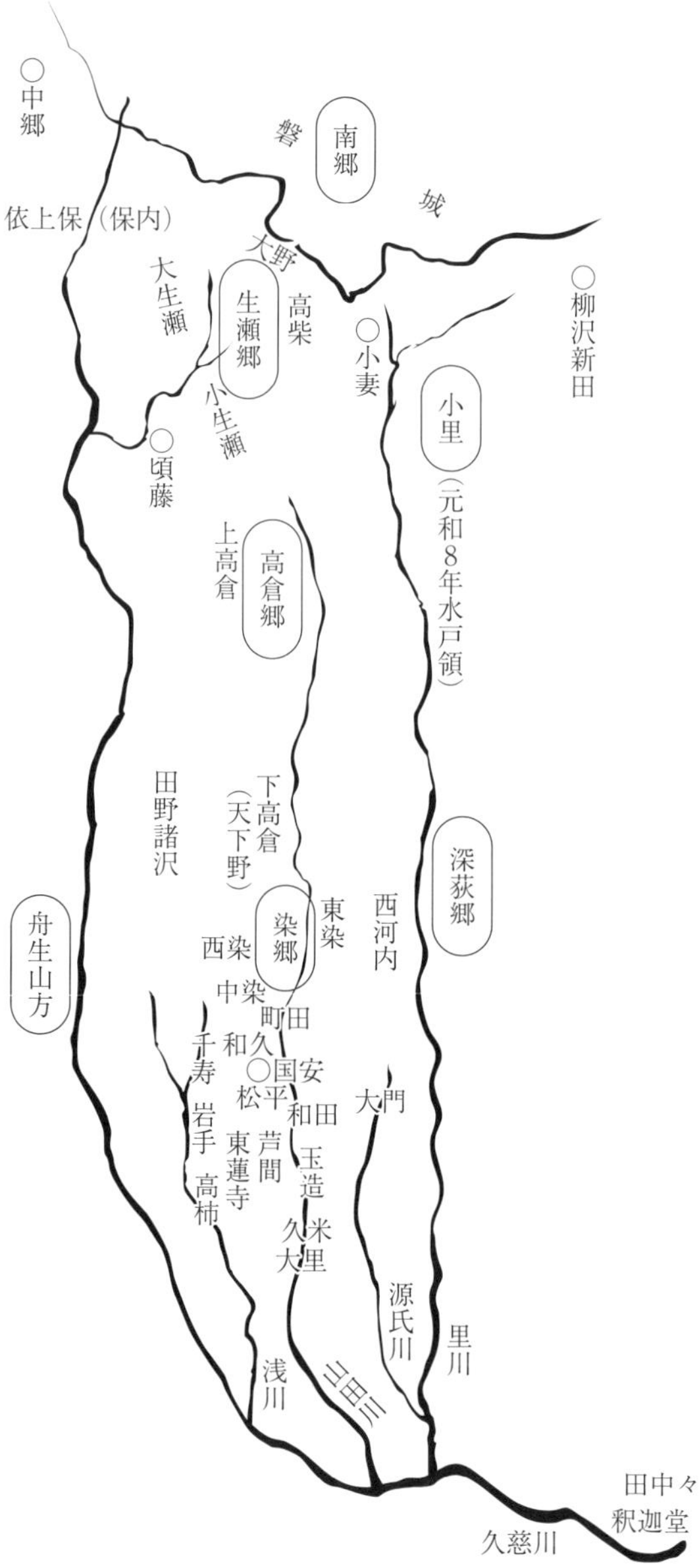

図１－１　生瀬郷（生瀬盆地）・山田川流域図

が崩壊すれば農民にとって、佐竹氏に対する恐怖心を抱きながらも、反抗心を再燃、強めさせる動機になったとしても不思議ではない。寛斎はこうした佐竹氏の不安定な権力基盤を十分理解した上で、「下強暴」と強調し、記録したとも考えられるのである。

二　農民の記録した「山方乱」伝承記録

現在のところ、山方乱の発生を直接裏付ける記録は、生瀬乱同様見当たらない。しかし最近の調査で、乱について長い間地元で語り伝えられてきた話をまとめた後世の記録が三点残っていることが明らかになった。いずれの記録も信憑性には問題はあるが、紹介しておこう。

○その一　延享二年「山方村数度掛合控(7)」

一、慶長三年戊ノ年、御上納御取立代官衆小貫相堺ニ而打殺シ、金子六拾両程取立粉（紛）失故、御上役人衆御せん義ニ御出候由風聞ニ付、村方ニ而諸役人ハ不及申ニ、身ヲ持シ大百姓之義ハ方々江他参仕候、依之ニ赤土村小河原氏嘉右衛門と申者、当村之庄屋役儀申附り引越、其外五三人も組頭役等申付り、近村ゟ引越申候様子ニ及承候、但シ慶長十六年丑ノ年辺迄ハ佐竹様御領地と相見へ申候、其後ゟ当御代ニ罷成申事ニ御座候と申伝り候事

○その二　寛政十二年「山方郁諸姓系図記録(8)」

一、往古御年貢金、台之内辺ニ而、持参役人殺害奪取、尤其節国主御国替ニ而山方一村切捨ニ成ルト書伝、
依而山方村ハ他村ヨリ中興来ル者多シ

〇その三　明治十三年「山方雑記」(9)（表題欠　仮題）

小河原理平と申、寛永十八年御検地御案内庄屋ナリ、其先久慈郡赤土村小河原昌貞ト申医者、先祖ヨリ分リ来ル。慶長年中山方村ニ落浪人入組、宿内ニ潜居シテ宿内人ヲ誘勢シテ、御収納金御金箱ヲビハカワニヲイテ鉄砲ヲ以、御金才料ヲ打殺シ、金銀ウバイトリ、浪人ハ其場ヨリ逃去リ、加勢宿内ノ者妻子家族捨候様ニモ難成、本業基キ居候所、三ケ年御手入ナシ、三年目正月俄ニ（十四日之事）御手入ニ相成、宿内百姓不残切捨ニ相成、其節残候モノハ金子次郎兵衛先祖常安寺縁下江忍入テ助ルナリ、外ニ下一叶田清重先庄屋裏井戸ウラ［　］ニテ中道リ余程広間有之、ハシコヲ以忍入居家［　］助ル申伝ナリ、年暦ハ慶長七八年ノ由、年月詳カナラス

史料「その一」は、山方村南皆沢の住人瀬野尾伝右衛門が、地元で起こった事件や紛争に関する伝承をまとめ、記録したものである。山方乱の伝承記録としては、この「山方村数度掛合控」（以下単に「掛合控」）が今のところ最も古い。ただ記録は伝承を綴ったものであるから、内容をそのまま信ずることができないのは勿論である。それにしてもこの筆者は、佐竹氏支配時代最終年を「慶長十六年迄」と伝承されていた誤りに気づかなかったのだろうか。

ただ佐竹氏の代官衆（代官方の徴税担当官）が、小貫村境（枇杷川付近）で、地元民に射殺された（打ち殺し）点については、寛斎記録「間数之記」の記述と一致している。つまり両記録とも、徳川支配下で起こった事件とはしていない。さらにこの「掛合控」の記述で注目したいのは、事件詮議のための役人が村に派遣されるという

風聞が立つと、村方の諸役人や有力農民（大百姓衆）こぞって村外に逃亡した、という内容である。「間数之記」のような、佐竹氏派遣の制圧隊によって、「百姓皆伐捨」が行われたという説明は全くない。また村政を支えた諸役人や、地域の有力者（大百姓）が不在となったため、近くの赤土村（常陸太田市）の小河原嘉右衛門が入村し、庄屋を務めたことや、組頭衆も他村から移ってきたことなど、後述する「生瀬乱」の伝承内容に酷似している。ただこの記録「その一」では、諸役人・有力農民を除いた一般農民は村に残ったことになる。

史料「その二」は寛政十二年（一八〇〇）、山方村の農民が地元在住者の諸姓氏系図をまとめた「山方邨諸姓系図記録」（以下単に「系図記録」）記載の一部である。この記録も乱の発端は、佐竹氏国替えの際、小貫村と境を接する枇杷川のほとり「台之内」集落辺りにて、地元民が年貢徴税役人を襲い、殺害したうえ、徴収金を奪い取った、というのである。この点では「間数之記」や「掛合控」の記述内容とほぼ一致する。しかし、「掛合控」にはなかった「一村切捨」の記述が加わる。なお事件後の村の中興は、村外からの移住者の力によってなされたと記述されている点では、前二記録内容と共通している。

史料「その三」は明治期、地元農民が「その二」同様、村内の有力者の家系や地域に残る伝承などを書き留めたものである。ただ残念なのは、表紙を欠き書名も筆者も分からないことである（仮題「山方雑記」とした）。内容は概ね「間数之記」や「その一・二」の記述と類似する。しかし、事件の発端が山方村宿内の住民らが村外からの潜居浪人者に煽動（誘勢）されたことや、征伐隊の手入れが三か年後であったこと、切り捨てられたのは「宿内百姓」とした点など相違点も少なくない。

いずれにしても伝えられてきた話の内容は時代とともに少しずつ変わったことは間違いない。しかし地元民が村境（枇杷川・台之内）で、徴税官（金才料）を射殺し、収納金を強奪したとの内容は「間数之記」を含め、すべての伝承に共通している。

これらの伝承内容から、義宣が京都から国許に指示した通り、領内では夏年貢徴収（先納）が実施されたとの見方ができる。確かに佐竹氏の秋田への下向は七月下旬である。とすれば、当然夏年貢徴収権はこの時期まではまだ徳川氏に移らず、佐竹氏にあったとみてよい。そこで想定されるのは、旧領を去る前の佐竹氏が、急ぎ徴税官を村々に派遣し、収納の徹底を図っていたということである。

三　伝承記録の検討

以上現在までに把握されている「山方乱」の伝承記録をいくつか紹介したが、詳細な内容になると、やはり各記録まちまちである。総じて寛斎の「間数之記」は、複数の話者から聴取した内容を整理し、乱の発生した時代背景、当時の農民の意識などを理解した上で冷静な立場に立ってまとめ、書き残したように思われる。これに対して地元民の記録（史料「その一・二・三」）は、それぞれの筆者が、今までに伝え聞いた話の内容を時代考証もせず、また裏付けの検討をすることもなく、自分なりに解釈、判断してまとめた感がする。

しかし、注目しなければならないのは、伝承記録として今のところ最も古い史料「掛合控（その一）」は、事件の発生を「佐竹様御領地」時代と判断（「相見へ」）されるとした点である。

この点、佐竹氏支配の終り、つまり「国替の砌」に事件は発生したとする「間数之記」の記録と共通する。また史料「その二」も、徴税役人殺害奪取事件発生の節、「国主（佐竹氏）御国替ニ而」と説明している。要するに、佐竹氏国替え時に一村切捨てが断行されたというのであろう。「その三」も、村内の探索「手入」「切捨」は、金才料射殺事件発生から三年後、年代は「慶長七八年」に行われたと記している。これに従えば、徴税役人殺害事件は三年前の慶長三、四年のこと、つまり佐竹氏支配時代の発生ということになる。このころ（明治期）になっても、「山方乱」は、佐竹氏国替え前に起こった事件として、語り継がれていたといえる。

それにしても、村民が切捨てられたことについては、古い時代には語り伝えられていなかったのだろうか。「掛合控（その一）」では村の有力者が「方々江他参」したと記してはいるものの、村民切捨て・虐殺を意味する文言は見受けられない。「山方乱」の内容は後世、次第に脚色が加えられ、誇張されて「山方一村切捨」、「宿内百姓不残切捨」といった、村民大量虐殺の話へと変質し、伝えられるようになったのだろうか。

また後世の伝承では、金子・叶田の二姓は制圧隊探索の目を逃れ、巧みに命拾いをしたとある。村外脱走は一部有力者と伝える「掛合控（その一）」には、もちろんこの命拾いの内容はない。ただ村の再興は村外からの移住者によって進められたとの話は、古くから変わることなく伝承されてきたようである。「その一」「その三」では、再興に当たって中心となって力をつくしたのは赤土村の小河原氏としているから、このことも後世まで伝承されてきたといえよう。

ともかくいずれの伝承にも、詳細な点になると共通しない内容も目立ち、史実としてすべてを信ずることはできない。したがって、「山方乱」が「生瀬乱ニ彷彿」（前掲「間数之記」）といわれるような村民大量虐殺に発展した事件だったかどうか、今後検討しなければならない。それは当然、謎の多い「生瀬乱」の解明に当たっても、「山方乱」の検証は欠かすことのできない課題である。

ところで、「山方乱」がいくつかの話（伝承）が伝えるように、佐竹氏領内で国替えを控えた時期に起こったとすれば、その直後に入った徳川氏の統治に混乱はなかったのだろうか。

四　寺院開基帳様式と備前検地実施の疑問

慶長七年（一六〇二）伏見にいた佐竹義宣が、国替えを命じられると早速、国許家老に書簡を送り、夏年貢徴収（先納）に当たっては農民からの反発も予測されるので慎重に取り扱うべき旨、指示したことについては前述した。その上で私は、「生瀬乱」の発生年代を佐竹氏国替え直前、すなわち慶長七年夏年貢徴収期とする説がきわめて有力であるとの見方を示した。

そこでこの見方をさらに補強する上から、慶長七年秋に着手し、年内に完了（一部翌八年）したとする徳川検地、いわゆる「備前検地」が何の混乱もなく完了したのかどうか、検証することにした。特に夏年貢徴収を巡って、騒乱が発生したと仮定した生瀬・山方地方、およびその周辺地域に照準を当て、検討することにした。

さて家康は、佐竹家臣団が旧領地を去ると、間髪を入れず代官伊奈備前守忠次・内藤修理清成らを常陸に派遣して新領地に検地を実施した。しかしいざ検地に着手するとなると、佐竹氏旧領民からの抵抗もあって、困難を極めたとみられるのである。なによりも検地となれば支配者にとっては難事業である。それだけに現地の状況を十分に把握した上で、周到な準備のもと、進める必要があった。生瀬・山方地方で騒乱が発生したとすれば、なおさら、これらの村々やその周辺部では混乱と動揺が収まらない中での検地強行となる。まず、この地域一帯での検地が、果たして円滑に進められたのか検証しておかなければならない。

そこで最初に注目したのが、寛文三年（一六六三）、二代藩主光圀が社寺の改革に先立ち、領内の寺院や神社の実態把握のために作成した「開基帳」[10]の記載内容である。周知のように同帳にはそれぞれの寺院について、除地高とその決定時期、すなわち検地実施期を示す証文の有無が明記されている。

この証文を検証することによって、検地の実施過程上の問題点がある程度把握できる。ただ記載様式は地域、特に郡＝組（太田、松岡、野々上、武茂、南・城下の五組）やそれぞれの寺院などにより異なり、必ずしも統一されていない。しかし問題点の考察は可能である。それでは最初に、証文を保存する寺院について、野々上組、太田組から一例ずつ紹介しておこう。

その一（野々上組）

東野村　真言宗上利員村鏡徳寺末寺

慶長七寅御縄之時内藤修理見捨

一〇　高七石三升三合　東玉山観音寺　東光院　能化

（後略）

その二（太田組）

太田村

除伊奈備前証文有

破却

一　七石壱升八合　馬場村宝金剛院末寺　宝嶺山長楽寺　無住　密蔵院　能化

（後略）

「その一」によれば見捨除、すなわち寺領除地高の決定時期は、内藤修理の担当した慶長七年検地であることが分かる。「その二」も同じように、年代こそ明記していないが、伊奈備前守が検地に当たった結果、除地高が決定し、その証文を受領し保存していることを明らかにしている。

ところが同じ証文保存寺院でも、山方村の場合、見捨地高決定時期はすべて慶長十三年となっている。たとえば村内真言宗寺院一一か寺のうち、最大規模を誇る密蔵院（末寺門徒八か寺、檀那一六〇人）の記載（その三）をみると、

その三（野々上組）

山方村

慶長十三申之時伊奈備前見捨

一〇　高拾七石七升九合　真言宗下野国福原金剛乗院末寺 密教山 宝蔵寺　密蔵院　能化

（後略）

と明示されている。また、五〇年後の万治元年に山方村から分村する舟生地区にも三か寺の真言宗寺院が存在したが、いずれもこの密蔵院記載と同じで、「慶長十三年伊奈備前見捨」となっている。

もちろん村内他宗派寺院（浄土一、禅宗四など）、山伏（三坊）も、一部年号無記載などの例外はあるものの概ねこの記載形式である。ちなみに同村に隣接する岩崎・野上・上寺田などの諸村寺院の大半は「慶長七寅ノ御縄之時」となっており、十三年と記載した村（寺院）は皆無である。

ともかく長年騒乱伝承が残っていたという山方村での検地完了は、他の多くの村々より六年も後になったこと

を裏付けている。やはり同村での丈量作業は困難を極めたのだろうか。もっとも一部栗崎村（水戸市）仏性寺（天台宗）のように、翌八年暮に見捨地が決定した寺院もある。しかしこれは村内全寺院ではなくむしろ例外扱いである。いずれにしても、慶長八年には村全体の検地は完了している。しかし山方村の場合、村内での検地完了は数年も遅れたことになる。この点注意する必要があろう。

それでは次に無証文寺院の記載例（その四・五）をみておこう。

その四（松岡組）

東上淵村

除石田治部少輔御縄之時見捨

一　高八斗　水戸宝鏡院末寺　無住寺欠所
寺内医王山延命寺　東養院　能化

（後略）

これによると東上淵村（日立市）東養院の見捨地高八斗は、文禄三年（一五九四）、石田治部少輔（三成）を奉行として実施した検地（太閤検地）の際、認可された石高（八斗）ということになる。

実は東養院と同じような「石田治部少輔見捨」との傍記例は、東上淵村以外のいくつかの村でも確認できる。ただそれらの村とは西上淵・岩折・油ケ崎・坂之上などの旧深荻村（寛永年間、東上淵・岩折等一三に分村）に限られている。結局、旧深荻村地区では備前（慶長）検地が実施されなかったことから、その結果にもとづく「見捨地証文」の発行はできなかったと考えるべきであろう。

つまり、かつての旧深荻村に所属した一三の村々は、備前検地見捨地証文（新証文）不所持の村ということになる。そこで、開基帳作成調査に当たり、新証文を提示できないこれら一三村の庄屋は、文禄（太閤）検地時に交付された旧証文を写し、これを藩に提出したのであろう。

いずれにしても無証文の寺院は、北部山間の地域を中心にかなり存在したことは間違いない。

水戸藩が成立し、次第に領内統治が安定してくると、備前検地未実施・未完了に終わった村々や、縄違い（不正確な測量）の目立つ地区に、相次いで新検地が断行された。深荻地方も当然その対象となったことが、寛永十年（一六三三）藩庁が重臣に宛てた指示（『寛永文書』所収）によって知ることができる。[11] それには、

松岡両ノ御給郷并保内之金沢、石神、田渡、稲木、深荻、大野上中下、飯田、鳥喰、右之郷村午年より以来新縄入申候、去年まてハ先高を以取付申候（後略）

とある。

これによると、同十年領内一〇か村を超える村々で、午年（太閤検地の実施された文禄三年は午年）以来の新縄入（検地）が実施されるというのである。[12] 結局、これらの村々ではこれまで、検地は実施されなかったことになる。なお、未実施村々の「取付」（年貢割）については後に触れるが、深荻村の寛永八年年貢割付状はこの指示通り太閤検地結果に基づく村高基準によって割り付けられていたことがはっきりする。

ただ、水戸藩成立（慶長十四年）前、寛永三年ごろの達文（前掲『寛永文書』所収）には「一、ふか（深）荻、田渡、保内之金沢村、検地之訴人にほうひ〔褒美〕被下候事」とある。これによると、深荻・田渡（常陸太田市）、金沢（大子町）などでは、検地に対し農民からの訴えがあり、その訴人に褒美が与えられていたことが分か

る。しかし新検地が直ちに実施されたわけではなく、前掲達文が示すように、その実現は少なくとも寛永十年まで待たなければならなかったことになる。

なお一九世紀初頭、生瀬乱の調査に当たった高倉胤明は、親交のあった紅葉組郡奉行小宮山楓軒に宛てた書簡の中で、この地方に検地が初めて実施されたのは慶安元年を二三年遡ること、すなわち寛永三年であると説明している[13]。これによれば、寛永初期になると、不十分に終わった備前検地の不合理、矛盾を追及する動きが起こり、農民の訴訟が相次いでいた状況が想像される。

それでは山方村と同じように、騒乱の起こったとされる小生瀬村寺院の前掲「開基帳」の記載例をみてみよう。

その五（太田組）
小生瀬村
除無証文
一　高壱石五斗四升　上利員村鏡徳寺末寺　来光院　宝蔵山　宝泉寺　平僧
（後略）

実はこのような形式は領内五組のうち、太田、城下・南の二組管内寺院に圧倒的に多い。特に久慈川上流部の生瀬地方を含む保内郷（久慈郡大子町）や、同川支流山田川上・中流域部村々寺院では例外なくこのように「除無証文」との傍記がなされている。結局、備前検地に基づいて発行された見捨地高を認めた証文は、この地方ではすべての村々で無所持ということになる。

ただ城下・南組寺院の場合も「除無証文」との傍記、ないしは「前々より見捨除来申候」との説明がなされているだけで、備前検地結果確定したことを示す記述はない。しかしのちに検討するように、これらの地域(城下・南)では備前検地が実施されたことは明らかである。

一方、無証文寺院の場合でも、武茂組管内では、「壬寅嶋田治兵衛御検地之時分見捨除ニ被下候」とか、「慶長七壬寅御縄之時分袴田善兵衛見捨に而証文無御座候得共自前々除来申候」などと、慶長七年の検地により、見捨地高が決定ないしは、再確認されたことを詳しく説明している例が多い。見捨地高の最終確定は、慶長(備前)検地によることを殊更重視した表示とも読み取れる。となると、生瀬地方を含む北部山間部で、備前検地が実施されたかどうかの疑問はいっそう深まる。

さて騒乱が起こったという山方地方では、脱走者が多かったことなどもあり、村の混乱・動揺が鎮静化するのは、しばらく後のことであった。したがって、丈量作業には簡単に着手できなかったのであろう。あるいはようやく着手したものの農民の反抗、ないしは非協力的態度が予想以上に強く、作業に支障をきたしたのだろうか。いずれにしても山方地方の検地は、完了に至るまでにはかなりの紆余曲折があり、手間取ったことは間違いない。

一方太田組内にあっては、一部の村々寺院では証文が存在しながら「除無証文」とあるだけで、備前検地については全く触れていない。その上、保内郷やその周辺部村々の寺院すべてが無証文という記載にも疑問が残る。証文を受けなかった寺院が多かったのだろうか。伝えられるように生瀬地方の騒乱が大規模(山方の乱を超える大騒乱)だったとすれば、生瀬地方一帯(保内郷)はもちろんのこと、その周辺部村々での検地作業は山方村以上に難航したはずである。

ところで事件のあった小生瀬村の寺院に関して、前掲「採旧考証」に注目すべき次のような記録が収録されている。

小生瀬村
一　弐石壱斗六升七合　　こも僧永山
是者慶長八年卯年嶋田治兵衛御縄水帳ハ小生瀬村を伊奈備前慶長十四年百姓共御成敗之時分紛失申候由、右之先水帳ニも見捨之由申伝候、其後弐拾三年以前寅年三木五兵衛、朝比奈七郎衛門、近藤二郎左衛門、高屋八衛門、永田九平次、荒川十郎左衛門御縄之時分も見捨之由にて郷高之外、水帳に者無御座候ニ付、先高相知不申候、
慶安元年子　　佐野七兵衛
　　　　　　　梶吉左衛門

この外「採旧考証」では、すでに紹介した（その五）同村の宝泉寺についても、「一、壱石五斗五升者屋敷……鏡徳寺末宝泉寺」として載せている。宝泉寺の見捨地に関する解説は、こも僧永山のそれと全く同じである。

その解説内容はいずれも、備前検地は慶長八年（一六〇三）嶋田治兵衛を奉行として実施されたとした上で、その水帳（検地帳）は慶長十四年百姓成敗の際、紛失した旨の記述をしている。とすると当然両寺院の見捨地（除）高は検地帳をもってしては確認できないことになる。しかし備前検地を実施したとすれば、検地帳を紛失したとしても、両寺院には検地後に交付された見捨地証文は残っていたはずである。

佐野・梶両奉行はそれを知りながら、水帳にのみこだわり、なぜ両寺院の見捨地証文の閲覧確認を怠ったのだろうか。ともに寺に証文があれば、それで見捨地高ははっきり分かるわけで、検地帳にのみ固執する必要はないのである。とすると慶安元年（一六四八）に記録されたこの「寺社領改帳」の内容をこのまま信ずるには問題がある。もっとも地元大子地方にも、この「寺社領改帳」を公式な史料として扱うことに疑問を呈している研究者は少なくない[14]。

いずれにしても、深荻地方で考察したように、小生瀬村も備前検地が未完了だったことから、その結果に基づく見捨地証文の交付はなく、「除無証文」と報告せざるを得なかっものとみられる。

一方慶長七年には実施できず、数年後になって、備前検地が完了した山方村では、全寺院とも、その時（慶長十三年）交付された証文を保有していたと考えられるのである（前述）。小生瀬村の場合、水戸藩成立（慶長十四年）前には、検地の計画は立てられなかったのだろうか。その点、藩の成立直前になって、検地が実施された山方村とは異なる。

この収録記録にみえる慶長十四年の「百姓共御成敗」とあるのは、検地計画を立てたものの、なんらかの事情（事件）により、不首尾に終わったと考えることはできないだろうか。そこで水戸藩では統治基盤が安定すると、さっそく同村に対する検地再計画を立てたものとみられる。この収録記録には高倉胤明が小宮山楓軒に宛てた書簡と同じ趣旨の「其後弐拾三年以前寅年」に水戸藩による検地が実施されたとある。

二三年前の寅年（一六二六）とは前述したように、深荻や田渡などの村々で、新検地実施の動きがみられた年である。ただ訴訟のあった村々すべてで、新検地が直ちに着手されたかどうかの解明は今後の課題である。いずれにしても次に検討するように、備前検地は小生瀬地方を含む北部山間地帯では、広範囲にわたって丈量作業に着手できなかったか、途中で頓挫したものとも考えられるのである。

五　備前検地未完了と推定される村々と年貢割付

山方地方（のち舟生分村）や深荻村の開基帳記載例が示すように、旧佐竹氏全領地の備前検地が慶長七年暮れ（一部同八年）までにすべて完了したとする従来の説は、再検討の必要がある。さらに、前述したように着目しなければならないのは、生瀬地方を含む保内郷や、これに近接する久慈郡高倉郷・染郷などの山田川流域村々寺院の開基帳記載がすべて「除無証文」との形式をとっていることである。この地方に限り一か寺も証文がないことになる。果たしてこれは偶然のことなのだろうか。

そこでこの疑問解決の手がかりとして、佐竹氏領国時代に実施された文禄三年（一五九四）の検地（太閤検地）結果確定した村高と、徳川氏による備前検地結果のそれを比較してみることにした。

幸い太閤検地結果に基づき、佐竹義宣蔵入地の分布・管理形態を明らかにするために作成された、文禄五年「御蔵江納帳」[15]が伝存するので、ある程度村高の比較検討は可能である。ただ残念なのは保内郷の大半は義宣蔵入地ではないため、この「御蔵江納帳」には、太閤検地結果の村高記載がないことである。また里川東一帯の村々は、豊臣氏蔵入地になったことから、当然この納帳には記載されていない（ただしこの納帳だけでは、一村全域が蔵入地に指定されたものか、あるいは村の一部が指定されたのかどうかは分からない）。

そこで保内郷・里川東を除く久慈郡各村の石高変遷について、両検地の結果比較が容易にできる村を対象に考えてみよう。検討上の便宜を考え、山田川流域村々と、その他の地域に分けて石高変遷を表示すると次のようになる（表1－1）。なお表中、村の配列は、前者（その1）については、生瀬地方に近い山田川の上流域から中・下流部の順に、後者（その2）は、概ね山間部から中山間、平地部の順に並べることにした。

表１－１　久慈郡各村の石高変遷

その１　（山田川流域の村々）

村　名	文禄（太閤）検地	慶長（備前）検地	参考（元禄郷帳）
	石　合	石　合	石　合
上高倉	570，820	570，820	927，152
下高倉	949，120	949，120〈39，667〉	2178，222
東　染	354，860	354，860	646，794
中　染	673，960	673，960	1104，602
西　染	331，130	331，130	478，956
町　田	239，100	239，100	529，262
和　久	375，510	375，510	643，594
松　平	337，840	337，840	478，763
棚　谷	214，330	214，333	442，913
高垣（柿）	300，330	383，960	456，509
久　米	1283，030	1283，030	分村 久米　1045，825
			分村 玉造　579，453
			２村計（1625，278）
大　里	1322，490	1322，490	1600，154

その２　（山田川流域外の地域）

村　名	文禄（太閤）検地	慶長（備前）検地	参考（元禄郷帳）
	石　合	石　合	石　合
田野諸沢	521，570	分村 田野　60，810	田野　173，807
		分村 諸沢　460，760〈130，897〉	諸沢　1086，674
		２村計　（521，570）	２村計　（1260，481）
赤　土	429，120	429，129	772，871
深　荻	1173，630	1173，630〈577，715〉	12村計　（2292，871）※（1）
西河内	1122，700	1341，717〈21，977〉	４村計　（1563，747）※（2）
大　門	1005，160	1005，160	1036，103
里　宮	570，820	602，847	617，554
釈迦堂	381，340	515，035〈59，631〉	869，559
田中内	330，760	309，510〈47，858〉	704，287

その１、２とも文禄５年「御蔵江納帳」、寛永12年「水戸領郷高帳先高」、「元禄郷帳」により作成した。

〈　〉内は備前検地後、寛永12年までの間に開かれた新田高を示す。

（　）内は文禄、慶長検地後分村したため、便宜上分村前の村域に直し、その合計高を記した。

＊「その１」は、寛永期12村に、「その２」は４村に分かれた。

この表で注目したいのは、「慶長の荷法」とまで酷評された備前検地（徳川・慶長検地）ではあったが、山田川流域村々での石高は全く増加していないことである。山田川流域以外の村々の中でも、石高が増加しなかった、田野諸沢・赤土・深荻・大門の諸村はいずれも高倉（上・下高倉）・染郷（東・中・西染）に近接した山間地である。石高に変化のなかった村々での備前検地は、山田川流域、およびその周辺一帯のかなり広い地域で、未完了に終わった可能性がいっそう高まる。

となると備前検地未完了と推定した村々の、その後の年貢割付の決定が注目される。幸い徳川氏支配に移行して間もない時期、つまり寛永十八年（一六四一）水戸藩全領検地実施前の年貢割付状（写）が現在数点知られている。そのうち生瀬郷に隣接した山田川上流の上高倉村（常陸太田市）の寛永六年（一六二九）の例をみてみよう(16)。

上高倉村巳御年貢可納割付之事

高　五百七拾石八斗弐升三合　　田畠屋敷共

わけ

一　弐百五拾石七斗七升弐合　　田方

取米百六拾三石弐合　但六つ五分　米ニ而可納

一　三百弐拾石五斗壱合　　畠方

取米弐百八石三斗三合　但六つ五分　金ニ而可納

但金壱両に付米四石代

取米合三百七拾壱石三斗五合

右之通急度皆済可仕者也　但毎年之ことくゆり合之儀　百姓中むらなき様ニ御代官衆と名主百姓中立合相談可有者也

寛永六年巳

十月廿七日　　芦澤伊賀　印（以下代官名・三木五兵衛、朝比奈七郎右衛門、萩庄左衛門、荒川十郎左衛門、高屋八右衛門）

これによると村高は、太閤検地結果と同石の五七〇石八斗二升三合であることは明らかである（表1－1その1）。結局、上高倉村の割付は旧来通り、太閤検地結果を基準に決定されていたのである。なお田畑共に租率は六割五分（六つ五分）と高く、畑租は四石を一両に換算し、金納したことも分かる。

また前に触れた生瀬郷遠方（三〇キロメートルほど東南）、里川中流部深荻村の寛永八年（一六三一）の年貢割附状[17]を見ると、村高は「千百七拾三石六斗六升也田畠屋敷共ニ」となっている。したがって、この村も石高は太閤検地結果高（表1－1その2）と全く同じである。この二村の例が示すように、未実施の村々では長年、「先高（太閤検地高）」を基準にして、年貢が割付けられていたことになる。結局、備前検地未実施の村々は、以後新しく開発された耕地面積（村高）は年貢対象地から除外されていたわけで、その点では誠に優遇されていたといえる。

その一方で、厳しい丈量の結果、過重な年貢負担に喘ぐ村々のあったことも事実である。

ちなみに久慈郡以外の地域（後の南・城下、野々上、松岡組）の太閤検地と備前検地結果の比較表を示すと、次のようになる（表1－2）。

これをみると、茨城・那珂郡などの村々では例外なく石高が増えていることが分かる。ただ文禄・慶長期の村域が全く同じであるかどうかの疑問は残り、単純に比較することに問題がないわけではない。たとえば、文禄期にみえる太田東田、太田馬場ヤシキ、太田三才などの村名は慶長期にはなくなっている。特に太田城下近在、里川流域では、太閤検地後村域（区画）にかなり変更があったことは間違いない。なお多賀郡や武茂郡の場合、両検地結果を正確に比較できる村はごく限られており、この地方全域の傾向を把握することはもちろん不可能である。

ともかく表1－1、1－2を比較してはっきりしたことは、備前検地は茨城・那珂郡などにおいては厳格に実施された反面、久慈郡を中心とする北部一帯については極めて寛大に扱われたことである。しかも久慈郡北部山間、中山間の一部の村々では備前検地は未実施、ないしは不徹底に終わっている。さらに詳しくみると、茨城郡の場合、大串・常葉・青柳など平地部一一か村の石高増加率は平均四割から五割を示していたのに対し、山間の上・下伊勢畑は二割前後にとどまっている。

那珂郡についても平地部の石高変遷を省略したが、総じて茨城郡の場合に類似し、平地部の増加率は四割程度と高く、小舟村などの一部を除けば山間地で低かった。ただ村域の変更もあったのか、鴻巣村の二・三倍（二三三石から五三六石に）、西蓮寺村の三・九倍（一〇八石から四二四石に）など一部の村では極端な増加を示した例もある。武茂地方の二村では総じて低い。また、多賀郡二村もあまり変化はない。いずれにしても備前検地は厳しさのあまり、農民を苦しめた「慶長の苛法」として後世まで悪評をかうことになった。しかし、それは検地が未実施に終った一部北部地区を除いた地方のことだったのではあるまいか。

さて、ここで参考のため、備前検地後生瀬地区三村（小生瀬、大生瀬、高柴）の石高がどのように変化したかみておこう。備前検地（太閤検地高と推定）結果と水戸藩が用意周到に計画し、全領に実施した寛永検地結果を基礎とした村高（元禄郷帳）を比較してみると（斗以下省略）、

表１－２　久慈郡以外の主な村々の石高変遷

郡	村　名	文禄（太閤）検地	慶長（備前）検地
茨城郡	大　串	石　合 383，490	石　合 762，360〈5，950〉
	常　葉	1705，920	2594，400
	大　場	641，470	937，450〈100，842〉
	千　波	188，820	310，230〈15，416〉
	三河（見川）	384，520	739，250
	大　貫	1071，690	1236，370〈35，553〉
	六段（反）田	356，860	419，130
	中　原	271，020	423，140
	浜　田	700，870	775，980
	又クマ	501，690	563，480
	青　柳	333，850	684，440〈5，129〉
	下伊勢畑	617，460	757，430〈29，376〉
	上伊勢畑	420，810	473，000
那珂郡	東野（埜）	1566，660	1946，653
	野口平	619，940	732，558
	西塩子	469，760	574，543
	高　部	697，050	738，540
	下小瀬	251，400	332，547
	小　舟	320，950	740，142
多賀郡	生（大）沼	616，140	602，549
	河原子	1127，950	1129，920〈24，494〉
武茂郡	久那瀬	399，660	355，065〈14，574〉
	小　砂	651，430	764，904

出典は表１－１と同じ。

各郡とも文禄・慶長両検地結果の比較可能な村々から無作為に抽出した。

那珂郡山間部美和地区（常陸大宮市）村々の変遷については『美和村史』を参照されたい。

・小生瀬　　備前検地石高「九五一石」　元禄　「一六五二石」　七割四分増
・大生瀬　　〃　　　　　「五九八石」　〃　「一〇九二石」　八割三分増
・高　柴　　〃　　　　　「四四六石」　〃　「　八一四石」　八割三分増

となっており、生瀬郷三村は、水戸藩成立後急増したことになる。これは山田川流域の上高倉から棚谷までの上・中流部北部山間村々の増加率が平均八割三分だったことと極めて類似した傾向を示している（表1－1参照）。

同じように表1－1その2の田野諸沢、赤土、北部二村の増加率は平均すると二倍を超えている（もっとも南部平地部でも田中々村などのように倍増した地域がなかったわけではない「元禄期七〇四石余」）。なお、深荻村を同様に比較すると、九割五分以上の増加を示している（表1－1その2参照）。

概して村高増加の顕著な地域では、備前検地が未実施、ないしは不徹底に終わった可能性が高いといえる。帳簿上両検地高を比較して、村高が急増している地域ほど、徳川氏支配以後、新田開発が急速に進んでいたとする考えは慎重を要する。

ちなみに、六年後（慶長十三年）になって、検地の徹底を図った山方村の村高は二〇五〇石と決定された。それが寛永検地（元禄郷帳高）の決定高は、一割八分増の二四一二石余にとどまっている（山方一八一四石、舟生五一七石の計。万治元年山方村が分村）。いずれにしても備前検地が、慶長七年内（一部八年）に領内すべて完全終了したとの見方には無理がある。

さて、厳しかったはずの備前検地を実施したにもかかわらず、その結果、石高が全く増えなかった村々（村高が太閤検地高と同じ山田川上中流域およびその周辺地域）では、水戸藩が確立すると一転して急増したことに注目し、これらの地域の特性について考えてみよう。

六　戦国期の生瀬・高倉・染郷

中世依上保内といわれた現在の大子地方には有力な在地勢力が混在していた。中でも生瀬地方には石井氏を中心とする在地勢力の同族集団、いわゆる「なませ一き」が組織されていたというし、天正期佐竹三六騎内の「近国幕下之衆」に「保内生瀬」「大野高柴」の名がみえる。(18) また佐竹義重が白川結城義親や伊達氏と争った際、保内・高倉・染の衆は、南郷の衆とともに武装軍隊を組織し、活躍したことが知られている。「秋田藩家蔵文書」の中から、それを示す史料二点を紹介しておこう。

その一

急度申届候、然者従田村西方調儀付、加勢之義承候、爰元無拠候間、一勢可立越候由、及返答候、乍大儀為代官其方出陣尤候、人衆之儀者保内・染・高倉之衆及催促候、出陣日限之事者、従東重而可被申越候、……

二月十八日　　義重（花押影）

舟（船）尾山城守殿

（秋田藩家蔵文書二五）

その二

尚々大こ衆何へもけんミつニ可申付候

急度申越、仍而自会津長沼へ近日被為調儀候、因之従御当方も被為御加候、南郷・染・高倉・保内衆可被指

越候、馬・武具・やり・小はた、無油断可致用意候、日限之儀、追而可申越候、かしく

七月三日（天正十七年か）　　　　　　　　義久　居判如前

佐藤若狭守殿

上書ニ

佐藤若狭守殿　　　　　　　　東より

（秋田藩家蔵文書一五）

その一は、義重が天正三年（一五七五）、赤館城（福島県棚倉町）から滑津城（福島県中島村）に移っていた重臣の船尾山城守に宛てたものである。加勢に当たっては保内・染・高倉の人衆にも動員をかけ、日限などについては東義久の指示に従って出陣するよう命じたものである。

その二は、義重が安積表に出兵し伊達氏と対陣した時のものである。結局南郷・染・高倉・保内衆は、武装集団であるため、出陣に当たっては馬・武具・槍・小旗を用意するよう指示されたのである。いずれにしても保内を初め、高倉・染郷などの山田川上中流部一帯の山間地は、在地武装集団勢力の強固な地域であったとみて間違いなかろう。

中でも保内郷地方は、文禄検地後の知行割においても、佐竹氏の蔵入地に組み入れられる村はなく、ほとんど在地武士、いわゆる在郷給人にあてがわれているのである。やがてこれらの給人の多くは「保内御足軽」と呼ばれる足軽鉄砲隊、弓隊、鑓隊として編成されるという[19]。

一方染郷は、後世まで「三染十八騎」と称される在地武士が勢力を張っていた地域として語り継がれてきたが、文禄検地により大半の地が、義宣蔵入地となったところである[20]。同じく里川中流域で、義宣蔵入地となり、

太閤検地高が備前検地後も全く変動のなかった深荻村も、「深荻衆」の組織されていた地域として知られていた(21)。仮に佐竹氏が有力な在地領主の既得権を完全に整理することなく、温存したまま自らの権力に包摂していたとすれば、この地域が容易に徳川新領氏支配に服さなかったとの見方もできよう。ともかくこれらの地方は、太田近郷や南部平地部とは異なった地域性を有していたとみるべきであろう。

七　各地に残る生瀬浪人伝説

生瀬乱の性格を考える場合、もう一つ注目しておきたいのが、常陸北部各地で語り伝えられてきた生瀬農民脱走者にまつわる民話である。

加藤寛斎が「間数之記」で山方乱の伝承を紹介した記事の中で、「頃藤村里正惣六なるもの生瀬乱の時、右村を忍出て頃藤村へ来り、百姓ニ成しと云、何れも土人の説」と記していたことは、すでに紹介した。この惣六のように生瀬乱の際、村を脱走し浪人となった農民が、他村に隠れ住みつき、のちにその土地の有力者にまでなったという内容の話は、他の地方にも残っている例は多い。

たとえば、里川上流域の小妻地方には「先祖が生瀬の住人だったという農家の正月行事の話」として、次のような民話が伝えられている(22)。

小妻集落（常陸太田市）の一部では昔正月に蓑笠を着け草履ばきで、下《しも》囲炉裏《いろり》に踏《ふ》ん入《ご》みで餅を食べる風習がありました。この行事を伝えていた一族の先祖（男とある）は、生瀬乱のとき暮れの所用で他村に出かけていたため、幸運にも難を逃れることができた。先祖（男）は帰途、事件を知り帰村を断念し、着の身着のままでやっと小妻にたどり着き、身を隠すことができた。その晩は土砂降りの雨が降っていたので、先祖は蓑笠を付けていた。その後、先祖は苦労に苦労を重ねて、地域の有力者にまで上り詰めることができた。そこで子孫は、この苦労を忘れることなく一生懸命働くようにと、年初めにあたり、このようないでたちをして、先祖の苦労を偲び心を引き締めることにした。この風習が代々伝えられ家訓ともなった。

実はこの内容と類似した民話が、山田川中流部の国安地区（常陸太田市）にも、「生瀬浪人」伝説として残っている。地元古老の語るところによると、

国安集落のある一族は、正月三が日は必ず蓑笠を着け、わらじを履いたまま、囲炉裏に踏み込み（ドダッペイリして）、うどんを食べる風習を続けてきた。その一族の先祖は、生瀬乱のとき村を脱走しこの集落に落ち着いた。そのため一族は国安住民から、「生瀬浪人」と呼ばれるようになった。この変わった身支度や食事は、緊急時の心構え（正月とて浮かれ気分に酔うことなく、緊張感を忘れない心がけ）を子孫に教え伝えることであり、うどんは、米を食べられず苦労した先祖の生活を偲ぶものである。この一族の生瀬時代は村役人を務めた有力者だった。

という内容の話である。

ただこの「生瀬浪人」の伝承は、聞き取り調査した数名の話者の内容がすべて一致しているわけではない。しかしこの変わった正月の行事習慣が長い間続いていたという趣旨は、聞き取りをした数人すべての語る内容と、

ほぼ一致している。話に出てくる一族からは江戸時代後期になると有力者が現われ、旧勢力に代わって国安村の組頭などの役職についていることははっきりしている。その点でも小妻の民話例に類似している。

このほか正月蓑笠わらじ履きのまま、囲炉裏に足を踏み込んで食事をしたという話は、多賀山中のある新田集落にも伝わっていたことが知られている。ここでも伝統行事を引き継ぐ一族は、新天地でやはり指導的立場に立つようになり、正月の特別行事にも誇りをもっていたという。[23]

なお、生瀬脱村民が移住したという伝承は、保内郷の西部中郷地方にも残っていたという。[24] こうした内容の民話は他の地方各地にも伝わっていた可能性は高い。注目したいのは各地の生瀬脱村移住者（伝承）子孫一族の苗字が、いずれも、天正年間の保内人衆にみえる姓と一致することである。[25] もっとも村外脱走の行動を起こしたという話は、地元生瀬地方岡之内地区でも今なお語り伝えられている。その話というのは、

ある日の早朝、小生瀬農民たちが、代官所役人に寝込みを襲われた。うろたえ周章狼狽した農民たちは、根本・岡之内方面目指して逃走した。しかし、根本集落の住民はこの騒ぎに目が覚めなかったのか、気づいた者はいなかった。一方岡之内住民は事件にかかわるのを嫌って、逃走する農民を匿うことも、助けることもしなかった。そんなことから、「コケの小生瀬、ネボケの根本、ナサケシラズの岡之内」という、三集落（小生瀬・根本・岡之内）の住民性を風刺することばが生まれた。[26]

という内容である。地元の伝承でありながら、「コケの小生瀬」の語感からは事件の残酷さ、悲惨さは伝わってこない。もちろんこの風刺ことばは後になって作られたものであろう。いずれにしても風刺を交えた地元伝承からは、事件に巻き込まれ、殺害された小生瀬住民に対する同情心など微塵も感じることはできない。

むしろ話やことばから受ける印象は、事件発生時にとったとする住民の行動や対応ぶりの滑稽さである。ユーモアさえ感じられる。それにしても逃げ惑う小生瀬農民が、なぜ「コケ」と評されたのだろうか。「コケ」とは当地方の方言で、「とんま」「間抜け」「笑いもの」を意味することばとして使われる。結局、全村民が捕えられ、断罪されるような窮迫した事態ではなかったのにもかかわらず「皆殺し」の噂に怯え、周章狼狽し脱走行動をとった小生瀬農民の軽率さを揶揄し、コケと評価したのではないだろうか。まして処分対象にはならないような一般中小農民まで逃走行動に走ったことに滑稽さを感じたからなのかも知れない。

さてこの岡之内民話を参考に、前述した生瀬地方を離れた地方に残る、生瀬農民移住に関わる伝承について、考えてみよう。まず多賀山中・小妻・国安など、地理的にはそれぞれ遠く離れていながらも、長年語り継がれ、受け継がれてきた伝承や行事習慣など、その内容に共通点の多いことに注目しなければならない。このことから、社会の動揺が収まってから以後、生瀬から各地に離散し、転住した旧村民、またはその子孫同士、互いに連絡を取り交わしていた結果との推定もできる。いずれにしても小生瀬村から脱出を図った農民のうち、一部は帰村せず、その地に落ち着いたものと考えることはできないだろうか。もし帰村しなかった農民がいたとすれば、それはどのような身分（階層）だったのだろうか。

そこで各地の民話に、この疑問に答える手がかりはないか、探ってみることにした。そこでまず気づいたことは、頃藤村庄屋（里正）惣六のように（『里程間数記』）、生瀬からの脱走農民が、新天地で指導者的立場に立ったとの話である。その点、現在までの調査では一部の例外はあるものの多くの民話に共通している。村外脱走者は、「諸役人」「大百姓」などの一部有力者であったとした、山方村の「掛合控」の内容と類似している。これらの伝承に従えば、脱走移住したのはその地域の指導的立場にあった人物（その家族）ということになる。

しかし注目したいのは、村人こぞって村外逃走したという伝承は、生瀬乱とは関わりのない別の話が他の地方にも残っていたことである。たとえば村高が太閤検地高と備前検地高が全く同じことから、備前検地未完了地と推定した田野諸沢村（図1－1参照。のち田野・諸沢に分村、いずれも常陸大宮市）には、かつては村人大量脱走話が語り伝えられていたという。地元でこの話を幼少時、祖父（明治九年生まれ）から聞いたという住民[27]の語るのは、

佐竹の侍が間もなく村人討伐にやってくるという情報が村に伝わった。しかし討伐に向かった侍たち自身、ほどなく秋田に移る身なので、時間をかけて私らを深追いできないはずだ。だからみんな山奥や遠い村に逃げよう、遠くまで追いかけて来ないから大丈夫、と話し合い、村を離れた。その後しばらくして村人は自宅に戻った。

という内容である。

さらにその住民は続けて「佐竹の討伐隊がなぜこの地方に派遣されることになったのか、その理由については聞いていなかった。また討伐隊は本当に来襲したのか、脱走（逃散）した村人はその後、どの位の期間、他の地に潜伏し、どのように帰村したのかなどについても聞いていなかった。ただ祖父の話からは、討伐隊が襲ってきたとか、大量惨殺事件に発展したという印象は受けなかった」と語る。他の古老も、佐竹氏の家来が来襲するというのは噂だけだったという話は聞いたことがあるという。

以上各地に残るいくつかの伝承を紹介した。これらの伝承内容を総合すると、ある時期、生瀬地方をはじめ、北部山間各地で、逃散の動きがあったがごとき印象を受ける。その動きの起こった時期について、生瀬乱にかかわる伝承では、全く語られていないのに対し、田野諸沢地方のそれでは、はっきりと「佐竹氏国替え直前」とし

ている。

　このことは乱の発生時期を検討する上で無視することはできない。また田野諸沢伝承にも、前に紹介した岡之内の話同様、村民殲滅の悲惨さが伝わってこないことにも注意したい。この点では、伝承記録で最も古い前掲の山方村の「掛合控」の内容に通じている（ただし「掛合控」では脱走者は村の有力農民となっている）。

結びにかえて

「生瀬乱」の発生年代や原因、性格などを考察するに当たって、今まで顧みられることのなかった「山方乱」の伝承、備前検地実施の疑問点、生瀬浪人伝説などを、傍証事例とし取り上げ、検討を試みた。

　検討に当たり、収集した傍証事例のいずれの内容も、慶長七年（一六〇二）佐竹氏国替え決定直後の常陸北部農村社会の混乱状況を反映するものであった。しかもそのうちのいくつかの事例は、混乱状況が徳川氏支配下になっても急には収まらず、しばらく続いたことを物語っている。結局、佐竹氏の国替え決定を機に、旧領、特に北部地方では、以前の脆弱な領主支配時代の農村社会に戻り、新領主徳川氏にとっても、この地方の農民支配の体制的安定を確かなものにする課題に迫られていた。

　天正十九年（一五九一）三月、本城を太田から水戸に移し、領国支配体制の強化に努めた佐竹氏の領主権力は、豊臣政権が成立したことで、これを背景にいっそう強固なものとなった。ところがその佐竹氏は、水戸を拠点にしてからわずか数年後の慶長三年、豊臣秀吉が死去したことで、強力な背景を失うことになった。その苦悩を抱えた佐竹氏が慶長七年五月に、突如秋田への国替えを命じられたのである。

五月といえば、領主にとって、夏年貢徴収の準備に取り掛かる時期である。佐竹氏にしてみれば、常陸を離れる前に夏年貢を徴収したいと考えたのは当然であろう。実際義宣は「百姓へも取分候之切手」と、夏年貢の「先納」を計画していた(前述)。この方針に沿って、その後「取立代官」衆が急遽巡村し、徴税行為に踏み切ったものと思われる。

それにしても、夏年貢先納方針は、農民にとっては「国を去り往(く)人(領主)」に徴税されることになるわけで、これは納得できるものではなかった。その不合理性を感じての不平は、年貢徴収に対し、以前から何かと反抗的態度の強かったとみられている北部農村ほど激しかったのではないだろうか。

夏年貢取立が始まると、北部を中心に、今までの不満も重なって、農民衆が各地で、巡回中の代官に対し、徴税を妨害する行為に出たものと思われる。「生瀬乱」も当然、この時期同じような理由(徴税妨害)により起こったと考えるのが自然であろう。もっとも最近の研究者の中にも、生瀬乱の起因を佐竹氏の夏年貢徴収説を有力とする見方もないわけではなかった[28]。

さて代官を射殺したという「山方乱」の伝承は、妨害行為の中でも過激な反抗を示した内容となっている。その点、同時期の発生と考えられている「生瀬乱」も、前掲の「美ち草」の伝承記録には「先年生瀬にて百姓共徒党し御郡手代か御代官手代か打殺したる事あり……」と、事件の発端は徴税官「打殺」としている(ただし「探旧考証」等の記録は二度目来村の代官殺害)。しかも生瀬では農民が徒党して、砲殺(打殺)したというのである。結局国替え決定を機に、領主佐竹氏の威令は、一挙にその重さを失い、在地有力者の佐竹氏支配からの離脱行為が顕わになり、農民の反抗心も再燃し、その行為も活発化したものとみられる。

まさに寛斎が指摘したように、領内は「此頃ハ下強暴」といった状況を呈していたのではないだろうか。その強暴も過激で、「山方乱」の伝承や、「美ち草」の記録が示すように、実際、村によっては鉄砲を使用して、巡回役人を襲ったのかも知れない。

ともかく、乱の発端となった徴税官射殺事件の首謀者や実行者の中心人物は、生瀬村民移住伝説・山方「掛合控」の伝承から推察されるように、両乱とも概ね村の指導者や大百姓といった地域の有力者である。これら有力者とは、かつての在地武士の系譜をひく家柄出身の可能性が高い。とすると、その有力者の中には、佐竹氏に従い各地の戦陣に赴いた経験者も含まれていたのではないだろうか。

さらに注目したいのは、いずれの乱の伝承にも共通しているのは、殺害に鉄砲を使用した点である。結局両事件とも、鉄砲などの武器を保持していた旧在地武士が再結集を謀り、行動を起こしたようにも思われるのである。

特に保内地方は「人衆」と呼ばれる在地武士が武装集団を結成したところとして知られており、佐竹氏近国幕下之衆にも「保内生瀬」の名がみえることである（前述）。また見逃してはならないのは、かつて同族集団「なませ一き」が組織されていたように、この地方はもとより、在地勢力の結束が固い土地柄だったことである（前述）。結局、秋田移封を命じられた佐竹氏が、領民に夏年貢の先納を義務付けたことから、村の指導的立場に立つようになった旧在地武士がその不合理をつき団結し、不満を抱えていた同志とともに結集し、実力行使に出た、と考えられるのである。

しかしながら、夏年貢納付反対行動が、代官射殺という大事件にまで発展したことで、事件に関わらなかった一般村民まで大きな衝撃を受け、気が動転したに違いない。特に年貢納付に抵抗する者、滞納する者に対する、義宣の惨忍、冷酷とも思える処分方針を知る農民にとっては、その報復行為を想像すればするほどいたたまれない恐怖感に陥ったものと考えられるのである。義宣はかつて、「無用之事申立候て」年貢納付に反抗する郷（村）は、たとえ一郷、二郷廃村（亡所）になってもよい、容赦なく残らず「はたもの（磔刑）」に処すべしと、厳しい方針を示していたことは、前述した通りである。

そこで代官殺害を起こした山方・小生瀬村では、報復、処分を恐れた多数の村民が村外脱出を図ったとみられる。脱出者の中には「コケの小生瀬」と揶揄されたように、代官射殺事件と関わりのない住民もかなり多く含まれていたのかも知れない。ただ山方乱時の脱走者は「掛合控」の記述が語るように、村の指導的立場にあった農民、ないしは大百姓などの殺害事件関係者に限られていたのであろう。しかし小生瀬村の場合、事件関係者以外の住民も含む多数が村外脱走を図った事件、すなわち「逃散」の可能性が高いとみたのである。

一方、脱走者の比較的少なかった山方村では、小生瀬ほどの混乱もなかったことから、鎮静化も早く進み、数年後には一応安定し、水戸藩成立（慶長十四年）を直前にして、ようやく備前検地実施に着手できたものと判断される。ただ両村とも住民が殲滅されたとする後世の伝承には疑問が残る。また地域の再興が両村ともに、他村から派遣定住を命じられた者によって進められたことになっている理由もはっきりしない。村の上層部が村外に逃亡、ないしは処分されたため、統治能力の適任者が見当たらなくなったか、あるいは古くからの村内住民では何か不都合があったのだろうかなど、想定されるが、この点の解明は今後の課題である。

さて小生瀬村など、混乱と動揺の激しかった地方では、徳川氏支配体制になっても、為政者に対して反抗的態度を示す者も少なくなく、その上脱走者の帰村も進まず、不安定期間が長期化したものと想像されるのである。そのため備前検地の完全実施はしばらくの間、困難だったのではあるまいか。それも水戸藩成立後、領内の支配体制が次第に安定すると、改めて備前検地未完了の村や丈量の杜撰な村が問題になり、再検地いわゆる「新縄入」の必要性が叫ばれるようになったと考えられる。

そこで前述したように、保内金沢、深荻など、一部の村でみられたように、再検地「新縄入」の計画が相次いで立てられたのではないだろうか。しかし、その計画に反発する村もあって、予期したようには進捗しなかったのであろう。いずれにしても徳川氏支配権に移行したものの、旧佐竹領の安定化は容易に進まなかったとみられる。特に佐竹氏国替え決定を機に発生した騒乱の影響は大きく、北部地方を中心に混乱状況が長期化したことは間違いない。

発生年代のすべてが佐竹氏転封後説（慶長七年・十四年・元和三年・七年説など）となっている生瀬乱も、実は混乱続く状況下で、再検地を断行したことから起こった、農民の抵抗闘争ではないか、との見方もできる。一村虐殺を指示したのが、水戸城主武田信吉・徳川頼宣以来城代を勤め、農政を担当した芦沢伊賀と伝えられてきたことと合わせ、今後検討したいと思っている。

注

1　国立国会図書館蔵（郷土ひたち文化研究会榎本実氏による復刻本によった）
2　水戸彰考館蔵
3・10　最近では藤田雅一「生瀬一揆伝承論」（吉成英文編『常陸の社会と文化』二〇〇七年刊所収）が知られている。
4　国立国会図書館蔵
5・18　秋田藩家蔵文書「佐竹義宣文書」一九
6　同「佐竹義宣文書」一八、なお佐竹氏の農民支配脆弱性については藤木久『戦国大名の権力構造』が詳しい。
7　常陸大宮市　瀬尾家蔵（山方郷土史クラブ提供）
8　横浜市　木村保男（複写本）提供
9　常陸大宮市歴史民俗資料館山方館蔵（複写本）
11　茨城県立図書館蔵、なおこの指示を日立市史編さん委員会『日立市史』上では、寛永十年ではなく、正保二年と推定している。

12　前掲『日立市史』上では、午年を寛永十九年午年としている。

13　高倉胤明「楓軒叢書」（国立国会図書館蔵）によったもので、解説については肥後和男「生瀬乱のこと」（『茨城県史研究』一二号所収）を参照されたい。

14　もっとも『大子町史』（大子町史編さん委員会）も、「採旧考証」に載るこの慶安元年「寺社領改帳」を公式史料として扱うことに疑問を呈している。

15　秋田県立図書館蔵

16　「水府古券」水戸彰考館蔵

17　前掲「水府古券」及び「伝聞秘録袋」（日立市中深荻　會澤家蔵、写し）には次のようにある。

深荻村未年年貢可納割付之事
高　千百七拾三石六斗六升也　田畠屋敷〈共ニ〉
一　五百弐拾石七斗四升九合　高方
取米三百四拾三石六斗九升四合　可納
一　六百五拾弐石九斗壱升壱合　畠方
取米百四拾両弐分　鐚六拾壱文　可納
一　大豆ハ金壱両ニ付大豆五石宛ニ而可納　兵狼
一　升目之儀者　御蔵入なミ多るへき事
附送之儀者前々のことくニ可仕事
一　引方之儀者御給人衆ニ而高之内をひき
捨　田畠有高ヲ以右之積リニ納可申事
右之通無油断皆済可仕もの也
寛永八年未十月（廿九日）　芦澤伊賀（印）

＊（　）内は水府古巻、〈　〉内は伝聞秘録袋

なお、この年より一〇年後に実施された全領検地（寛永十八年検地）直後の正保二、三年同村の村高は一二〇一石六斗余であった。ところが正保四年には七四三石一斗余となり、一挙に四五八石ほど減石となっている。結局正保四年に再検地が実施されていたことになる（詳しくは『新修日立市史』を参照されたい）。ただ同市史が再検地の根拠とした九月二十日付けの文書にみえる「右之郷村午年より以来」の年代、午年を寛永十九年と断定している点には疑問がないわけではない。午年を太閤検地の行われた文禄三年（一五九四）とみることもできる。

19・25　前掲『大子町史』

20　地元には古くから山田川上・中流域には有力武士が割拠していたという伝承は多い。中でも、高倉の大野氏、染の田所監物の名は有力者として知られていたという。

21　常陸太田市史編さん委員会『常陸太田市史』上、前掲『日立市史』上、その他

22　里美村教育委員会『里美　むかしむかし』

23　寺門守男等の調査によったが、近年この話を伝える地元民も少なくなった。

24・26　益子公朋（『大子町史研究』八号所収）

27　常陸大宮市諸沢　飯島孝子等

28　瀬谷義彦も、「大子地方の地獄沢（二）―生瀬乱の謎―」『スペース・マガジン』で、年貢徴収官について、「水戸の役人というのは、万千代君（家康の第五男武田信吉）の配下の手勢で、最初に年貢取立に来たのは、佐竹氏が秋田移封が決まった直後、『夏年貢』という名目で取り立てにやって来た佐竹配下の役人ではないかという有力な説もある」と、生瀬乱を佐竹氏の夏年貢徴収に関わる事件との見方に関心を寄せている。また前掲『大子町史』は「領主交替の混乱に付随して起きた、偶発事件」との考えも否定できないとしている。

小論をなすに当たり、瀬谷義彦氏をはじめ、秋山高志、金子理一郎、木村宏、寺門守男、藤田雅一、吉成英文、宮

内教男、菊池芳文、石井聖子、高村恵美の諸氏には大変お世話になった。記して感謝したい。

第二章　水戸藩政時代の犯罪と刑罰についての事例的研究

はじめに

近世における諸藩の刑律は、一応幕府から独立したものとされているが、実際に刑法典を制定した藩はごくまれである。[1] 大多数の藩は、判例主義によるか、古くからの慣習法に基づいて犯罪捜査、刑事裁判を行っていたのである。

御三家水戸藩でも明治維新を迎えるまで、ついにまとまった刑法典の編纂は実現しなかった。そのため地方支配を預かる郡奉行所では、農民間で起こった紛争や事件の解決に苦慮することが多かったという。それは明和年間から三〇年以上にわたって、藩領北東部管轄（松岡郡）の郡方役人を勤めた坂場流謙が、後に在任中を省みて「大小検見地面水論山論あまた、び雖令吟味、法則不備し事毎に苦しめり」と述懐していることからもうかがえる。[2]

後世になっても刑法典の不整備を嘆く声は少なくなかった。天保改革推進者の一人、藤田東湖は「壬辰封事」（天保三年）の中で、「刑法も無之追々の前例類例を以て当候ゆゑ甚不公平之儀も出来申候……」と指摘している。[3]

それにしても、佐竹氏支配に代わって、徳川氏により新規に取り立てられた水戸藩の治安維持や犯罪・刑罰に関する対応は、後述するように寛容性を欠く厳しいものであった。もちろん前半期の刑罰は、幕府・諸藩とも総じて戦国期遺風の消えない残虐的側面の強いものであった。特に水戸藩は生胴・生袈裟の残酷刑がしばらくの間、廃止されることなく続けた藩として知られている。

寛保二年（一七四二）、幕府が「公事方御定書」（以下御定書）を制定してから以後の後半期になると、水戸藩も他の多くの藩と同様、次第にこれにならうようになり、緩刑主義へと傾いていった。本来秘密法であったはずの「御定書」の内容は、一八世紀末ごろまでには水戸藩内にも伝わり、民政担当の郡奉行所一般下役人までもがこれを入手し、郡務に役立てようと考えていたのである。(4) 確かにこのころより藩の厳刑主義的刑罰に対する反省や見直しの機運は高まり、緩刑主義へと急速に傾くようになった（後述）。

とはいえ水戸藩では、幕府が廃止した鼻剪り取り・耳剪り取り・額焼印のような肉刑が幕末まで続くなど、前半期からの厳刑主義的法体系は、他藩のように大きく緩和されることもなかったように思われる。ところがその実態や時代的な態様変化となると、水戸藩には長年にわたる犯罪・裁判の蓄積記録が残っていない上、事例研究もほとんど進んでいないこともあって、不明な点があまりにも多いのである。(5)

そこでまず小論では水戸藩の庶民社会で発生した重犯罪と刑罰執行に限定し、筆者が現在までに把握したささやかな事例の中から、そのいくつかを紹介することにした。ただ藩士の社会で起こった事件や刑罰でも、水戸藩の特殊性を示していると思われる事例については、例外として採り上げることにした。その上で水戸藩政期の重刑執行の実態を概観しながら、問題点や今後の研究課題などについて若干の検討を試みた。大方のご叱正、ご教示をいただければ望外の幸せである。

一　逆罪と親族殺害

水戸藩後半期の刑律ともいうべき「諸事穿鑿吟味心得之事」（以下単に吟味心得）では「主、父母并人殺のもの、火付、夜盗、追剥之類は旧悪たり共取上吟味すべき御定なり」とある。(6) 主殺し・親殺し以下殺人・放火罪などの凶悪犯は「旧悪」（現在の公訴の「時効」に当たる制度）の適用を受けない大罪になっていたのである。もちろんこの規定は「御定書」の制定後に確立したものと思われるが、主殺し・親殺しのいわゆる「逆罪」は、時効のない大罪の中でも最も重い犯罪であるがゆえに、これを強調し文頭にあげたのであろう。当時の社会で最重視した儒教倫理に従えば、主従・親子関係は忠義と孝行であるから、逆罪はこれに反する最大の不忠・不孝ということになろう。

事例を挙げる前に、まず主人の定義について確認しておこう。これについては「主人とは封建的主従関係のみならず、庶民の私法的奉公関係契約に基く関係も含み、また主人、および主人の妻や倅等家族も主人に準ぜられていた(7)」と考えるのが一般的とされている。また親には、養父母・祖父母も含まれていたのは、当然のことである。

それでは水戸藩内で起こった主殺し・親殺し（逆罪）事件とその刑罰執行の代表的事例をみてみよう。

主殺しについて

○事例一「草履取の主殺」

鋸挽、従類獄門　父母・妻子・兄弟・姉妹　伯甥《ママ》・伯母無罪・従弟女ハ　無罪（中略）御先代、当御代主人殺し御仕置同前之由此書付ハ貞享三年寅七月中、御進物番矢嶋又左衛門子息五三郎を御門外ニ而、草履取織平と申者切殺し付、大罪之者ニ候ゆへ公儀へ織平御請取、従類迠御仕置ニ被仰付候。(8)

○事例二「寺の中間、住持殺害」

今月（安永六年九月）部垂村（天保期大宮村と改称）伊助、四年前（正しくは三年前）沢山村耕山寺ノ奴トナリテ住持を殺シテ金ヲ奪フ、今捕テ十指ヲ切リ上下街ニサラシ、其村ニ磔ス(9)、つまり住職を殺害した中間は、両手全指切断の上、水戸城下を引き廻され、出身の部垂村にて磔刑《たっけい》に処せられた。

親殺しについて

○事例三「実父殺害と破牢」

小舟村善蔵ト云モノ棒モテ父ヲ打殺ス、捕撃殺テ獄ニ下ス、一夜獄を破りテ逃レ去ル、又捕テ十指ヲ剪リ、上下街ニサラシ逆磔ニ所セラル。明和中ノ事ナリトソ。(10)

なお脱獄は明和四年八月廿七日のことである。手指切断・引き廻しの付加刑は事例二と同様であった。

○事例四「酒乱の上実父殺害」

文政ノ度、上利員村庄助ト申者、酒犯ノ上、親ト争論ニ及ビ有合殻棒ヲ以テ父ヲ殺シ夫場ヨリ逃去る……下野国瓜（喜）連川宿ニ於テ被召捕、入獄中牢死、右死骸上下ノ町引廻シノ上、手指十本ヲ切、板へ打付、……サカサ磔附ニ被行レタリ。(11)

○事例五「養父母殺害」

山方……源之亟聟源八郎儀ハ西埜内村ヨリ縁付居、慶応三年夏中縁父ヲ……此（太木棒）ヲ以テ打殺シ、縁母ヲ……石ヲ以テ頭部ヲ打クダキ殺害ス、隠宅長持ノ最寄ニオ（財）布三ツアリ、此内ヨリ金一両三分ヲ引出シ……（以下長文になるので大要）

結局、源八郎はこの引き出した金を博奕に使い果たしてしまった。間もなく逮捕され「御町獄屋」において牢死してしまった。しかし幕末騒動期の政権交代（保守門閥派から天狗派へ）混乱のため「死骸刑」は実施されなかった。(12)

その他親族殺害

○事例六「船頭の妻、夫殺害」

廿七日（享保二年中二月）戸村船頭の妻、其夫を殺す、明年八月廿五日戸村ニ逆磔ニ処セル[13]、

なお犯人の妻は当時一八歳であったが、殺害動機についてははっきりしない。逮捕された妻は、八か月後同村の川原で衆人環視の中で、逆磔に処せられた。多数の見物人が川原の刑場に押し寄せ混乱し、渡し場の舟から足を踏み外し水死する者も出たほどであったという[14]。

○事例七「子殺し、伯父夫婦殺害、姪殺しなど」

〈その一〉先年於横川村ニ墓所へ八九歳の男子つれ行き父の手にかけ殺したることあり、この父死刑[15]……

〈その二〉文化ノ頃ヨリ慶応ノ頃迠ニ中郷村左馬之助伯父夫婦ヲ夜盗殺シ、同村留之助大子破牢、国長村タレ兄弟ニテ伯父ヲ鉄砲ニテ討ツ、戸村タレ強盗、町田ノ吉兵衛父夜盗人殺シ外一人出奔、……赤土村太四郎夫婦悪病ノ姪ヲ辰ノ口堰上ニおいて水中へ押入殺シ[16]……

事例一については『水戸市史』中一や、これによった前掲の拙稿では「織平の処分は水戸藩から幕府に照会した上で決定した」旨の記述となっているが、幕府の記録[17]によると、織平は主人の五三郎を斬殺した後、五三郎の親平左衛門の妻をも殺害した。織平は逮捕されると翌日浅草の処刑場で磔となった。処刑が終了すると早速下野にいる父親、弟、婚家先にいる妹、およびその子二人（甥二姪一）計六人が江戸に連行され、浅草にて獄門となっている。

江戸時代前半期の犯罪と刑罰を科罪ごとに明示した『元禄御法帳』では、「本人は鋸挽の上磔、従類は死罪もしくは遠島」となっているから、これに従ったのであろう。水戸藩の記録では、甥・姪の処分については触れて

いないが、「公儀へ織平御請取」と記しているところをみると、幕府がすべて処理したものと考えられる。

事例二については、明治の中ごろ小貫村（常陸大宮市）の一農民が、地元の伝聞を収集した記録[18]には、次のようにあり、事件発生時期や処分内容に若干の相違がある。


大宮村（部垂）伊介ト申者、享和ノ頃（安永の誤り）、沢山耕山寺へ仲間奉公中、住寺（持）ヲマサカリニテ打殺シ、大宮村ニ於テサカサ磔ニ行ハル。


この処刑は、周辺の村々にとって衝撃的事件だったことは間違いない。それだけに後世まで、地元民の間で長い間語り継がれてきたのであろう。その間、誤り、誇張され伝えられた部分も生じたのかもしれない。ただこの処分では、縁座制が適用されなかったのか、両史料ともその記述がない。

なお、このほか広く知られている主殺しに関する例には、元禄八年（一六九三）、主人に手討ちにされようとした若党が、身を守ろうと手向かい、刃傷沙汰に及んだ事件がある[19]。若党には主殺し罪が適用され火焙り刑となった上、家族は追放された。この件は明らかに若党の正当防衛であるが、本人は極刑の上、縁座制が適用されるというまことに厳しいものであった。

ちなみに後の「御定書」では、正当防衛による刃傷及び殺害を犯した場合、死刑は免れ遠島の処分であった。しかも、被害者が平素から素行不良者（「平日不法もの」）の場合などでは、「下手人御免」の願いにより中追放で済むこともあった。しかし逆罪では仮に正当防衛であっても、刃傷・殺害行為は一切例外扱いとはされなかったと考えられる。いずれにしても、庶民社会における主殺しの事件は、極めて少なかったようである。

一方、親殺し事件はこれに比べるとかなり多かったらしく、一説では幕末までに一八件を数えたという[20]。前掲の「諸事穿鑿吟味心得之事」によれば、水戸藩でも幕府・諸藩と同様「父母打たるものハ死刑なり、打べしとて振上ても死刑也。況や少しも於疵付ケルニハ申付ル御定成」との規定により、処置されていた。

事例三は親殺しの罪に脱獄罪が重なっているが、刑罰は事例四とほぼ同じで、両手十指を切断され、水戸城下を引き廻しの上、逆磔となっている。事例五の場合も動乱期のため、死骸を塩漬けにして、これを引き廻し逆刑とする、いわゆる「死骸刑」（屍刑）の慣行は実施されなかったのである。したがって本件の刑罰執行は例外的なものであった。

それにしても前掲の『元禄御法式』をみても分かるように、前半期でさえ磔刑の場合肉刑を付加しなかったのが一般的だったのに対し、水戸藩では、後半期になっても十指切断の肉刑を付加した上、引き廻しの後、逆刑というまことに残酷的処刑を続けていたのである。また逆罪被疑者・逮捕者の多くが脱獄したり獄死しているところを考えると、彼等は、牢内でもかなり厳しい取り扱いを受けていたものと想像される。もちろん獄死してもよほどのことでもない限り「死骸刑」（屍刑）は、免れなかったのである。

事例六は、夫を殺害した妻が居村の川原において逆刑にあった例である。この場合も幕府諸藩では、妻の刑は前半期においてさえ、衆人の目にさらすことなく、牢屋敷内で刎首するという死罪刑が一般的であった。しかしこれも水戸藩では相変わらず、見懲らし的厳刑主義を貫いていたのである。

事例七〈その一〉については、父の処分が単に死刑とあるだけで、死罪か磔刑か、詳しいことは分からない。〈その二〉に挙げた伯父・母、強盗殺人、姪殺害などの凶悪犯はすべて引廻しの上、極刑にされている。伯父伯母殺害は「元禄御法式」でも重くて死罪、ただ罪の内容によっては入牢にて赦免されることもあった。

二　殺人罪と過失致死罪

水戸藩でも、殺人を犯せば特別の場合を除き当然「死刑に窮りたる」（後述）規定であった。殺害動機にも窃盗強盗・遺恨・不義密通に関わる問題など種々あるが、後半になると盗賊・強盗による殺人事件が増加の傾向を示した。郷医で北方採検家として知られている天下野村（常陸太田市）出身の木村謙次も、一八世紀後半の農村状況を「……死刑も先年より多くなり、盗人やむ事なく出来て、安居しがたし[21]」と、嘆くほどであった。

事件の中には、もとより殺意のなかったいわゆる傷害致死や過失致死罪がないわけではなかった。水戸藩でも後半期になると、吟味に当たっては、殺人罪か致死罪かの区別をはっきりとさせた上で、その刑罰を判断するようになった。

○事例一「藩士、酒酔にて農夫殺害」

四月八日（享保二年）青柳渡ニテ戸牧又助酔テ狂シ、青柳村六右衛門ヲ殺ス、廿六日又助佐野孫兵衛ニアツケラレ七月三日放逐ス[22]

○事例二「口論から殺害[23]」

寛保元年辛酉五月、矢師東川左十鍛冶屋与四郎を殺す、これ元将棋の勝負より起て……猶諸士同然に手刀をなすべからず。暇を命ぜらる

○事例三「強盗殺人、放火[24]」

（寛延二年十二月）、勝倉村平之衛門ト云モノ枝川村ノ老人ヲ縊リ、火ヲ放チ財ヲ奪フ、逆磔に処セラル

○事例四「共犯にて伯母殺害」

（文化十二年）十二月福岡村組頭善兵衛、去年十二月其伯父国長村五郎兵衛ノ妻ヲ鉄砲ヲ放テ殺ス、而シテ五郎兵衛ノ養子ニナラントス、源左衛門・大岩村源左衛門・伊総治モ同ジク某リテ相殺ス、其村福岡ニ磔、源左衛門・伊総治ハ其村ニ斬罪梟首セラル(25)

○事例五「猟銃による誤殺」

（文政六年）七月五日、福王半兵衛、小川ニテ銃ヲ放テ鷺を外ツシテ畑ニアル農夫ノ妻ニ中ル、即死。半兵衛閉門ヲ命セラル(26)

○事例六「無礼討ちによる農夫殺害」

享和ノ頃枝川村渡船場ニ於テ、農民糞桶ヲカツギ、御先手同心ト同船致、舟中ニテ上ノ事ヲ悪言・文口（句）ヲ聞捨ニナラザル迚切殺し(27)……

その後この件について早速「御目付方」へ報告されたところ、切捨て御免の措置は妥当と判断された(28)。

事例一は、藩士の「酒狂」より起こった殺害であり、事例二は矢師が将棋の勝負をめぐって「口論」となり腹を立て、相手を切り殺した事件である。ともに殺意を抱いての計画犯行ではなかった。そのためかいずれの事件でも加害者は死刑を免れている。当時の社会では他人を殺めた場合、その代償として少なくとも加害者は、下死人以上の処分を受けるのが一般的であった（共犯の場合でも一人は下死人）。藩士には寛大な処分だったのだろうか。ただ矢師は「諸士同然」ではなかったが、特例だったのか「暇」で済んでいる。

事例三は、殺人・放火と大罪を重ねているから、逆磔刑は当然の処分であろう。事例四の事件については、具体的な犯行手口がはっきりしていない。ただ伯父元への養子縁組を狙っている善兵衛が、源左衛門ら二人に、伯母殺害の協力を依頼して引き起こした事件であることは間違いなかろう。依頼した主犯格の善兵衛が教唆者で、二人が被教唆者とも考えることができる。あるいは共同謀議の上、三人総がかりで殺害に及んだのかも知れない。

いずれにしても共犯者すべてが極刑に処せられた藩の刑罰はあまりにも厳しかった。共犯の場合「御定書」の規定では、「一 差図いたし人を殺させ候もの　下死人。一 差図を請け人を殺し候もの　遠島」とある。また「大勢にて人を打殺し候時、初発に打懸り候もの　下死人」との規定である。前者では教唆者が正犯の刑を受け生命刑では最も軽い下死人の処分であった。後者の場合は初発者一人のみが生命刑で済んだ。

事例五は、一藩士が猟銃で農婦を殺したが、過失によるものと判断され、閉門という軽い刑で済んだ。水戸藩ではこのころすでに殺害事件の吟味においては、次の規定[29]が示すように、一般殺人罪と傷害・過失致死罪との区別を明確にするべく努力が払われ、加害者を簡単に死刑とする判断を下さなかったのである。

青災《セイサイ》ハゆるしゆるすとてせいさいとハ、とりはづして人を殺したる類也、人を殺すものハ死刑に極りたるものなれど、ゆるして殺さぬ事なり、……此所（殺人か過失か）真偽を分ケたるための穿鑿也。始終の事へ心をつけ、偽欺れざるよふ吟味すべし……

これによると、とりはずしての殺害、つまり「青災」は過失致死罪なので、赦して死刑とはしない「殺さぬ事」としたのである。藤田東湖も前掲封事の中で「一旦の心得違」によって引き起こした「青災は肆赦し」と、悪事と知りながら犯した「怙終は賊刑」とするのが「刑罰を用候極意の由」と強調している。

事例六は、一藩士が御上に対し侮辱的言動を続けていたという農夫を殺害した事件である。結局、藩は藩士の行為を無礼討ち（切捨て御免）と認め、無罪とした。無礼討ちは武士各人に与えられていた、いわゆる私的刑罰権ではあるが、その行為には慎重さが求められていたことが分かる。確かに藩士の雑録や日記の中にも、無礼討ちの記録はあまり見られない。

三　騒乱・放火・窃盗罪

領主権力への反抗は古くから厳しく禁じられていた。それだけに違反者に対する処分は過酷を極めることが多かった。反抗には個人的なものから、集団的なものまでさまざまな形態があった。多数を巻き込み、激しい行動を伴った百姓一揆となると、関係者の処分は一人で済むことはまれであった。

百姓一揆はもちろん騒乱罪に当たるが、御定書にはこの規定は含まれていない。これは一般に周知徹底されているものとして、とりたてて規定されなかったのであろう。一揆は形態からみた場合、逃散・越訴・強訴・暴動・打ち毀しなどに分けることができる。一揆は水戸藩でも何件か発生しているが、そのうち関係者処分の厳しかった例として後世まで語り伝えられて来た二件について紹介しておこう。

○事例一「金沢村寺山修理事件」

この事件については後述するように、確かな記録は残っていない。ここでは広く知られている伝承記録を取り上げることにした。[30]「威公御世寛永十八年御領内を検地せしめ玉ふ、……久慈郡（多賀郡の誤り）金沢村（日立市）の庄屋修理……吾村えの検地御免願ふべし」との思いを強くし、数度に及び検地免除願いを出した。しかしそれが受け入れられず、「投訴強訴に及び……刑せらる」。

○事例二「太田木崎騒動」

享保六年（一七二一）十月、太田村（常陸太田市）木崎札の辻（東・西通り分岐点の高札場）で、窮民を救援する粥などの施し（施行《せぎょう》）が実施された。この時、郡奉行所の年貢徴収に不満をもつ農民多数が施行所に押しかけ、竹矢来を踏み倒してなだれ込んだ。そのため数人の死傷者が出た。(31)

この騒動の首謀者は小島村（常陸太田市）の庄屋文五左衛門と磯原村（北茨城市）庄屋某とされた。文五左衛門は獄門、家財欠所となった上、家族はすべて上がり者にされた。磯原村庄屋はそれより軽い斬罪となり、跡お構いなしとなった。

事例一については当時の記録は今のところみつかっていない。ただ後世に書かれた伝承記録はいくつか残っている。しかしそれらをみると、事件内容にも、処分者についてもそれぞれまちまちで一定していない。ここに掲げたのは、一八世紀末の記録である。事件が寛永十八年（一六四一）の検地免除願いをめぐって起こったとしている点や、修理が処刑されたことは、一部例外はあるものの多くの伝承記録は一致している。しかし修理以外の処刑者については種々の説がある。(32)

事例二は、ある武士の日記の記述を要約したものである。享保六年は水害によって、農作物に大きな被害が出た。にもかかわらず太田・野々上郡では年貢減免の措置はとられなかった。そこで両郡下の農民は減免を求めて奉行所に強訴した。ところがそれは受け入れられなかった。そこで不満を募らせた農民どもが、直接行動によって「意趣」を晴らそうと企てたというのである。

哀れなのは文五左衛門家族である。上がり者になった妻四八歳、長男二七歳、二男二五歳と妻一八歳、その娘二歳、それに三男一四歳、合わせて六名は奴婢としてそれぞれ五人の武士屋敷に引き取られた。ただ長男の妻二三歳と、二人の子供（男児七歳、女児四歳）は当座拝領の希望者がいなかったという（その後の母子については不明）。文五左衛門家には殊のほか厳格な連座制が適用されたことになる。結局同家は騒動の犠牲となり、一家離散の憂き目にあったことになる。

水戸藩ではこのほか、宝永六年（一七〇九）、明和八年（一七七一）にも大規模一揆が起こっている。前者は一般に宝永改革反対一揆、後者は鋳銭反対一揆と呼ばれる騒動である。しかし両一揆とも首謀者が極刑に処せられたという確かな記録は残っていない。(33)

為政者が一揆・暴動などに次いで、厳しく取り締まったのが、放火罪である。木造住宅を主とする日本では、社会を不安と恐怖に陥れる放火に対する刑罰は伝統的に極めて重い。ちなみに放火罪は、現在でも「死刑又は無期若しくは五年以上の懲役」（「刑法一〇八」）となっている。

周知のように江戸時代における放火罪は、幕府諸藩すべて、社会に対する大罪として既・未遂を問わず極刑に処した。水戸藩での放火事件はそれほど発生しなかったのか、あるいは犯人逮捕が困難で迷宮入りが多く、その処刑が少なかったのか、記録となるとあまり残っていない。ただ前掲の『水戸紀年』には、五件の放火事件記事が載っている。その内の三件を紹介しておこう（事例一・二・三。御赦適用のほか二件については後述）。

○事例一「共犯による放火」

（宝暦七年）四月廿七日、放火の賊二人、木沢村ニ火刑ニ所セラル。

○事例二「祢宜による放火」

（安永八年）十一月二日、長岡村ノ祢宜田宮ト云モノ、六年丁酉、長岡村ニ放火ス、木沢村ニ火刑ニ所セラル。

○事例三「女の放火未遂」
（文化十年）八月四日、細谷村穀留兵衛門ノ女松田半左衛門・鈴木三郎左衛門ノ家ニ火ヲ放ツ、家焼失ニ至ラストイヘトモ、今日火刑ニ処セラル。

残念ながら事例一・二とも、犯罪動機や事件の具体的内容についてははっきりしていないが、犯人はいずれも木沢村（水戸市）において、火刑（火焙り）に処せられている。事例三についても、詳しいことは分からない。しかし、この女は松田・鈴木両家に放火を試みたものの、いずれも未遂に終わっている。

前半期の水戸藩では、前述したように主殺し犯にもこの火焙りという残酷刑を適用したことが知られている。ところが後半期になると火刑は幕府の刑律に沿い、放火犯に限定するようになったらしく、放火犯以外の犯罪者に適用した例は知られていない。なお寛政七年（一七九五）ごろからしばらく、放火事件が相次いだという。『水戸紀年』には「今月（四月）府下処々放火」、同九年「正月廿九日府下放火盛ニ行ハル……」といった記事が目立つ。しかし、この書には犯人逮捕や処刑の記録は残されていない。

次に窃盗と強盗に対する刑罰についてみてみよう。他人の財物を窃取、強取する行為もまた住民生活を不安に陥れる。それゆえ窃盗・強盗罪も重刑に処せられることが多かった。

水戸藩では盗みについて「於評定所ニ罪人金拾両以上盗取たるものハ死刑也。拾両以下は鼻を刺（劓）御定の場所穴（宍）倉并松岡領・保内郷之内へ追放也……」[34]と定めている。拾両以上盗めば死刑との規定は「御定書」と同じである。もちろん幕府の定めに従ったのであろう。ただ鼻そぎの肉刑は幕府ではすでに廃止したのにもかかわらず、水戸藩ではこのように相変わらず継続していたことになる。

○事例四「馬盗みと縁座制」

一、次兵衛弟茂兵衛　　　　　　年　三拾八

是ハ延宝六午ノ年馬を盗、御成敗ニ被仰付候。

一、同人弟女房　　　　　　　　年　三拾七

是ハ延宝六午ノ年、水戸岡崎平衛門殿へ上り人罷成候。(35)

○事例五「寺に入った盗賊の処刑」

子（享保十七年）十一月廿六日、小妻村地蔵院へ三月十三日夜盗に入申候盗人之内弐人、境明神下坂より道下西向、其畑田沢をへだて小山出さき小平ラ引平ラメ、磔に御仕置被成候。(36)……（以下大要）

盗賊のうち逮捕されたのは市助と平八と申すもので、前日の二十五日町屋村（常陸太田市）に泊められ、当日の朝馬に乗せられ、「紙はた押立」てて刑場に向かった。到着すると二人は磔柱に縛り付けられ、「城代与力、押へ目付壱人、郡方手代三人、足軽四人」立会いのもと、処刑された。

また同記録は「右見物人老若男女、南ハ町屋村より、上北ハ東館・石井・関岡辺迄、其外生瀬并東山中四千人程……明神坂并山下ノ畑迄ひとひと並、見物申候。前代未聞ノ事……」とあって人ごみができるほど多数の見物人が各地から集まったことを伝えている。しかしこの二人のほかに何人の仲間がいたのか、その後仲間の捜査状況はどのように進んだのか、また盗品や金額など詳しいことは記録されていない。

○事例六「盗賊団幹部他領にて逮捕」

同年（宝暦十年）十二月十九日、日本風神水戸與茂七、桜井村にて磔になる。残三人、木沢新田にて磔に被行候與茂七と、惣党手下伝蔵・平蔵なり。初是の強盗は、大子村文平、太田村善介が、之を出羽山中松原に擒にす。……與茂七子分と称する者四五十人あり、奥羽の間に横行し、人を殺し財を奪うこと、幾許と云こ

とを知らず[37]。

なお「有力無双」の聞え高かった與茂七も、「一刀流撃剣」に秀でた善介と、これに加担した文平、向井町の喜四郎らに囲まれては、なすすべなく傷を負い捕らえられたという。

○事例七「蔵破り犯」

一、同村（小貫村）……市四郎伯父吉兵衛、天保度所々板倉ヲ破リ品々盗取り、召捕ノ上大宮村入獄中牢死[38]

ただ盗品など詳しいことは記していないが、「所々板倉ヲ破リ」とあるところをみると、吉兵衛は蔵荒しの常習犯だったと思われる。

それでは、各事例についてもう少し詳しくみてみよう。

事例四は馬盗みだけで「御成敗」となり、その妻は縁座制の適用により、「上り人」とされて、水戸の藩士岡崎家の婢女として引き取られたのである。このほか三人の男子（帳簿では、次兵衛の甥となっている—年齢一六・一三・一〇歳—）も「上り人」として、村を出ることになった。ただ一三歳の二男が城下の川崎金兵衛家に引き取られるのは、二年も後の延宝八年のことであった。二男は幼年者（一五歳未満）だったことから一五歳に達するまで処分を猶予されたのであろう。結局馬盗みを犯しただけで、家族全員が犠牲（縁座）となったのである。

当時馬の値段ははっきりしないが、良馬でも一〇両を超えることはなかったと想像されるから、茂兵衛（家）に対する処分はかなり重い刑であったことは間違いない[39]。

事例五は夜盗集団の一部（二人）が、藩領境で処刑された珍しい例である。逮捕された二人は、町屋村から二十数キロメートルほど引き廻し馬に乗せられ北上し、水戸領最北端の徳田村（常陸太田市）に特設された刑場まで送られた。刑場は塙天領（福島県塙町・矢祭町）と接した場所である。

享保十七年（一七三二）といえば、塙地方が天領になってわずか三年後のことである。見物には、天領農民もかなり訪れたという。しかしそればかりでなく、山中郷からの見物者も多かったというから、その中には棚倉領農民らも混じっていたとも考えられる。

ともかく領界の地に刑場地が設けられ、他領民にも見物させたことは注目されよう。他領民にも水戸藩領の厳格な処分を知らしめようとしたのだろうか。いずれにしてもまことに威嚇的、見懲らし的処刑だったといえよう。なお、処刑終了後死骸は現場に晒された。その傍らには、「此市助・平八と申者、其外人数徒党をくみ小妻村地蔵院へ夜盗に入依重科之者如此ニ行者也」と書かれた制札（科書の捨札）が立てられた。引廻し馬に立てられた「紙はた（旗）」（高帖一五枚ほどつぎ）の文面内容も、ほぼこれに沿ったものである。現在刑場跡地は「うう沢」と呼ばれている。受刑者が槍で突かれた時、ウーとうめき声を上げたことに因んだ地名という。また近くの谷は「磔沢《ハッツケザワ》」と呼ばれている。

次の事例六も注目される。当時この事例のように、農村にも窃盗の親分がいて、その元に仲間・子分が集まり、悪事を働く集団が組織されていたらしい（後述）。それにしても逮捕にあたり手柄を立てた善介・文平・喜四郎とはどんな身分だったのだろうか。三人に共通しているのは、いずれも在町・宿場の住人である。このことからおそらく当時有識者が問題視していた「博奕打」から採用した「赤房御用」だったようにも考えられる。(40)

事例七は蔵破り常習者が逮捕後獄死した実例である。犯人吉兵衛の死因は不明であるが、累犯だったことから、獄中でかなり厳しい扱いを受けたのだろうか。実は同村（小貫村）では、これよりさき（文化文政期と推定）、農家（仁兵衛）の板蔵鑰《かぎ》が盗まれ、白楮六駄余が盗難にあうという事件が起こっていた。犯人は村内の源八・政蔵・雲八の三人組であったが、いずれも巧みに村外に逃れた。しかし三人とも各地で盗みをくり返しては逮捕入獄されていたらしい。まず源八は水戸赤沼牢に二度ほど入獄し、死罪になるところを大赦によって一命を救われ、鼻そぎ刑にて国追放になったという。政蔵は盗賊となり諸所において窃盗を働いたが、水戸で捕えられ獄門となった。雲八については、「政蔵と同類ニテ」宇都宮において幕府取り締りの手に掛かり「死罪ニナルト」の噂が立った[41]。しかし事実確認の記録はない。

ところで公用記録にはあまり見られない犯罪に、「掏摸」（きんちゃくきり）がある。ただ文化六年（一八〇九）「石神組己御用留」[42]をみると、同管内では寛政二年（一七九〇）、同三・四・六年と毎年のように掏摸犯が逮捕されている（四年二件）。その逮捕者をみると、六年の件は単独犯であったが、他はいずれも共犯者がいたことがわかる。

しかし逮捕者の処分は主犯者でも比較的軽く、閉戸七日（寛政三年）、禁獄五〇日（同四年）、手錠一〇日（同年）などとなっている。ところが寛政六年十一月の河原子村（日立市）立帰茂次衛門の処分は「斬罪打捨」となっている。ただ茂次衛門の犯罪内容の記録はない。おそらく余罪があったか、一〇両以上の金、物品を掏ったのであろう。なお茂次衛門について、「是者、宮田村久次郎掏り之者ニ御座候」とあるから、故郷宮田村を追放され、その後近くの河原子村に帰り、移り住んだのであろう（立帰）。

実は寛政二年逮捕の金沢村（日立市）幸介も村人別帳から外された人物であった（帳外）。当時の犯人をみると、立帰り、帳外、無宿者が目立って多かったように思われる。ただし幸介の犯罪内容、処分について、同奉行所で遡って調べたものの、明らかにできなかったという。

以上いくつかの事例から浮き彫りになったことは、農村で発生する窃盗事件の多くが、集団による犯行で、しかも逮捕してみると、犯人は再犯・累犯者が目立っていたということである。窃盗を半ば職業とする集団が各地で結成されていたようにも思われる。

四　巧妙な隠田罪

水戸藩では寛永十八年（一六四一）、最初の領内総検地が実施されるが、その直前の十七年暮れ、江戸より隠田防止・隠田罪に関する「掟」が水戸に届いた(43)。その第一条に「当御検地ニ付、隠田ノ族有之ハ死罪たるへき事」と規定し、二条では「隠田之者訴人仕候ハ丶、其隠地御褒美三ヶ年作取」とする旨明示し、隠田犯の密告を奨励している。ただ隠田犯に対して「死罪」とあるから、この時点では非公開刎首《ふんしゅ》の刑であった。

いずれにしても判例主義が主体だった当事の刑律の中にあって、政策実施の事前に違反者に対する刑罰を定めておいたことは注目されよう。これにより違反者の根絶を期待したことはいうまでもない。

つまり水戸藩では検地に当たり、未熟ではあるが、今日の「罪刑法定主義」の立場をとったということになる。ところが実際には次に例挙するように、巧みな不正工作を巡らし、維新期までの間に少なくとも三件の犯罪が起きている。しかも発覚した場合の処分は、いずれも死罪で済むものではなく、磔刑に処せられたのである。もっとも次の事例が示すように、隠田罪の処分はその後まもなく磔梟首に変更された可能性がある。

○事例一「庄屋の隠田」

一、元禄十五年、下根本村庄や喜兵衛隠田仕候由、小百姓より訴人ニ付、御奉行衆へ窺候所於居村死刑被仰付跡欠所、妻子上り者ニ成り候事(44)

本件は、一般の百姓からの密告により、庄屋の隠田罪が発覚したことになる。居村死刑というのは、もちろん礫のことであろう。その上家財没収の付加刑と縁座制が適用された。妻子は「上り者」、つまり下男女として他家に引き取られたことになる。しかしこれだけの重大事件でありながら、これ以上詳しく書きとめた記録は今のところ発見されていない。

○事例二「村役人衆の隠田」

一、享保廿卯年、常福寺村庄や隠田ニ付、礫居村ニて被行候、……

一、百姓隠田隠畠を作徳せるものは礫梟首に被行候御定……

但享保年中常福寺村庄屋惣次衛門、永引跡田方立帰改不請して作徳いたし候而已ならす、隠田の田不作悪作の節、本免の熟作の田を偽りて引方を請たり、此節御国中へ隠田仕間敷旨申触る時、太田御郡下より高四百六拾石村々ニ隠田在之旨……自首ニ付其罪を御免ありしなり(45)……

庄屋惣次衛門の隠田工作には二通りがあった。まず一つは、山津波・表土流失・あるいは砂礫に覆われた、いわゆる砂押白打などにより、耕作不能地となり、年貢免除の永引地としての指定を受けた土地を再開発し、「立帰田・畠」の申告をせず、耕作し収穫をあげていた。すなわち「立帰地無届犯」である。この行為を当時「永引引違」と呼んだ。

その二は、隠田（無届立帰地と思われる）が不作悪作の節、惣次衛門は郡庁検見役人が土地の実情に疎いのにつけ込み、本免地（本郷良田畑）とこれを差し換えて詐計案内したのである。検見役人が査定した土地は、本免地ではなく隠田無届立帰地だったことになる。当然役人は隠田無届立帰地の作柄を高年貢率の本免地が不作悪作に見舞われたと誤って認識し、年貢引方（減免）を認定してしまった、というのである。

結局豊作（熟作）にて多収穫を上げた本郷田地は無年貢ないし、引方の扱いを受けたことになる。これも永引地の指定を受けた後、立帰りとなった土地（隠田）を巧みに利用したもので永引引違の一種である。

この事件について、犯行の手口や顛末を詳細に記した伝聞記録[46]が残っている。長文なので、以下その大要を紹介するにとどめておこう。

今まで惣次衛門は、「永引引違」のほかに、「小検見引違」という犯行を繰り返していた。これも手口は永引引違と同様で、年貢率の低い新田や下級田地が被災し、不作や耕作不能になると、これを本郷地とすりかえて検見役人を案内していた。その結果、役人は案内地が下級地とは知らず、これを高年貢の本郷地が被災したと誤認する。結局被災とは関係ない熟作の本郷地が、減免（下級・新田の低率年貢納付）や無年貢の扱いを受けることになった。惣次衛門の巧妙なこの偽計も同年検見役人によって、あばかれた。

しかも惣次衛門は、庄屋の立場を利用して、他人の荒蕪土地を無年貢永引地としての認可を済ませると、これを買収し再開発（立帰り工事）して、無届耕作を続けていたことも明らかとなった。

奉行所は、惣次衛門の犯行を隠田所持罪（立帰地無届罪も含む）のほか、「永引引違又ハ検見引違、土地を偽り私欲いたし過分の横領」の罪を重ねていたと判断した。本来救民救済に当たるべき身でありながら、「謀計私欲のうるおい」を優先させた「大胆不届至極」の行為は許せない、として惣次衛門を水戸城下引き廻しの上、地元常福寺村で磔刑に処した。妻は上り者、家屋敷家財没収（欠所）となった。

また年貢割付け、村財政などを担当する勘定人の市右衛門は、庄屋・組頭の不正を発見できなかったことや、告発しなかった罪が厳しく問われた。その上、庄屋の不当な指示に従い勘定組み（年貢割付帳の作成等）を巧みに偽造した事実が明らかとなり、共犯者であると判断された。それにより市右衛門は「居村斬罪梟首」刑となった。

さらに組頭の吉郎兵衛は、庄屋の犯行や農民の隠田を把握しながら、なんらの対策を講じなかったばかりか、自身も立帰地改め申請を怠った上、小検見引違を続けていた犯行事実も判明した。すべて惣次衛門、市右衛門らとの共謀での犯行と判断されたのである。市右衛門は奉行所に連行され、尋問が始まってまもなく首縊（首吊り）自殺を図って死亡した。死体は村の刑場に送られ、「居村戸（屍）斬罪梟死」の刑に処せられた。

一方、惣次衛門の巧妙な偽装工作を見抜けず新田を売却した弥平次は、事前に隠田罪を犯したとみなされ、追放刑となった。ほかの二人の組頭も、隠田所持と小検見引違を行っていたことが露見した。その上、二人の愚かさにもよるが、村の現況呑み込み（理解）不足もあって、庄屋補佐役としての職責が十分に果たせなかった。すべて庄屋任せの勤務姿勢が彼等の犯行を許す一因となった上、不正行為の告発義務も怠った。これらの罪は重いとして宍倉、武茂への追放をいい渡された。

なおそのころ、太田郡下で四八九石余の隠田畑が明らかとなった。しかしいずれも農民の自主申告（自訴）であったとして、藩はすべてを「無罪御免」の措置とした。

○事例三「庄屋一族の隠田」

一　野口平村　先庄屋

幸八　　此者儀先達而役儀

相勤候節、弟組頭善次内談之上、余り筆ニ相成居候絶前人物衛門分之田方ヲ甥八郎衛門へ為引請、無年貢ニテ小検見引方年々為申請候由、潰人宇兵衛分之田方ハ自分ニ而引請、八ケ年之間引辻申請、清兵衛持分五畝拾歩之田方も去々戌年（享和二年）ハ此者引請、右ハ六畝拾歩之由書出全壱畝歩丈余計ニ引辻申請、又ハ弟善次組下長吉と申もの田方之内、当人より任願ニ而定免より本免入替、案内帳之腰張《ママ》ヲ為相直候儀も有之、其外御蔵入御給所ニ而ハ差別も有之ニ付、自分勝手ニ相成候様自分之田方ヲ御蔵入より御給所ニ入替置、年々之差引ハ懐へ入候間(47)……

以上の偽計のほか、不正工作中、計算の誤りで自分の納める年貢高が増えると、他人の余り筆引方土地を巧みに組み入れたり、弟と共謀して組下農民の付荒不作地や永引立帰地を利用して、その損失分を補っていた。その数々の行為は「私欲謀計」の限りを尽す大罪であった。藩は幸八を「大胆至極重課之者」と断定し、「後来為誡、居村斬罪梟首」を申しつけ、「所持之もの欠所」とした。

一、同村　組頭

善次

此者儀兄庄屋幸八与内談之上、余り筆ニ相成居候絶前人惣衛門分之田方ヲ甥八郎衛門へ為引請、無年貢ニ而ニテ《ママ》数年引辻為取……（以下、幸八の罪状項参照）

善次は兄幸八に次ぐ大罪を重ねていたが、藩は「甚御用捨、鼻ヲ剪、御領中相構宍倉領之内御定之場所へ追放」としたのである。また「所持のもの欠所」とした。

一、同村　八郎衛門

此者儀伯父先庄屋幸八と申ものニ泥ミ絶前人惣衛門分之田方ヲ都合十二ケ年小検見引辻申請……、

という脱税行為を続けていた。

ところが本人は出奔してしまった。しかし藩はこれを捕え不届き者として処分した。ただ藩は八郎衛門に対し「御用捨御城下御殿場并他領たり共居村より五里四方相構、鷲子・八田・増井御郡下追放」を申し付けた。

ここに取り上げた三項目にわたる「野口平村幸八所」一件に関する文面は、享和三年藩が領内各村に回達した触書の一部である。

一方この記述とは別に、後年郡庁役人だった坂場流謙も、事件の大要と顛末を次のように記録している。(48)

野口平村庄屋亨和年中於居村ニ梟首ニ被行候、此田御検地帳に畝歩ありといへども、惣村中算用〆高にして見る時ハ庄屋持分は算違ニ而、不足ニ御検地帳の寄ニ而〆置たり、依而年貢不出しても常ニは指当りなし、小検見引方を請る時ハ御検地帳ニ畝歩在之故、年々引方を請、夫だけハ外の畝歩の年貢不指出横領したり、庄屋御検地帳寄違とは乍知、欲に取引横着をなせり、同村より訴人ありて顕れたり……

これには、犯罪に関与した組頭の弟や甥との関わりなどについての記載はなく、事実関係についても説明に不十分さはあるが、庄屋の犯罪手口は触書とほぼ一致している。

結局、庄屋幸八は弟や甥と謀って、絶前・潰人といわれる没落者の無年貢田畑（永引地）を耕作し、その上小検見引方などを繰り返して、巧みに年貢納付を誤魔化していたことになる。その上、自分勝手に面積を偽り、定免地と本免地、蔵入地と給地を入れ替えるなどの不正を働き、脱税工作を続けていたことも分かった。

さて水戸藩政時代に発生した隠田にかかわる事件は、今のところ、以上の三例以外知られていない。ところがいずれの例にも共通しているのは、村の年貢割付事務や、郡庁の検見役人案内を担当している庄屋がすべて主犯であったという事実である。検地帳（寛永検地、新田改め）に登記された以外に、秘密裏に耕地を所持する、いわゆる隠田所持犯は、村役人の立場にあっても立帰地無届犯以外不可能だったに違いない。しかし検見から始まる年貢割付までの過程には、村役人に脱税行為を許す盲点があったことも否定できない。

つまり村役人、ことに庄屋は、組頭と共謀すれば、詐計案内、帳簿偽装などの行為によって、永引引違（立帰地無届も含む）・小検見引違が比較的容易に実行できたということである。そのため藩は、事件の解明、処分が一段落すると、再発防止を考えて、隠田違反行為の真相と、関係者に下した刑罰を、各村の庄屋・組頭、そして農民に広く知らせたものと思われる。そこには、密告を奨励するねらいがこめられていたことはいうまでもない。ただ一定の規則・順序に従って、耕地に地番を付しておけば、詐計案内やそれに基づく帳簿偽装・面積偽りなどの犯行はある程度防止できたのかも知れない。ちなみに野口平一件四〇年後に実施した天保検地では、耕宅地のすべてに番地がつけられるようになった。

過酷な年貢納付にあえぐ一般農民にとって、村役人だけが巧妙に脱税を続けることは、許せるものではなかった。確かに事例一・三は農民からの密告によって摘発されたものであった。

ただ事例二は、郡庁手代衆の気転によって、発覚したものである。享保十九年秋の小検見の際、現地に案内され立ち会った郡庁手代衆が、庄屋惣次衛門の説明・応答に「紛敷口上」が多かったことに疑義をいだき、尋問・取調べを徹底した。全員逮捕はその成果であった。注目したいのは、この一件も享和の野口平事件と同様、村の最高責任者庄屋を主犯とした組織的な犯行だったということである。

水戸藩では一般農民が組織的に隠田・脱税行為を犯したという事件は今のところ知られていない。しかし小検見引方不満から農民が単独で藩に反抗した事例はある。その例として知られているのは「大能村百姓壱人自分の田方悪作ニ而、小検見引方不足なりとて稲を不刈取して、火を掛焼捨たる科によって死刑に被行たり」との記録(49)

である。ただこの事件の発生年代、引方の程度（減免率）、処刑の実際（磔刑か死罪か）など、詳しいことは分かっていない。

五　紙幣偽造罪と縁座制

貨幣の偽造事件も、古くから江戸をはじめ各地でたびたび起こっていたことは、周知のとおりである。『元禄御法式』によれば、幕府もその防止を考え、「金銀銭の似せをつくる者の類　磔・獄門・一味の者死罪」という、極めて厳しい罰則規定でのぞんでいた。

水戸藩では、貨幣偽造はすでに万治元年（一六五八）に起きている。この年青柳村の五郎左衛門と伜権三郎は「偽せの銭」をつかさどったかどで検挙され、翌年七月親は居村で磔、伜は十一月死罪になった[50]。それから百五十数年後の文化九年にも「贋金製造」事件が起こったことが知られている。貨幣偽造の根絶は困難をきわめたらしい。

さて紙幣の偽造事件となると、藩札発行通用期間があまり長期にわたらなかったこともあってか、その実例は少なかったようである。水戸藩では宝永元年（一七〇四）開藩以来初めて藩札を発行した。ところが、藩札が流通すると、まもなく贋札がでまわった。

○事例一「紙漉職人の犯行」

宝永元年甲申三月朔、浅香宗衛門紙金奉行と為る。四月より紙金通用、……然る処、贋札出来候に付、大黒と竜の判を居へけり、正金一両紙金四枚請取、切賃八十文宛出る、紙金を納、正金を引替る時は切賃四十文宛受取る、右の紙金、中染村岡衛門、其後同村隼人と申者、贋札を出し候処、無程露見して御仕置に相成、妻子娵共御取上被成候由、……四年丁亥四月紙金通用止らる。[51]

この事件については、このほかいくつか記録は残っているが、ほぼこの記述に沿ったものである。[52] 藩札発行はすでに元禄十六年（一七〇三）通貨の不足を補い、商取引の円滑化を図るべく計画されていたものであった。藩札用紙の製造は、紙漉名人として知られていた中染村（常陸太田市）の岡衛門が指名されていた。ところが藩札の使用が始まると、たちまち贋札がでまわったので、偽造を困難にするため、早速札面に大黒天と竜の図柄を添えることにした。それでも藩札偽造は止まらなかった。捜査が進むと犯行はなんと岡衛門とその子供と思われる隼人であることが判明した。

結局ふたりは処刑された上、縁座制が適用され、家族は上り者になって、奴婢として他家に引き取られた。もちろん岡衛門家は、家財家屋敷没収（欠所）であろう。それにしても、後述するように本件の処分はあまりにも厳しかったように思われる。なお、藩札は、「正金一両紙金四枚」とあることからも分かるように、金壱分札であった。露見しなければかなりの不正金があがったことであろう。

六　姦通罪と私的刑罰権

水戸藩に限らず、殺害に至った事件で、その発端要因を示すことばで最も目に付くのが「不義密通」とか「淫乱」「姦通」といった、男女関係の問題を示す文言である。[53] 有夫姦、すなわち姦通罪については、庶民にも私的刑罰権（姦夫姦婦即時成敗、妻＝女敵討）が認められていただけに簡単に殺害事件にまで発展する例は多かった。

不義密通にかかわる事件は、時代の風潮や社会状況を最もよく反映しているように思われる。またその処分からは他の事件以上に、刑罰の態様変化や、人権思想の高まりを読み取ることが可能と思われる。そこで煩わしくなるが、種々の事例を取り上げることにした。

○事例一「姦夫即時成敗と妻成敗の失敗」

石岡村彦作女房まおとこ仕候ニ付て、男女共ニ弐人なから彦作きり申候所、女房いまたいき候由申候、双方さいきやうの上、各御談合相究り、彼女御せいはいニ被仰付候間、其分可相心得候、以上

亥（寛永十二年）六月廿二日　　野沢太郎左衛門・萩庄左エ門・跡部太郎兵衛

松岡領桜井村　　名主　組頭

彦作女房親　藤七郎　まいる[54]

石岡村（北茨城市）の彦作は、女房と密通中の姦夫（まおとこ）を取り押さえ、即時成敗を試みた。ところが姦夫殺害には成功したものの女房は取り逃がしてしまった。そこで奉行所が合議した結果（裁許の上）、彦作の女房成敗を認めた。奉行所はこの決定を早速女房の実家の親と村役人に通知したのである。ただ姦夫殺害についてては全く触れていないが、これは彦作の行為が私的刑罰権の当然の行使として、合法とされていたからであろう。結局彦作には姦夫の殺人罪は問われなかったことになる。

ちなみに幕府の「元禄御法式」には、本夫に姦夫姦婦即時成敗権を認める規定はない。「御定書」でも、寛保

二年追加の項に「一、密通の男女共に、夫殺候はば、於無紛は　無構」とあり、さらに補足して「一、密夫を殺し、妻存命に候はば、其妻　死罪」と規定している。結局幕府も、本夫の成敗権を認めるが、存命の妻は私的ではなく公的刑罰権行使の「死罪」としたのである。(55)

○事例二「私的刑罰権の悪用と生胴様刑」

寛文のころ、小里郷北部農村（常陸太田市）で男女殺害事件が発生した。この件については、序説で触れた拙稿「水戸藩農村における刑罰執行について」でも詳述しているので、その概要を述べるにとどめておこう。

事件の発端となったのは夫婦喧嘩であった。夫が鞘に納まっていた脇差で妻を叩いた。ところがその瞬間、鞘が抜け妻を斬りつけてしまった。妻はその傷がもとで死亡した。仰天狼狽した夫は、近くで農作業をしていた農夫を呼び寄せ、自分の過失を伝え、対応を相談した。驚いた農夫が話を確認するために死体に近づくと、夫は隙をねらって今度は、その農夫を斬り殺してしまった。

二人を殺害した夫は「不義を働いた妻とその相手をした密夫を自分が成敗した」と役人に届けた。結局姦通罪が認められ、夫は無罪となった。

ところがそれから三十数年後になって事件の真相が判明し、夫は捕えられ「生胴様《ためし》」刑に処せられたという。それにしても、新刀の利鈍を試す、いわゆる様斬りは、本来死罪の付加刑で、死屍体で行うのが一般的であった。生存囚に様斬りを実施したとすれば、戦国期の余風が相変わらず続いていたことになる。なお、寛文五年（一六六五）、金沢藩で姦夫姦婦がともに「生き吊り胴」に処せられた例が知られている。(56)同藩の刑律もまた残酷だったことを裏付けている。

いずれにしても即時成敗権を認めていたことは、一面その悪用・乱用を許す危険性があったことは否定できない。本件はそのよい例であろう。後述するように遺恨を晴らすために乱用される例も少なくなかったらしい。また、妻が他の男性との関係を夫に誤解され、あるいは疑われ、殺害される不幸な事件も起こっていたと思われるが、はっきりとした事例は今のところ知られていない。

○事例三「武士妻の淫乱と生袈裟を含む多数の処分者」

貞享三寅三月九日、曽根甚六妻しゆん、伯父望月宮内兵衛へ御預、五月廿六日評定所へ引取、廿七日上り屋へ遣し、六月二十九日夜、望月伊賀助宅へ預置、するか問〔つるし問《ぜめ》の誤写か〕之上討首、翌晦日首獄屋敷へ来、同日袴塚獄門ニ梟す、札文言、

　此しゆんと申女、さふらひの妻の身として、淫乱無道、人々と蜜通大科によつて、如此行者也、

六月晦日御郡奉行埒和庄兵衛手代栗田伝大夫……令密通候罪……重々之大科、後昆見せしめの為、被処厳戮頭獄門にせらる、者也、

　伝大夫子紋之允同日無御様討捨

同日生袈裟首獄門、跡没収妻子上り宿【鈴木式部賄役人】　原勘衛門事半七……己来見せしめのため被処厳戮、首獄門ニ梟せらるるもの也、

　　同日首獄門　生胴　左五兵衛
　　　　　　　生袈裟　三太郎
　　　　　　何も袴塚村へ梟す

両人共に、数年曽根甚六所ニ罷在、甚六夫婦懸ニ而取りみだし候とも、如何軽き者たり共、主人之妻と一所

ニ起臥遊戯之躰、無作法至極……以来みせしめのため、首獄門に梟せらるる者也(57)（後略）

使番曽根甚六の妻は、夫以外の多くの男性と性的関係を持ったとして「侍の妻の身として淫乱無道」の大科を犯したとして逮捕された。厳しい取り調べの結果、関係者、家族、親族二十数名が捕えられ、うち数名が極刑に処せられ獄門となった。その他の多くは、追放・改易・閉門などをいい渡された。もちろん曽根甚六は「妻之不義淫乱、人々と密通」を放置していた監督不行届きの罪は重いとして、「斬罪・家財欠所」となった。

注目したいのは、貞享三年（一六八六）になっても、生胴や生袈裟という残酷刑が続いていたことである。生胴刑については、直立させて斬ったのか、吊るし体を斬ったのかなど詳しいことは分からない。また生袈裟刑は、袈裟がけに斬ったものと思われる。ただ生袈裟は、その後まもなく廃止されたと思われるが、詳しい記録は今のところ知られていない。なお、しゅんの「吊るし責め」は「諸人群集し見物」したとの話も伝わっているので、衆人環視の中で実施されたのであろう。さらに判決では「みせしめのため」の文言が多用されている。相変わらず戦国期的な見懲らしに重きを置いた処分であったといえよう。

いずれにしても、この事件は多数の犠牲者を出した事例として後世まで語り伝えられていたらしい。当時武士の妻は、家庭から解放されることもなく閉鎖的な生活を強いられていたためか、幕府・諸藩とも不義密通、淫乱無道に関する事件は後を絶たなかったらしい(58)。水戸藩でも幕末にいたるまで、武士妻の不義、姦通事件は相次いだ。これを前掲の『水戸紀年』から、いくつか紹介しておこう（事例四その一から八、および事例五）。

○事例四「数々の武士妻の不義」

〈その一〉今月（延享三年十二月）児玉新次衛門赤沼獄ヨリ追放、蕪木保庵斬罪梟首、助川伝衛門斬罪、伝衛

門妻斬罪梟首ニ処セラル、伝左衛門ノ妻甚淫行ナリ事起レリ。
〈その二〉宝暦二年四月十二日使番禄六百石堀田市左衛門、妻ノ養弟禄千石近侍ノ士望月富之介ヲ一室ニ招キ殺シテ妻ヲ率テ出奔ス、市左衛門邸柵町ニアリ、十二月九日堀田市左衛門夫婦并ニ望月富之介三人ヲ斬罪梟首ニ処セラル、ハシメ富之介市左衛門カ妻ト通ス、又其事ナシトテ市左衛門富之介和解シ、又イヨイヨ密通ニ極リシトテ遂ニ富之介ヲ殺ス、初メ和睦ノ事ニアツカル両家ノ親属富之介富田小平太半禄ヲ収メ、中ノ寄合其他閉門・逼塞・遠慮中ノ寄合等ニ命ゼラル、町医坂本玄周与力谷田部郷衛門モ此事ニ坐セラル両家ノ奴婢数輩皆放逐セラル、
〈その三〉七月十九日（安永七年）市川六郎左衛門永ノ暇ヲ賜フ、妻娘皆淫行ナリ、
〈その四〉五月廿四日夜（同七年）猪狩伝衛門組左市カ妻、辻番所ノ長蔵ト通ス、左市二人ヲ鈴坂ニテ斬殺ス、
〈その五〉九月廿一日（宝暦七年）入江忠太追放、妻ハ髪ヲ剃テ松岡ニ追放、広間坊主伝益ト通ズ、コレ亦追放ナリ、佐藤仁衛門、入江忠八遠慮ヲ名ゼラル（仁衛門と妻との関係は不明）、
〈その六〉七月廿六日（明和元年）歩行士頭中条治左衛門、子波門其妾ヲ討ントス、過テ其父ヲ刃傷ス、波門井ニ投ジテ死ス、屍ハ獄ニ下ル、後磔ニ処セラル、治左ヱ門役禄邸宅ヲ没収シ蟄居ヲ命セラル、治左衛門波門カ妾ト通ス、波門恨ヲ含テ如此トモ云、
〈その七〉十二月八日夜（明和二年）駒籠荘ニテ山本政次妻ト畔柳嘉内不義アリ、政次二人ヲ斬殺セントス、政次嘉内ニ手ヲキリオトサル、時ニ大島森之丞、政次ノ為ニ助太刀シテ嘉内ヲ斬ス、森之丞モ傷ラルレトモ終ニ二人ヲ殺ス、森之丞モ已ニ政次妻ト通ズ、恨テ如此シトモ云、此夜大雪……
〈その八〉八月（寛政元年）廿一日竹谷忠衛門子孫七郎・角田悦之助・東条助衛門改易、小原与一衛門女一

生禁錮、其他逼塞等数人アリ、悦之助妻ハ与一衛門カ女ナリ淫行ナリ（妻と孫七郎、助衛門との関係は不明）

これらいくつかの事例をみると、後半になっても妻の不義密通は即時成敗が相変わらず主流だったことが分かる。とはいえ、〈その二〉からは親族が仲介に入り姦夫に何らかの代償を求めて、和解する方策も試みられていたことが伺える。また〈その五・八〉の例が示すように、密通罪が露見した場合でも、姦夫姦婦が必ずしも極刑に処せられるとは限らなかった。しかも五では二人とも追放というまことに軽い刑で済み、八では淫行妻は禁錮、その主人角田悦之助は監督不行き届きを問われたものの極刑は免れ、改易の処分であった。

全体として連座、縁座制の適用も緩和されるようになったのか、次第にその処分者は少なくなった上、重刑者もあまり例をみなくなった。また〈その六・七〉事件は、背後に複雑な男女関係があったことを物語るもので、簡単に即時成敗権行使に走ることには問題点があることを教えている。

○事例五「町人の即時成敗」

正月六日（宝暦五年）七軒町酒店橘屋トイヘル者ノ妻、同町河内屋忠左衛門ノ手代ト不義アリ、橘屋二人ヲ斬殺ス、

町人社会での姦通罪即時成敗の実例は、あまり知られていないので、紹介することにした。

○事例六「妻の密通黙認と内済」

天下野村下町に梅香院といへる当山修験有、……梅香院妻女（手習いの師匠と）いつとなく密通して、梅香院も知らぬ顔して金銀財宝を貪りける……

この事例は前述した木村謙次が、変わり行く農村社会の風潮を「人々楽を本とし、淫を耻ざるも、世につれたる風俗とは云なから、いと悪むべき世の様なり」と嘆き、近辺住民の堕落した実例を集めてまとめた「酔古館夜話」（注21参照）の一節である。謙次は同じような例はほかにもあることをも書き残している。妻の密通を黙認し、本夫は姦夫を殺害成敗せず、金銭を受け取って内済による解決を図っていたのである。古川柳に「生けて置く奴でないと五両とり」とか「あつかひで村間男は五俵出し」といった傾向（金銭・物品で姦通罪を内済する）が、農村にも及んできたのであろう。

後年、藤田東湖も「密夫は死罪の法と申事、誰れも存候事」と指摘した上で、この法を厳格に適用すれば、今の時勢では「郷中の民、大半は首を斬」られることになるとの見方を示し、実際には「内済等」で解決されているると述べている（前掲封事）。

○事例七「姦婦が姦夫殺害・幕府の処分」

寛政九己年六月戸田采女正殿御差図、御勘定奉行間宮筑前守

一、常州中野村兵十女房みん儀、野州洞島村要蔵宅にて、修験幽存を殺害いたし候一件、

水戸殿領分常州久慈郡中野村百姓兵十女房みん

右の者儀、夫兵十留守の節、幽存申すに任せ村方出立、女房同様に相成致密会、所々連れ立歩行き候内、要蔵方に罷仕候内、幽存儀無筋の儀を申懸け、足蹴等にいたし候故、残念に候とて、同人を殺害いたし候始末、旁々不届に付死罪。

右御仕置附

右、夫兵十留守の節、幽存と申し合せ家出いたし、度々密通の上、幽存を為殺害候ものに御座候間、人を殺

し候もの下手人、密通致し妻死罪の御定に見合、重き方へ附死罪[59]

これは水戸藩領中野村（常陸太田市）の農民の妻が、夫の留守中に出踪し、他領で姦夫の修験者を殺害した事件である。この場合、本夫の兵十には、藩の許可を得て、妻みんと姦夫幽存を追跡殺害できる、いわゆる「妻（女）敵討ち」の私的刑罰権行使が可能だったはずである。

しかし本夫が「妻（女）敵討ち」の行動に踏み切った形跡はない。本夫にしてみれば、妻は出奔後まもなく姦夫を殺害しているので、公的に極刑判断が下るのを知って、自ら追跡成敗する必要はないと考えたのだろうか。それとももともとよりその意志がなかったのだろうか。あるいは許可を得る手続きが複雑困難（正当性の証明が困難）なため、妻敵討ちの申請を躊躇したのだろうか。私的刑罰権行使はなく、妻は幕府によって死罪となったのである。

姦婦が姦夫を殺害した場合、「御定書」にはこの規定がなかった。処分を担当することになった勘定奉行所では、一般の殺人罪は下死人であるが、「御定書」の「密通いたし候妻　死罪」の規定を適用し、一等重く死罪としたのである。それにしても密通罪の上、殺人罪まで犯した妻に、獄門等の判断を避け、密通罪だけでの規定で死罪とした処置は、水戸藩のそれと比べあまりにも軽かったといえよう。

「御定書」制定後、全体的には、減刑主義に傾いていたが、姦通仕置については反対に厳しくなったことになっている[60]。しかし実際の運用では、このように寛大に処理されることも多かったのではあるまいか。

ちなみに水戸藩では、私的刑罰権として同じく是認されていた「敵（仇）討ち」の実例は、封建道徳にあった美徳のためか、その記録は藩士の雑記帳などにも多い[61]。これに対し妻敵討ちの記事は、実例も少なかったのか、あるいは領内の外聞に関わる問題として取り上げなかったのか、あまり目に触れることは少ない。

なお前掲の木村謙次は、『足民論』の中で「天明五年乙巳某村の庄屋の嫁、獅子舞と淫して会津へ誘惑され行たり」と紹介しているのを見ると、このころには初期にはみられなかった農家の妻が姦夫と出奔する例は、決して珍しいことではなかったらしい。

○事例八「重婚の無罪解消」

磯原村船頭六人安南国へ被吹流、三ケ年目ニ明和二酉年帰国せり、然ル所三ケ年の追善終りたる故、瓢流人の妻同村ニ縁付たり、帰国の後、前夫ニ返したり(62)

当時一般に重婚罪は、姦通罪とみなされて処分されたが、本件の場合、漂流した船頭の前夫は死亡したと衆目も認め、三年後には追善法要まで実施している。法要を済ませた後、船頭妻は再婚した。ところが前夫が生存し帰国した。これは特例として藩は妻に重婚罪を科さず、再婚を解消させ、前夫の元に戻したのである。いずれにしても、後に検討するように、姦通罪に対する処分は時代とともに、寛大な処置に傾いていったことは事実である。なお、このほかの近親相姦・主従相姦・強姦罪などについては別の機会にしたい。

七　密告と減刑嘆願

藩内で発生した隠田事件三例についてはすでに述べた。三事例のうち、二件は「小百姓」の密告（訴人）によって発覚したことがはっきりしている。この密告制度は早くから徹底していたと考えられる。

○事例一「人別帳にみる村払いの申請」

〈その一〉九郎兵衛弟兵三郎　　　年三拾二

是ハ延宝二寅ノ年御公儀へ申上、村を払申候

〈その二〉半蔵　年百才　　茂三郎　弟忠次平

是者前々より立退帳外分　　是ハ文政五午七月不行跡ニ付奉願上帳外ニ成(63)

○事例二「山横目の密告」

〈その一〉明和五年子九月大検見御廻り先江申出候、

東染村　喜衛門組　伊八悴　嘉十

是ハ不行跡相重り、当時ハ盗等仕、松岡御支配下ニ而小菅村赤荷田坪出生之由陣場小藏（僧）と名乗大盗人仕候、右小蔵ヲ嘉十師匠ニ頼、両人申合両郷ニ而悪事仕候由ニ御座候、嘉十儀其通りニ難指置者ニ御座候而、屹ト御下知被仰付候而可然ものニ奉存候、(64)

〈その二〉明和五年同

同村　忠兵衛倅　忠蔵

是ハ両親共ニ質物奉公ニ御座候、……（忠蔵）ぶらぶら不行跡斗相重り、或ハ妻女等ニ不義ヲ仕掛ケ諸人ニ指障り申候ものニ付、前広御訴申上置候、然ル所当時ハ居村ニ居り不申候、黒坂辺ニ罷在折々村へ入込悪事仕候由ニ御座候、郷中ニ勝レ申候悪ルものニ御座候。(65)

○事例三「近隣仲間からの帳外申請」

乍恐以御書付願上候

一、此度彦三郎儀……お上をも不恐しゆつほん（出奔）候得ハ、其者此上何方江参り候而、いか様成不心得

仕候而、村御役人様之御苦難ニ相かゝり候事も相知不申候、勿論由緒之者申上ニおばす《ママ》難儀仕候事と奉存
候、
右之次第ニ御座候ニ付、中間中相談之上、右彦三郎儀町外（帳外）願上奉存候、此度之儀ニ付候而も由緒之
者甚外分（聞）不宜奉存候、依而彦三郎是非ニ町外ニ何卒乍恐奉願上候、依而如件、

寛政十二年閏四月　仲衛門
村御役所様[66]　藤次衛門
津衛門

○事例四「庄屋衆の助命嘆願」

六月廿日（寛延三年）小野崎左助郡手代興野庄兵衛獄ニ下ル、郡庁ノ金二千九百三十両三分押領ス、鞫問ノ上ニハ手代佐藤文作八十両、青木丈助十一両、古徳屋吉左エ門百五十両ヲ押領ス、明年二月庄兵衛ヲ長岡ニ磔ス、吉左エ門牢死ノ屍斬罪梟首、文作・丈助ハ其時出奔ス、遂ニ捕へ得ス、庄兵衛獄ニ下ルヤ松岡管轄数十ノ里正蒼生連印ノ訴状ヲ以テ庄兵衛カ一命ヲ請フ、コレ平生彼カ恩恵ヲ受ルコト万万也、今此報謝ヲナサン為ナリトソ、[67]

○事例五「山横目の救済願い」

一、　西染村　亦四郎

是ハ揚ケ酒屋ニ而、悪事之宿ヲも仕候ものニ御座候へ共、其身より仕出シ申候事ニ者無之、押入ニ預り申候而者無拠宿ヲも仕候哉、其元ヲ御政道被成下候ハハ、又《ママ》四郎自然ト相止申候半、此等之儀者御聞捨ニ而可然儀ニ奉存候、[68]……

○事例六「改悛者の赦免願い」

乍恐以書付奉願上候

善介　とし廿八歳

右之者去子年二月中不行跡ニ付、御人別除帳願上勘当仕候処、当人儀奥州仙台気仙沼江罷越去丑十二月迄同所今野屋兵衛門之世話ニ罷成居候所、対先祖江先非ヲ悔、不行跡ヲ相改、且老年之祖母并実母之孝養尽度心底清心ニ罷成候間、御仁恵ヲ以……何卒御人別帳江御組入被下置候様、親類別家一同偏ニ奉願上候、以上

嘉永七年寅四月

太田村組頭・親類林平

別家　源兵衛　同　平兵衛

前件村方善介……先非ヲ悔、追々行跡相直り候ニ付、此度親類共一同より帰村奉願上候間、何卒以御仁恵ヲ御済　被仰付被下置候様村役人一同偏ニ奉願上候、以上

寅四月

惣役人印(69)

事例一〈その一〉〈二〉とも上村田村（常陸大宮市）の人別帳である。ただ〈その一〉は、延宝九年（元和元年一六八一）の元帳で、訂正箇所やその後の補筆も多く、完全な控えではない。〈その二〉も文化十年（一八一三）に作成されたもので、これを元帳にして毎年加筆しながら幕末まで使用されたものである。同村の例でも分かるように、水戸藩農村では前半期、後半期にかかわらず、村内でもてあまし気味の不行跡者は、村役人の願いによって、「帳外人」として村外に追放されていたことが分かる。ただその後、帳外人となって村を出たあと、行方・生死が不明であっても、人別帳からは簡単に抹消されなかった。そのため年齢は、次々と加算されるから、帳簿上一〇〇歳を超える帳外人の例も珍しいことではなかった。

事例二の〈その一〉〈二〉はいずれも天下野村（常陸太田市）の山横目八大夫が、支配管内の不行跡者を内密に

郡庁に報告した控えである。これをみると八大夫は、太田郡庁役人が大検見のために巡回する機会をとらえて、不行跡者を密かに報告していたことが分かる。山横目の重要職務の一つは、まさに「隠密御用」だったといえよう。

管内東染村の嘉十は、松岡郡支配下小菅村出身の大盗人「陣場小僧（蔵）」を師匠として、両郷をまたにかけ悪事を重ねていた。山横目としては嘉十をこのまま放置できないとして訴えることにしたのであろう。〈その二〉も同じように、同村の忠蔵は生活苦のため奉公人として働く両親に金をゆすり、仕事もせず「ぶらぶら」して、不行跡を重ね、不義密通をしかけるなど、住民にとって迷惑この上ない不良者であった。忠蔵の行状については、以前にも奉行所に訴えていた。当時は山間の黒坂辺（日立市）に住み、折々里川沿いの村々に出ては悪事を働いていた。これ以上の悪行者は管内にはいない。いつまでも赦しておくわけにはいかないとして、郡方に再度報告したのであろう。

事例三は、上川（河）合村（常陸太田市）の山横目の『隠密御用日記』の記録である。同村の素行不良者彦三郎が、突然出奔した。彦三郎の親戚・近隣仲間一同の心配は募った。それは彦三郎が村外で悪事を働けば、村役人衆に多大な迷惑がかかるからである。そこで一同は、問題を起こされる前少しでも早く彦三郎を除籍（帳外）処分にしてほしいと、村役人衆に願い出たのであろう。この願いを受けた村役人衆・山横目はどのように対応したか不明であるが、おそらく事例一のように帳外となったものと思われる。

一方これらの事例とは反対に、村役人衆や親類仲間が、郡庁や山横目に対し、受刑者・処分者の助命・減刑・名誉回復などを求める運動もないわけではなかった。

事例四は松岡郡庁手代らの金銭横領事件が明るみとなった際、管内村々庄屋衆がその主犯格手代の助命嘆願運動を展開した実例である。結局庄屋衆の運動は実らず、その手代は磔刑となった。

次の事例五は、前掲山横目八大夫の「御隠密御用留帳」記載の一部である。これをみると、八大夫は、管内西染村（常陸太田市）の亦四郎が、御触に叛き悪行者を自宅に宿泊させた実事をまず把握した。その上で、八大夫は亦四郎が宿を貸した理由を調べた。貸した背景には利欲や仲間意識に絡んでいないことも分かった。その結果、八大夫は亦四郎が必ず改心すると見込んだのであろう。この報告書には、郡庁に寛大な処遇を願う八大夫の気持ちが込められているようにも思われる。山横目は単に素行不良者ばかりを隠密調査していただけではなく、処分者の改悛奨励にも力を入れていたようにも思われる。

事例六は、帳外の処分を受けた善介が改悛していることを知った親戚・近隣仲間一同、村役人衆が、彼の名誉回復を願い、その実現を郡庁に訴え出た文書の控えである。一同や村役人らは、帳外欄から善介の名を抹消し、一般人別帳欄に登記替えをしてほしいというのである。しかし残念ながら、この願いに対し、郡庁はその後どのような判断を下したかは、史料を欠き不明である。ただ改悛した者の扱いは、後述するように大きく変わり、前科者が生涯帳外人とされていた旧来の制度は次第に改められていたことは確かである。

八　恩赦拡大の動きと肉刑強化論

水戸藩では、生胴や生袈裟の残虐刑がしばらく続き、少なくとも前述したように、二代藩主光圀時代の貞享三年、藩士妻の淫乱関係者処分のころまで実施されていたのである。しかしその一方で光圀の治世中、残虐刑に対する反省・見直しの機運が起こっていたようにも感じられるのである。それを窺わせる次のような逸話[70]が残っている（大要）。

ある日のこと二人の目付が「いきたる胴をためさん迚《とて》」死罪を言い渡された二人の受刑者（死罪囚）を貰い受けて、それぞれ生胴刑を実施した。一人の目付は牢舎より直ちに斬所に連行し処刑した。他の一人三木松衛門は、牢舎より自宅に引きつれたが処刑しなかった。その日、一人の目付は三木に会うや、「今日のためし胴、大いに不出来」と失敗した旨を伝えた。三木はそれに対し「汗穢れなる胴」なれば当然であると評して、自分は死罪囚をよく洗い、髪月代をよく整えてから斬るつもりであると話した。しかし三木は髪月代など改め、その夜少しの金子を死罪囚に与えて門外に逃した。翌日、三木の逃した処置を知った光圀は「昨日の生胴のためしは、よく出来たり」と称した。

この逸話のように、受刑者を無断で釈放した目付を藩主光圀が咎めもせず、しかもその行為を賞賛することなど考えられない。しかし逸話の中には、生胴刑に対する光圀の考えが読み取れる。いずれにしても光圀以後、生胴・生袈裟の残虐刑は、緩和ないしは廃止されたのか、以後その実例は知られていない。

一方罪を犯しても重犯罪者でない限り、その後、改悛していることが明白となった場合、幕府でも「御定書」制定以前から、その犯罪を旧悪として、減刑や刑罰権消滅の措置を講じていたことはよく知られている。もちろん改悛を奨励することをねらっての措置だったことはいうまでもない。そのねらいをいっそう強く打ち出したのが「赦」（御赦）の制度であろう。

水戸藩でも幕府と同じように「祝儀（慶事）の赦」と「法事の赦」があったが、赦律が制定されたかどうかはっきりしない。しかし藩主、およびその夫人などの法会に当たると、凶悪犯に対してもかなり寛大な御赦を実施した例も少なくないのである。また家康、光圀の遠忌法会に際しても恩赦が実施されている。そこで前掲の『水戸紀年』から、恩赦発令の記事を四例（事例一・二・三・四）ほど抽出し、紹介しておこう。

○事例一「前藩主法会と放火未遂犯の追放」
四月七日（宝暦五年）、原忠衛門奴万平及吉沼村紺屋銀之衛門弟子粂助火ヲ放ス、人家ヲ焼ニ至ラス、先君法会ユルシテ追放ス
○事例二「藩主夫人の法会と放火犯の追放」
十一月十六日（天明二年）、朝比奈内匠ノ妾サキニ火を放チテ獄ニ下ル、修成院夫人小祥忌辰法会非常ノ大赦ヲ以テ追放ス
○事例三「光圀遠忌と解職者の復帰」
十二月九日（寛政十一年）、義公遠忌法会ノスミタルヲ祝シテ殿中ニアルモノ……酒赤飯ヲ給フ、此時谷登十郎・藤田与助サキニ罪アリテ其職ヲ除ク、今ユルシテ二人ニ職ヲ授ラル
○事例四「家康遠忌と窃盗犯の追放」
四月十六日（文化十二年）サキニ貞蔵矢倉手代吉沢役所ノ金ヲ盗ム、東照宮忌大赦シテ追放ス、
○事例五「藩主の病気回復と御構御免」(71)
〈その一〉
太田村　元住居
立帰　勇吉
一
右之者先年不届之儀有之、鼻を剪御領中相構鷲子扱下之内御定之場所江追放申付候処、此度御守殿様　御所労御快然被遊候御祝儀ニ付　右御構御免被遊候条、其旨可申渡者也、
〈その二〉
太田村　帳外
左七事　摺　倉吉
右之者先年不届之儀有之、額ニ焼印当片鬢判（剃）御領中相構宍倉領御定之場所江追放……、

此度
御守殿様　御所労御快然……御祝儀ニ付、右御構御免……
　　但、御城下徘徊御屋敷出入ハ今以御構之事、

さて事例一は、享保十五年（一六七〇）四月七日に他界した前四代藩主宗堯の遠忌法会に、事例二は、現六代藩主治保夫人（天明元年十一月没、修成院）の一周忌法会に実施された大赦である。いずれも放火犯（一は未遂）であるから、前述したように本来なら未遂、既遂を問わず火刑に処せられるところであった。それが大幅に緩和され、追放刑となったのである。結局受刑者二人の命は助かったことになる。

事例三の谷・藤田両人の罪状は不明である。罪を犯し職を召し上げられていた両人は、光圀の百年忌が執行された当日、法事の赦により復職がかなった。事例四についても吉沢の奪った金額についてははっきりしない。ただ大赦して追放刑となったことを考えると、すでに極刑の判決を受けていたものとみられるから、奪った額は一〇両を超えていたのだろうか。このように法事の赦の適用は比較的多かったらしい。例えば前掲の「石神組御用留」によれば、文化六年（一八〇九）には同組管内では、七代藩主治紀夫人（寛政六年一月没、恭岳院）の一七回忌に当たり二人　五代宗翰夫人（文化五年十月没、俊祥院）の「一周忌法事」につき二人、合わせて四人が御赦の対象となり、いずれも「御構御免」となった（罪状不祥）。このうち一人は河原子村（日立市）の女性（なみ）であった。彼女は「髪ヲ剃縁付奉公相構」の上、親預けの身であったという。

事例五〈その一〉〈二〉とも、九代藩主斉昭が天保七年（一八三六）、病気（実際は退隠を仄かした岩戸隠れ）回復に際して行われた祝儀の赦である。まず〈その一〉の立帰勇吉は、盗み（一〇両以下）を働いたらしく鼻剪のうえ領中構・追放、〈二〉の倉吉は掏摸（摺）をしたのであろうか、額焼印片鬢剃りのうえ領中構・追放の刑を

それぞれ言い渡されていた。それが両者ともに「御構御免」となったのである。ただ、鼻剪・額焼印などの肉刑はすでに執行済みで、「領中構」だけが赦されたのだろうか、はっきりしない。

それにしても藩主の大病が回復したわけでもないのに、御赦が実施されたことは注目される。御赦は時代とともに適用拡大化の傾向をみせるようになった。もちろんそれは、御赦が改悛奨励の機能をある程度果たしていたからにほかならない。しかし、その一方で過酷判決・誤判・不当判断を修正、緩和救済する一手段として御赦を適用するようになったことも事実である。いずれにしても事例五が示すように、このころになると御赦の発令回数が多くなったように思われる。

注目されるのは、藩内には、幕府をはじめ諸藩の多くが廃止ないしは緩和の方向にあった鼻剪・額焼印・黥《いれずみ》などの肉刑は、犯罪防止の効用ばかりでなく、改悛奨励策には最も効果的手段と説く有識者も少なくなかったことである。たとえば赤浜村（高萩市）出身の地理学・農政学者として知られている長久保赤水は、その著「芻蕘談」（明和十年）の中で、

……肉刑ハ盗賊ノ軽罪ニハ至極ニ宜キ刑法ナリ。其ノ本意ハ罪人ノ形ニ印シアレバ、其ヲ恥テ表ニ出張スルコトモ少ク、殊ニ悪人ノ看板アリテ、他人モ油断セヌ故ニ其者重テ悪事ヲ行フコトヲ得ズ、

と述べ、肉刑は犯罪予防に不可欠な制度であるとした上で、健康体の者は「只隠レテモ居ラレヌ故ニ自然ト耕作ニ身ヲ寄ス。悪人却テ良民ノ事ヲ為スナリ」と、悪人が良民に戻る可能性を指摘した。

さらに赤水は、その罪に応じ、黥、鼻剪、耳切りを行うことは、当今の刑罰に「至極宣キコトナルベシ」と、肉刑の継続を主張したのである。赤水はまた肉刑と「追放」刑の関係改正にも言及している。「小盗人イタズラ

者ナド」を追放刑に処しているが、これらの輩はもとより「手足達者」なので、肉刑の印がないと良民に紛れて、種々の偽計を働き、あるいは無宿となり、火付け・馬盗・強盗の大賊になる可能性がある。悪人を徒に追放しただけでは盗賊も増え、乞食もなくならない。もし長く消えない肉刑の残痕があれば、「是非ナク親類ヲ頼リ隠シ忍ビ、志ヲ改メ教ニ随ヒ飢ヲ凌グ為ニ耕作ヲ手伝ヒ」、さらには、縄を綯い、蓆を織り、履をうち、種々の手職を習い、蟄居して業をなし、かえって労働力不足を補う好結果をもたらす。まさに、国益にかなうと主張したのである。それは同時に現在実施されている「焼印」の不備に対する批判でもあった。つまり「今ノ焼印ハ……爛癒レバ」傷跡は簡単に消え、本来の効用を果たしていない、というのである。

赤水の主張からすると、このころ（江戸時代中期）になると、すでに水戸藩でも幕領や名古屋藩などにみられるような、追放刑・無宿・累犯などを繰り返す罪人が多くなる状況を呈していたのだろうか、あるいはこの悪循環はすでに問題化していたのだろうか。

一方この時期、藩内では農村人口が急速に減少し、労働力不足が深刻化し、その打開策が藩政の課題となっていたことを見逃すことはできない。赤水が主張する追放受刑者の肉刑強化と耕作参加・手職習得の推進は、労力補充の一策として提示したとの見方もできる。

それは「人ノ不足ヲ補ヒ」と述べた上で「当国ノ如ク人少キ地ニテハ尤モ宜キ法ナルベシ」と強調していることからも推察できよう。やがて水戸藩では更生・授産策の一環として徒刑制が試行・論議され、天保九年（一八三八）には、城東細谷村（水戸市）に人足寄場が開設されることになる。(72) 赤水の主張が生かされたのだろうか。赤水の主張に共鳴した重役、有識者も少なくなかったのかも知れない。

九　緩刑主義の流れと刑典の整備

厳刑主義の強かった水戸藩の刑律も、御赦の発令が増えた上、改悛奨励が講じられるなど、時代とともに寛容的となった。平和社会の到来と文治主義政治の流れの中で、漸次人権思想が高まってきたのではあるまいか。光圀が生胴刑を実施しなかった目付を許した前述の逸話がそれを物語っているようにも思えるのである。

五代藩主宗翰も、受刑者に対する従来の人権軽視の扱いに批判的であった。たとえばその時代、藩主の通事を勤めた松田半左衛門の後日談が、これをよく示している(73)。それによれば、宗翰は藩主の立場にありながら死刑囚の処刑日引き延ばしを常に考えていたというのである。

特に水戸で受刑者の死罪判断が下ると、早速これは江戸屋敷に報告され、伺い立てされるが、何の審理も尽されず、そのまま決済され、「即死罪」に処せられることに宗翰は納得できなかったのである。もちろん宗翰にしてみれば、たとえ水戸で吟味が尽くされた行き届いた伺い書であっても、この形式化した慣行には疑問も多いというのであろう。その上で宗翰は次のような見解を示していたといわれている。

右罪人共（伺い書に明記された死罪囚）、いつもいつも死罪の者は、逃難き罪人にて、悪き者共なれども、吾目前にて悪をなしたる者に非ざれば、書面の上許にては、悪き奴をも、にくき奴とは思はれず候、夫故に、此書付を下げ遣候へば、忽死罪になること故、吾手に掛殺したるも同様のやうに思ひなし不便に存る故、一日宛も、命活延させ度思ひて、此次々々と申延置なり……

この話に誇張がないとすれば、宗翰は、「罪を憎んで人を憎まず」の信念に基づき、死刑囚の生命を一日でも先延ばしすべき、との立場を貫こうとしたようにも思える。こうした藩主の受刑者に対する人権尊重の態度や思想は、次第に関係役人にも影響を及ぼすようになったものとみられる。

やがて幕府や諸藩の刑律が次第に水戸藩にも伝わり、従来までの厳刑主義がいっそう見直されたのではあるまいか。特に不義密通罪の取り調べ・処分については、一八世紀も末になると急速に緩和されるようになったものと見られる。

たとえば寛政三年（一七九一）四月、六代藩主治保が、「罪人吟味のことに付」として、関係役人に指示している内容をみると、緩刑主義への傾斜がはっきりする。(74) 治保はその冒頭で「都而罪科之者穿鑿致候儀、前々より糾明之致方行届宜候共」と、関係役人に向けて今までの罪人（正しくは容疑者）に対する究明の徹底振りを評価した上で、「余り琑細之所迄」詮索しているので、勾留（獄中）期間も長引き、死罪に該当しない者まで牢死している現状を「歎敷事」と批判したのである。もちろんこれは、裁判の迅速化を促した指示ではあるが、関係者に受刑者に対する過酷なまでの獄中扱いと、厳格すぎる現在の尋問に反省を促すことでもあった。

治保は特に不義密通罪については、緩和主義的方向を強めたようにも思えるのである。そのころ、郷医と農家の娘との不義が問題となり、話題となっていた。これについて治保は「昌哲（郷医の名）如き之者明ラカニ穿鑿行届候とて国政届不届と申ニも無之」と伝え、不義問題の取り調べが徹底したとて、国政運用の良否には関係ないと強調し、ある程度解明すればそれでよいとの考えを示したのである。

ともかく尋問や捜査は一律に扱うことはせず、事件内容によっては徹底する必要はなく、すべて「元悪大憝《げんあくだいたい》トカ申大悪人」および「贓罪或ハ夜盗切取等ノイタシ候者」と、庶民の不義密通などの「琑細」な事件とは区別して当たるよう指示したのである。しかもこの指示をみるかぎり、郷医・娘双方の両親や家族、関係者にまで連帯責任を負わせるための吟味穿鑿など、問題にしていなかったようにも感じられる。

続いて治保は、牢死者を塩漬けにしておき、これを磔・火焙り刑に処することについて「徒ニ刻暴するとて尸を刑ニハせぬもの也[75]」と、関係役人に伝えている。罪人とはいえ、死後まで徹底して刻轢し、人権を蹂躙する従来までの扱いに対し、見直しを促していたのである。なお、天明四年（一七八四）ごろになると、刑死体を腑分け用としてもらい下げを申請する医者もいたが[76]、これがどの程度実現したかはっきりしていない。おそらく武士以外の者に死体を安易に引き渡すことなどなかったのではあるまいか。

いずれにしても、後半期になると、容疑者・罪人・刑死者に対しての扱いにも、次第に人権に配慮する姿勢がみられるようになったのは確かである。また吟味穿鑿においては、犯罪を一律に考えるのではなく、犯行動機、背後関係などについての配慮も加えられるようになった。前述した殺人罪と過失致死罪をはっきりと区別する考えが浸透してきたのもこのころのことと考えられる。

一〇　刑法典の不整備と郡吏の対応

一八世紀末ごろから、刑律研究に関心を向ける郡庁役人がみられるようになった。立原翠軒の門人で、寛政十一年（一七八三）南郡奉行となった小宮山楓軒は、「国家の法令を明らかにして、毫も是を犯す事なき、士たる者の心かけ第一なり」として、「前後被仰出し法令事件を類聚し」これを子孫に伝えようとしていた[77]。しかし収集した記録を火災で焼失したので、再び法令・判例の収集を始めたという。

また楓軒の門人で、郡吏経験の長かった坂場流謙も、同じように刑法典の整備に強い関心を寄せていた一人であった。流謙が、後に地方書《じかたしょ》『国用秘録』（前述）を編集したのも、将来の「郡宰郡吏の勤」に役立てようとの動機からであった。したがってこの秘録には、農政・土木行政等に関わる内容から刑事事件にいたるまで、種々の問題解決に直面した際、参考となるような事例が数多く収録されている。

注目されるのは、刑事問題に関わる事項について、かなりの紙幅を割いていることである。特に事件捜査、犯罪立証、事実認定、刑の裁定執行などの心得、注意事項については詳しい記述となっている。なかでも「諸事穿鑿吟味心得之事」、「横死吟味心得之事」の項は、中国の刑律や法医学書を参照にした上で、幕府法（御定書）、過去の経験例・判例等を紹介し解説したもので、郡吏の職務遂行にそのまま活用できるよう工夫されている。

水戸藩でも幕府・諸藩同様、犯罪事実の認定では、証拠の有無以上に本人の自白が重視されたことはいうまでもない。それだけに人権思想の高まりとともに、次第に拷問・虚偽自白が問題視され、そのあり方も見直され、穿鑿役人の力量が問われるようになったものと思われる。

流謙は前者の「諸事穿鑿心得之事」で、まず冒頭「何事によらず諸事吟味穿鑿ニ取掛からざる以前に、其掛り合の大意」を把握した上で、穿鑿を始めるべしと説いている。そして何よりも強調したかったことは「自分より白状する様ニ穿鑿仕上ル事、天理ニ叶ひ、穿鑿の奥義也」ということであった。つまり、穿鑿役人は虚構をめぐらしての尋問はすべきでなく、被疑者が「理に詰り」白状するように導くことが穿鑿の奥義である、というのである。もちろん拷問も邪道ということであろう。そして「並々の智を以穿鑿役人ニなるべからず」と訴えている。

そのほか「罪人」の偽証、すなわち「不直」を見抜く一策として「周禮ニ五聴あり」と、辞聴・色聴・気聴・耳聴・目聴について、紹介している。これに続いて前述した隠田摘発の三事件が例示されている。このうち常福寺村隠田一件の解決動機は、庄屋の検地役人に対する応答態度（口上）に「不直」を感じ、尋問を徹底したことにあった。つまり役人が五聴を働かせた成果だったというのであろう。

さらに流謙は、幕府法令に従って下した藩の定め、および今までの慣例と種々の判例を載せる一方で、刑律を超えて裁許した例外事例・特殊事例などを紹介することも忘れなかった。当時庶民間で紛争の多かった無証文の金銭貸借問題については、「取上げべからず」とした上で、借り手が申し出た場合の「年賦并日限等ハ、公儀百ケ条を以大旨可申付事」と記している。そのほか「謀叛」罪は「死刑申付る、公儀御定也」とか「質入書入堅法度也」との規定も載せている。なお、流謙は別の項目で、幕府から発せられた法令も数多く書き留めている。その中には偽名を使った「借金銀之事」(享保三年)、「諸鳥江戸売」の禁止(享保十年)などの法令も含まれている。

例外事例では、かつて松岡郡吏時代経験した、子殺し犯で死刑となった父親の例、小検見引方不足を不満として収穫前の稲を焼却した農民が死刑となった例、わずか一分二朱(一〇両以下)の盗取でも、騙り罪とみなされ死刑となった潮来村道心の例などが取り上げられている。もちろん前述の安南漂流漁民妻の重婚解消無罪例も含まれている。これに加え、大罪犯でも刑を軽減すべき特例を挙げている。それには八〇歳以上一五歳以下の者、乱心者の犯罪は死刑用捨(容赦)とし、女子罪人のうち、逆罪・夫殺しなどの凶悪犯は別として、その他は入牢・吟味などについて、男子と別扱いとする心得などが示されている。

注目されるのは、「罪の疑敷ハ軽くすとて急度見詰なりがたき罪あらば軽く刑を極よと書経にあり」との項目を載せていることである。嫌疑不十分、証拠不十分は、『書経』に従い、刑を減ずる裁許が妥当というのであろう。また殺害事件も、単に殺人罪を適用するのではなく、殺意の有無を極め、致死罪の場合は「ゆるして殺さぬ事なり」と、死刑除外の旨を示している。

さて後者の「横死吟味心得」は、死体改めの手引書ともいうべき『無冤録述』(後述)からの要点抜粋である。最初に「首縊改事」の心得を記した後、「無冤録述とてカタカナにて和解の書あり、政事方役人此書見るべし」

と述べながら、自分は松岡郡吏時代、往々死体改めに関わったものの、当時「無冤録程ニ不心及して勤ぬ」と反省している。もちろん『無冤録述』とは、一四世紀初頭元の王與が編集した『無冤録』から、泉州の河合甚兵衛が元文元年（一七三六）に「我東邦に用なきことを省き、採用なるべきことをのみ抄出してこれを訳し」まとめたものである。(78)したがって『無冤録述』は、『無冤録』の中から、日本における犯罪捜査・死体検視・検証などに参考となり、応用できる内容を取捨選択してなった法医学書である。

流謙はそれをさらに厳選し、検法、人にシメ殺され者検使の心得、入水改、喧嘩相殴して其場引き別れて後落水して死ス事、棒殴死、刃傷死、自割死、毒薬死、火傷死、湯浇死、男子作過死、車輾死、馬踏死、圧死、凍死、餓死などについて解説している。つまり流謙は死亡事件の解決に当たっては、死体現象、死亡原因などに目を向けた科学的捜査、いわゆる鑑識の必要性を痛感していたようにも思われる。

『国用秘録』には、このほか刑事問題発生に直面した際、その対応に参考資料として利用できるような「五刑の律」「町方牢屋御張紙之事」なども載せている。流謙は中国の刑律をはじめ、慣例・判例など刑事関係の文献・書類を幅広く渉猟していたことは間違いない。

一方、一八世紀後半ごろから、郡奉行所の下す判決に不公正さが目立つようになり、これを問題視する藩士もいたほどであった。たとえば鶴見九皐（平左衛門）は「是迄は公事訴訟御郡方にて取扱の処、手代共心得不足賄賂に依て、理非曲直をも正さずして奸計の事共多く聞へ申候」(79)と批判している。結局郡吏の心得不足と収賄に不当判決の原因がある、というのである。同じように、前述の木村謙次も『足民論』の中で「御郡方の役人……当時は不学僻性にして御政治綱領を知らず」と、郡吏の藩政・法令に関する知識不足を嘆きながら、賄賂横行、郡奉行代官相互の取り扱い不一致を批判しているのである。

さらに九皐、謙次ともに、農民が公事・掛り合いの訴えを提出しても、郡奉行所が、山横目内済で処理させることが多いため、公正な裁定がなされていない問題点をあげている。[80] ともかく最大の問題点は、成文刑法典がなかった上に、郡吏の刑律に関する不勉強と、郡庁間の連携不足などが重なり、裁定が藩内不統一にならざるを得ない点であろう。それだけに心ある郡吏ほど成文刑法典、判例集の必要性を痛感していたはずである。

嘉永四年（一八五一）から同六年ごろ、郡奉行所ないしはその役人によってまとめられたと推定される「刑典摘要」（前掲）も、責任感強い郡吏が中心になって進めたのかも知れない。ただしその内容の大半は、郡庁が取り扱う刑事問題に関する資料に限られている。それゆえ多くの資料の中から郡宰・郡吏にとって実務上必要性・利用性の高いものを抜粋した観が強い。したがって郡宰の権限の及ばない死刑を伴うような重刑についての内容は含まれていない。

ただこの摘要は実務の場でほとんど利用されなかったとの推定もなされている。[81] いずれにしても水戸藩では、成文刑法典や、判例の記録集の編纂事業に組織的に取り組んだ形跡はない。それだけに、現地支配を預かる郡奉行所にとって、刑事問題の発生するたびに何かと苦労することが多かった。また半面、担当郡吏の裁量権に任せられることも多かったことから、不公正・不当判決も目立つようになったのであろう。

今後の課題

水戸藩における重罪犯もその時代の社会状況を反映するように、事件数も内容も絶えず変っていた。もちろんそれは犯罪者に加える刑罰執行にも変化はあった。しかし二代藩主光圀以来、人道主義的思想が次第に強まってきたのか、生胴、生袈裟などの残虐刑は姿を消していった。光圀以後の藩主の中にも、五代宗翰、六代治保のように、受刑者の人権を尊重した藩主の続いたことも忘れることはできない。それは戦国期の遺風やキリスト教徒迫害手法の影響を受けていた前半期までの刑罰体系に対する反省の動きだったのかも知れない。宗翰の刑務姿勢は明らかに「罪を憎んで人を憎まず」とか、『易経』の「赦過、宥罪」といった東洋的思想が強く働いたものと考えられる。

また治保の時代には姦通罪の糾明が寛容的になった上、屍刑の執行にも慎重さが伺える。ちなみに姦通罪は明治の刑法にも引き継がれるが、基本的人権を尊重した新憲法の制定に伴い廃止された（昭和二二年）。屍刑については明治新政府は取り入れなかった。

さて水戸藩ではその後、罪人を単に処分することに主眼を置いた刑罰とは別に、改悛を促す方策も議論されるようになった。九代藩主斉昭が幕府の人足寄場に倣い徒刑場を設けたことはすでに述べたが、実は一九世紀初頭の享和年中、すでに小宮山楓軒は、賭博犯などの軽罪人を追放刑に替えて、土木工事人夫として使役する徒刑の制を試みていたのである[82]。その後の天保初年には小規模ながらこれを再興しており、同三年には徒罪人足による工事が進められていたことが知られている[83]。ただ斉昭は、改悛奨励の目的ばかりでなく、入獄者家族が衣食等の獄費支弁に耐えられず「一家断絶する者あるを愍み[84]」と、この制度の実施継続を検討していたのである。

こうした流れにあって、姦通罪などでは、罪人以外の者が多数犠牲になる縁座・連座制の適用は、他の幕府諸藩同様、次第に緩和されるようになったらしく、その事例も犠牲者数も減少したように思われる[85]。また被疑者に対しても後半期には寛大となり、現在の刑事裁判の鉄則ともいえる「疑わしきは罰せず」の考えが強まってきたのも確実である。これも『書経』や蘇東波の説く「罪疑惟軽」の考えに基づくものだったといえよう。

一方こうした動きの中にあって、厳罰主義の強化を説く藩士も少なくなかった。たとえば、鶴見九皐のように博奕の根絶徹底を目指すためには「以来死刑」にすべきとまでの強硬論を主張したほどであった[86]。もちろんこの意見は取り上げられなかった。また長久保赤水などが肉刑の推進論者であったことはすでに述べた。

水戸藩の刑罰体系は、全体的に厳罰主義的傾向が強かったとはいえ、次第に幕府の影響を受け、あるいはこれに倣いながら、緩刑主義に移っていったことは間違いない。それに加え、特に実務の上では、儒教・神道を中心とする東洋的人権思想が作用し、緩刑主義の流れを速める動きも強まってきたようにも思える。しかし藩末になり政争・騒乱が激化するに及んで、人権主義・人道主義的な理念は完全に忘れ去られたように、残虐的な処刑が繰り返されたのである。

それにしても藩の上層部や関係機関では、どれほど刑法典の整備についての研究や議論が尽されたのだろうか。確かに儒教倫理・理念に関する教化活動や研究は活発だったのに対し、それに裏打ちされた実践的な法令・刑罰規定等の整備は遅れていたようにも思われる。藩校弘道館の教育活動をみても、法学・刑律関係分野の授業に重きが置かれていたとはいいがたい。これらの問題については他藩との比較検討が必要である。今後の課題としたい。

なお今回触れなかった親の仇討ちは、庶民の間でも目立って多かったようにも思われる。もちろんこれは儒教倫理上からも、孝子奇特の行為として称えられるものであった。これに対し家の恥と考えられていた妻敵討ちは水戸藩ではあまり事例がなかったのか、その記録は今のところ見当たらない(87)。これも水戸藩の特色なのだろうか。ただ幕府の指導もあり、妻敵討ちは全体的に減少化の傾向にあったことは否定できない(88)。

小論を成すにあたり、瀬谷義彦、秋山高志・吉成英文諸氏には、多大なるご教示を頂いた。記して感謝したい。

注

1　石井良助編『日本法制史』によれば、ア、法典では「公事方御定書」系の福井藩御仕置定書、亀山藩議定書、盛岡藩文化律など、「中国刑法典（主として明律系）系の熊本藩御刑法草書、弘前藩寛政律など、「御定書・中国律折衷」新発田藩新律など、イ、判例集は熊本・対馬・小城藩などに残る、ウ、法令集としては、備藩典刑、阿淡両国御壁書（徳島藩）、土佐大定目、加藩条例記、出雲国令などごく限られている。

2・6・15・29・34・44・45・48・49・62・75　『国用秘録』（茨城県史編さん委員会編『近世史史料』Ⅱ）

3　『東湖全集』所収

4　前掲書『国用秘録』の「諸事穿鑿吟味心得之事」の中で金銭貸借問題の扱いについて「公儀百ケ条を以大旨申付事」と記している。なおこの項は松岡郡庁勤務中の事例を中心にまとめたものと推定される。

5　法令をまとめたものとしては、小宮山楓軒編の「水城金鑑」「憲法記」がある。また郡方用に編集したものとしては「御定書―御郡方―」、「刑典摘要」などがある。なお後者については神崎直美「水戸藩『刑典摘要』について」（『城西人文研究』第二七巻）がある。また監獄については細川亀市「水戸藩の牢屋制度」（『刑政』五二巻一号）が詳しい。なお拙稿「水戸藩農村における刑罰執行について」（『郷土文化』三九号）でも、若干触れた。

7　石井良助編前掲書

8　「与聞小識」（水戸彰考館蔵）

9・10・16・22・23・24・25・26・67・76・85　『水戸紀年』（茨城県史編さん委員会『茨城県史料』Ⅰ所収）

11・12・13・16・18・20・27・38・41　「大雑書　天」（常陸大宮市　相田三吾家蔵）

14・37・51・70・73　飯島唯一・鈴木成章編『水戸歴世譚』

17　詳しくは「連座の罪―中間織平の鬱憤―」（樋口秀雄『続江戸の犯科帳』所収）

19　前掲「与聞小識」に依った水戸市史編さん委員会『水戸市史』中一では、主人の息子を殺害した草履取の織平は大罪ゆえに、公儀（幕府）に身柄が引き渡され鋸挽きに処せられた。織平の妻子兄弟姉妹は先代からの規定により獄門の刑となった。その他伯父伯母・従兄弟らは無罪であった。

21・40　木村謙次『足民論』（『近世地方経済史料』一）、なお謙次には農村の風紀紊乱について実例を挙げて批判した書に「酔古館夜話」がある。

28　ただこの事件の内容については前掲『水戸歴史譚』（注14等）と若干異なり、殺したのは「御先手同心」ではなく「中間」で、殺された農民は青柳村の「鍋釜杯売益者《ママ》」とある。同書はまた船頭も彼の言動は「傍若無人」であったと証言し、「討れ候こと、尤至極」と中間の行為を道理であると肯定したという。

30　石川久徴『桃蹊雑話』

31　「享保日記」（『随筆百花苑』一五巻）、常陸太田市史編さん委員会『常陸太田市史』上、及び河野弘「水戸藩の徒刑制度」（『郷土文化』五三号）その他

32　詳しくは日立市史委員会『新修日立市史』上を参照されたい。

33　前者については、前掲『常陸太田市史』上、水戸市史編さん委員会『水戸市史』中二

35　延宝九年「上村田村宗旨人別改帳」（常陸大宮市上村田村区有）

36　「佐川郷士御用留二之巻」（常陸太田市　佐川綾子家蔵）、詳しくは里美村史編さん委員会『里美村史』を参照されたい。

39　拙著『水戸藩農村の研究』、北浦町史編纂委員会『北浦町史』等によると、当時の馬価格は、一般的には五両以内と推定される。

42　茨城大学図書館蔵。同書には掏摸の件に関し二か所記載されているが、両記事内容に若干の齟齬がある。なお同書は平成二十一年石神組御用留研究会より翻刻されている。

43・54　「寛永文書」（茨城県立図書館蔵）

46　「聞覚故事記」（茨城県史編さん委員会『茨城県史料』近世社会経済編Ⅳ所収）および筆者前掲論文

47　享和三年「大里村御用留帳」（常陸太田市　鈴木千代子家蔵）

50　樋口秀雄『江戸の犯科帳』（前掲）
52　「弁姦録」、「採旧考証」（水戸彰考館蔵）など、水府村史編さん委員会『水府村史』に詳しい。
53　これについては『御定書百個条』、『御仕置例類集』など二十数点の資料によりまとめた『犯姦集録』（『江戸時代犯罪・刑罰事例集』）が参考になる。
55　前掲『犯姦集録』
56　「金沢藩刑法者抜書」（『江戸時代犯罪・刑罰事例集』所収）
57・77　前掲「憲法記」
58・60　妻鹿淳子『犯科帳のなかの女たち』
59　前掲『御仕置例類集』
61　前掲の『水戸歴世譚』の中では、少なくとも八例ほどの記事がある。このほか『水戸紀年』には三例、五弓正文編『事実文編』には一例が紹介されている。
63　〈その一〉は前掲延宝九年「上村田村宗旨人別改帳」、〈その二〉は文化十年「上村田村惣人別并馬数改帳」（常陸大宮市上村田村区有）
64・65・68　宝暦十二―明和八年「御山横目役御隠密御用留帳」（常陸太田市　木村進家旧蔵）
66　寛政九年「隠密御用日記」（常陸太田市　森山登家蔵）
69　嘉永七年「太田村御用留」（常陸太田史編さん委員会『常陸太田市史』近世史料編）所収
71　天保三―九年「太田村御用留」（常陸太田市役所蔵）
72・82　『水戸藩史料』別記下、および河野弘前掲論文など
74　前掲「刑典摘要」、『水戸紀年』、『水戸歴世譚』ほか
78　前掲書『江戸時代犯罪・刑罰事例集』所収
79・86　『鶴見九皐遺策』（『続日本経済叢書』巻二所収）

80　近世日本の内済をめぐる評価については、村落共同体的秩序、地域社会の中での自律的紛争解決として積極的に位置づける見解もある。詳しくは大平祐一「内済と裁判」（藤田覚編『近世法の再検討』所収）、平川新『紛争と世論―近世民衆の政治参加―』などを参照されたい。

81　神崎直美前掲「刑典摘要」の解説を参照されたい。

83　大宮町『水戸藩利水史料集』などにその例が紹介されている。

84　前掲『水戸藩史料』別記上。天保四年、斉昭は就藩した際、罪人に「工役」を課して「獄費を償はしめんと欲し」との考えを示し、「其の得失」を執政に諮問している。しかしその結論はすぐにはまとまらなかった。なお、水戸藩では入牢者に対し、在牢中「牢扶持」代として、一日玄米一升を支払わせることになっていた。入牢者家庭で牢扶持代支払が不可能の場合は、親族がその責務を負った。それも不可能の場合、入牢者在籍村で納付しなければならなかった（村入用費＝指銭で納付した）。詳しくは、細川亀市前掲論文「水戸藩の牢屋制度」を参照されたい。

「牢（獄）扶持」を納付した際発行された次のような「覚」が、各地に残っている（常陸大宮市　長山春代家蔵）

覚

管又村
林蔵

御買上ヲ以

此金壱両鐚八百五拾文

米　八斗一升ハ

○割印

是ハ戊二月十六日夕より同五月九日朝迄之分

但　壱日之米壱升宛　此日数八拾壱日也

右之通牢扶持請取申候　依而如件

享和弐年戌七月十一日　綿辺太之衛門　〇印
右村庄や

85 『水戸紀年』『水戸歴世譚』『水城金鑑』『憲法記』など、編年史、事件関係を多く載せた文書にも縁座・連座制の適用記事は後半にはほとんど見られなくなる。

87 今のところ、小論で紹介した以外あまり知られていない。藩内で発生した多くの事件を載せた『水戸紀年』、『水戸歴世譚』などにも、これに関する記録はみられない。

88 もっとも平松義郎『江戸の罪と罰』によれば、幕府も妻敵討ちの実行は避けるべき旨教示しており、その後実施された記録は一件にとどまっているという。

第三章　幕府巡見使水戸藩領通過時における関係村々の対応

―太田郷の場合を中心に―

はじめに

江戸幕府は私領・幕領の政治支配の実態や民情を監察するため、各地に「巡見使（衆）」を派遣した。巡見使は「諸国巡見使」と「国々御料巡見使」とに区別され、前者は私領に、後者は御料、つまり幕府領に派遣されたものである。一般に新将軍就任後一年以内に派遣されたといわれているが、古くはその定めがなく、三代家光の時代になって定例となり、将軍一代に一度の派遣が定着したものとみられている[1]。

したがって家光時代の寛永十年（一六三三）派遣の巡見使を第一回とみることができる。諸国巡見使は国々を巡回監察することから「国廻衆」とも呼ばれ、多くの場合、正使と二名の副使によって構成され、その数は供連れを含めると総勢一〇〇名を超えていた。使節は当然、御三家水戸藩にも他藩同様に訪れている。後述するように水戸藩領には、諸国巡見使「奥州筋国廻衆（奥州松前巡見使節団）」が奥羽松前地方監察の帰路、領内を縦断するコースで通過している。このほか、後になると、関八州国廻衆の監察も加わる。また時折、国々御料巡見使が巡回することもあった。

さて、水戸藩領をもっとも多く監察したとみられている奥州筋国廻衆（奥羽松前巡見使節団）は、家光時代の寛永十年（一六三三）派遣時通過を第一回とすると、その回数は一二代将軍家慶まで九回に及んでいる。以下紹介するように、第二回以降、第九回までの通過記録（将軍就任順）を示すと、次のようになる。

・第二回四代家綱　　寛文七年（一六六七）
・第三回五代綱吉　　天和元年（一六八一）
・第四回六代家宣　　宝永七年（一七一〇）

・第五回八代吉宗　　享保二年（一七一七）
・第六回九代家重　　延享三年（一七四六）
・第七回十代家治　　宝暦一一年（一七六一）
・第八回十一代家斉　天明八年（一七八八）
・第九回十二代家慶　天保九年（一八三八）

結局同使節団は平均二五～六年に一度、水戸藩領を通過したことになる。ただ七代家継時代には奥羽松前方面への巡見使派遣は実施されなかったものと思われる。しかし後に触れるように、家継時代の正徳三年（一七一三）、国々御料巡見使が、水戸領の北部を横断したことが知られている。ともかく、奥州筋・関八州筋国廻衆（巡見使）、御料巡見衆合わせての水戸藩領監察は、一〇回を超えていたことは間違いない。

にもかかわらず、水戸藩における巡見使通過時の対応についての調査研究は、ほとんど未開拓といってよい。わずかに『里美村史』や『常陸太田市史』などで簡単に取り扱われた程度にすぎない(2)。

そこで小論では筆者が『里美村史』や『常陸太田市史』などの自治体史編さんに携わった際や、各地に出向き実施した史料調査などで採集したささやかな史料をもとに、巡見使通過時における地元の対応の様子を、水戸領太田郷を中心に紹介することにした。

一　初期の巡見使派遣と通過村々の対応

家光時代の寛永十年（一六三三）正月、幕府は巡見使派遣（奥州筋第一回）を決定すると、関東を除き、全国を六区（「五畿内四国紀伊伊勢」、「東海道従美濃安房上総下総」、「陸奥従常陸国出羽」、「北陸道佐渡共」、「中国隠岐共」、「九州二島共」）に分け、コースごとに使節団の編成を行い、これを発表した。(3)

水戸藩を通過する使節団はもちろん第三区の「陸奥従常陸国出羽」組の一行であった。使節には正使分部左京亮、副使には使番河内半十郎、同じく書院番松田善左衛門が任命された。一行は同年四月から九月にかけ巡回しているが、水戸藩領内通過の期日・宿泊地など詳しい記録は現在のところ見当たらない。おそらく後述する第二回以降のように、九月も半ば過ぎ、棚倉藩領から水戸藩領に入り、里川沿いの棚倉街道を南下し、太田村を経て水戸城下を回って、江戸に向かったものであろう。

さて、幕府は使節発遣に先立ち、一行に対し国廻り（出張）中の生活態度や振る舞いについて、守るべき心得・規定（五条目）を伝え、その徹底を促した。まずその第一条には「今度国廻之刻、以威光何事ニよらす奢仕間敷候、……」(4)とある。幕府としては、団員に幕府の「威光」を嵩に着て、巡回先で奢り高ぶった態度や横暴な行為に走られることを強く懸念していたのであろう。以下、共連れの喧嘩口論は「双方可誅罰之……」（二条）、竹木は誰によらず「一切不可伐採事……」（三条）、駄賃宿賃はその地方の「御定之ことく急度可相渡之……」（四条）とあって、団員の横暴・不法行為を厳しく禁じるとともに、荷送りに要した運賃や宿泊代はその地方の規定に従い支払うことを義務付けた。そして最後に、「国々所々ニおいて、何ニよらす馳走」は一切請けてはならない、と厳命したのである（五条）。

一方通過が予定される諸国領主に対しても、一行を出迎えるに当たっての心得を指示したものと思われるが、その記録は残っていない。

次の派遣（第二回）は家綱が四代将軍に就任した翌年の寛文七年（一六六七）で、この時も関東を除いた六区制で、そのうち第六区が前回同様、水戸藩領を含む「陸奥出羽松前」巡回コースであった。常陸国は帰路通過することになっていた。当時使節団一行は水戸藩領で「奥州筋国廻衆」と呼ばれ(5)、棚倉藩領を監察した後、水戸藩領小里郷徳田村（常陸太田市）に入り、里川沿い（棚倉街道）を南下し、水戸城下を経由し、それより水戸街道に出て江戸に向かった。

「諸国巡見使」が制度的に確立したのはこの時からといわれているが、巡回地区分にはその後変更が加えられている(6)。三年後の寛文十年五月には六区とは別に「関八州」地区への巡見使派遣が行われ(7)、さらに元和元年（一八六一）の巡回域は、五畿内・四国・九州・中国・北国・奥州・関東・東海筋の八地区に改編された(8)。

幕府は寛文七年閏二月、奥州筋国廻衆として、使番に佐々又兵衛、小姓組に中根宇衛門、書院番に松平新九郎を任命した(9)。

幕府は発遣するに当たり、監察対象となる国々領主に対し、使節が通過するからといって、街道を特別清掃したり、宿所（休憩所）に指定された邸宅でも、畳を新調したり、増改築する必要はなく、普段の状態（施設環境）で出迎え、経費を掛けた派手な応接を慎むよう指示通達した。ただ、橋梁は不自由のない程度に修理し、宿所に当たる邸内で湯殿、雪隠など、不備があれば、できるだけ「かろく」改修ないし新設する。また盥、柄杓、鍋、釜は古くてもよい、新品にする必要はないとした。なお、宿所に相応しい邸宅が「一村に三軒無之所」は寺でも、「村隔り候」居宅でもよいとしている。そのほか、一行が利用した駄賃は必ず受領する（受領を遠慮し辞退する必要はない）とも付け加えている(10)。

幕府は合わせて同日（閏二月十八日）付で、巡見使に対して監察の目的、監察すべき内容を具体的に示し通知した。それによると、御料・私領ともに領主の「仕置」、すなわち統治・処置の善悪（一項）、キリシタン宗門、盗賊等の仕置き及び取り締りの実態（二項）、「近年運上ニ成」り変わった（新税を加えた）ことで、その地方で物価高を招き、庶民に迷惑が及んでいないかどうかの有無（三項）、幕府の仕置きと諸藩のそれとの相違の有無

（四項）、買い置き、占め売りの有無（五項）、「金銀米銭相場」の実態（六項）、「公事訴訟目安」の受理は一切拒否止（七項）、高札場の実態確認と掲示文の点検指導（八項）の八項目にわたるものであった。

結局諸国巡見使派遣の最大の目的は、諸藩が幕府の方針に沿った統治を進めているかどうかを把握することであった。しかしそればかりでなく、その地方民の生活実態を把握することにも力が注がれていたのである。買い占め・売り惜しみの動きはないか、物価の実態はどうかといった、一般庶民の生活に直接関わる調査が特に重要視されていた。

さてこれらの指示を受けて、三月二十八日江戸を立った「奥州筋国廻衆」一行の水戸藩領通過予定は九月初めと分かった。それより三か月前の六月、藩では一行の出迎え、案内、接待などの心得や準備について、種々検討し二一項目にわたる取り決めをまとめた(11)。

それには一行が水戸藩領に入る際、領界最北端の小里筋徳田村（常陸太田市）で出迎えに当たる役人は郡奉行、代官、物頭などとし、道筋脇に「案内之者」を待機させる、水戸城下通過時に立寄る休憩所（「立寄御休」みする邸宅）には手水桶、行水道具、台子などを用意させる、当日の宿所には医者一人を配置する、一行の使用する人馬選定には留意し「能分」（良き馬）を選んで貸与することなどが、明示されている。

また沿道村々や関係者に対しては、道橋の清掃に力を入れ、城下通過の際は清掃に努めるばかりでなく、道路に水を打つよう指示し、宿所・休憩所に指定された家の「畳古く候ハ見合、見苦所」は水戸より取り寄せさせた。さらに城下には「御馳走場」まで設営し、一行を歓待する計画も立てていた。取り決め内容をみると、一行に好印象として残るよう気を配り、幕府の指示（特別掃除・畳替え無用等）には必ずしも添ったものばかりではなかった。

その他、舟渡（渡船場）の用意は「滞無之様」に気を付け、両岸には目付を待機させるなど、それぞれの要所には郡奉行・代官・物頭・与力・町奉行、あるいは医師、村役人の配置を考え、一行の世話や監視に当たらせることにした。その動員数もかなりの数にのぼっている。やはり巡見使の通過は藩にとっては大きな負担であったし、その気遣いもまた大変なものであった。

それ以上に水戸藩にとって大きな悩みは、当時北部畑作地帯で盛んに栽培されていた葉煙草耕作の問題であった。幕府は早くからたびたび煙草栽培の制限令を出していたにも拘らず、領内ではこれが徹底されていなかったからである。皮肉なことに巡見使の通過する小里・太田郷などは煙草生産地帯であった。しかも幕府は巡見使の発遣を決めるとほぼ同時期（寛文七年二月）にも「……本田畑にたばこ作候事自今以後可被停止之……」と触れを出したばかりであった[12]。

その対応として藩は一行の応接に当たる郡奉行や代官に、耕作農民へは「たはこ抜きすて不申候様ニ内証にて被申渡候様」指導した上で、「たはこ御法度不被仰出候前うへ仕付申候分、無是非仕付申候、仰出以後ハ作り不申候、只新田分斗たはこ作り候由」と、説明するよう指示した。結局畑の煙草は抜き捨てず、現在生育中の煙草は禁令前に、しかも新田畑にのみ（本田畑を避け）仕付けたものであると、釈明することにしていたのである。もちろんこのことは一行の道案内役（沿道近村の有力村役人）にも徹底させていたはずである。

さていよいよ八月二十八日、一行が棚倉藩領上遠野（福島県いわき市）に宿泊する情報が藩の用人衆に伝わった。その情報はさっそく小里郷を管轄する郡（松岡組）奉行岡見弥二衛門にも、一行が小里郷を通過するのは三日程後の「晦日比」になるだろうと、知らされた。これを受け小里郷沿道村々をはじめ関係者はその準備に取り掛かったものと思われる。

しかし残念ながら、一行の領内通過に関する記録は今のところ見当たらず、出迎え者、案内者の様子や、指定された宿所・休憩所での対応など、具体的なことになるとはっきりしない。ただこの通知によって、一行のコースが浜通りの磐城平藩領を巡回した後、内陸部の棚倉藩領を巡回した後、水戸藩領に入ったことが明らかとなった。

二　小里郷郷士佐川家の記録と第五回の通過

次の「国廻衆」（第三回）の水戸領通過は、上野国館林城主綱吉が五代将軍に就いた翌年の天和元年（一六八一）十月であった。この時の使節について、小里郷折橋村（常陸太田市）の郷士佐川家の記録「御用留巻之一」（以下単に「巻之一」[13]）に、「〇先規御巡見覚」として、簡単な記述がある。それには、

前　館林様
△常憲院綱吉公御世之始
天和元辛酉年　十月

とあって、「御巡見」として保田甚兵衛（使番）、佐々喜三郎（小姓組）、飯河伝右衛門（小姓組）と記している。なぜか書院番は派遣されなかった。ただそれ以上の記録は残していない。なお、この記述は享保二年（一七一七）第五回巡見使通過の際、以前の例を「覚」として他の記録から抜粋し、付記したものである。

さて「巻之一」の記録を辿ってみると、天和元年の三回以降の国廻衆については、

前　甲府様
△文照院家宣公御代
宝永七庚寅載（歳）
閏八月二日御巡見　　細井左治衛門殿
北条新左衛門殿
新見《ニイミ》七衛門殿
閏八月昨日棚倉領大拱村御泊リニ而河原野御昼場除キ太田
御昼休、田彦村御泊りニ而御通被成候、水戸より御足軽大将并
御目付井田治大夫殿御医師衆小菅、川原野
境ニ而被出向有之由
此時　御郡奉行　小宅　新六
御代官　斉藤平左衛門

と記している。

この時（第四回）の使節は、使番細井、小姓組北条、書院番新見の一行で、コースは前回と同様、浜通りから内陸部の棚倉藩領に入ると、棚倉街道を南下して大拱（福島県矢祭町）を経由し、水戸領に向かったことになる。大拱村に宿泊した一行は翌日（八月二日）、水戸領に入ると、一路小菅・河原野・太田の村々（いずれも常陸太田市）を経て、田彦村（ひたちなか市）までの一一里余（四十数キロメートル）の道を走破したのである。途中河原

野宿で昼食休みをとる予定であったが、ここには足を止めず四里余南の太田の宿まで一気に下っている。藩では河原野宿が昼食休憩場となるものと予測し、村の境には足軽大将、目付、医師などを配備し、一行を迎える態勢を整えていた。しかし結果的には藩としては無駄な準備をしたことになる。

第五回の通過について同書は、

棚倉領下関河内御泊り
△享保弐丁酉歳九月十一日御巡見御通
　河原野村御昼休、太田御泊、田彦御休長岡御泊
御巡見　　　　　家老　井上権左衛門
　有馬内善殿　　用人　高橋　伝八
　　　　　　　　　　　馬場軍四郎
御立合
　小笠《（原の欠）》三右衛門（殿）　家老　秋和惣左衛門
　　　　　　　　用人　岡田元衛門
御目付トメ　　　家老　加藤半大夫
　高城孫四郎殿　用人　高橋友左衛門
水戸より御出迎之衆中

御足軽大将　　　横山左七郎
大目付　　　　　渡辺作右衛門
御医師　　本　宮井玄忠
　　　　　外　吉田自悦
　右駕篭ニ而道具引馬
　　御徒行目付　　小嶋源右衛門
右徳田村之内山口ト申所ニ而御対面、互ニ駕篭より下リ同様ニ
式台之よし、此節御郡小宅新六殿
大検見差合故　　カリ郡リ奉行川根筋御代官
　　　　　　　　　小田倉六左衛門　　今ハ御郡ニ成
　　　　此節御代官　岡野庄司衛門
　　右鞍馬ニ而道具置

と記し、使節には使番に有馬内善、小姓組（御立会）に小笠原三右衛門、書院番（御目付）に高城孫四郎が命ぜられ、それぞれには、家老・用人が付属していたことが分かる。一行は九月十一日棚倉藩領下関河内村（福島県矢祭町）に宿泊し、その翌日水戸領に入っている。

これによると、一行は領境の徳田村明神峠で水戸藩の足軽大将・大目付・医師などの出迎えを受け、さらにそれより数百メートル下った同村宿入口の山口にて、ここに待機していた地元（松岡）郡奉行や代官同席のもと、対面式が行われたことが分かる。ただ地元郡奉行はこの時、大検見のため出席できず、代理人（カリ郡リ）で

あった。式が終わると、一行は一路南下し河原野村で昼食休憩をとったのち、歩みを進め太田村の宿で一泊している。前回のような強行軍ではなかった。

なお、「巻之二」には、先触れの写しや他領での通過の例、及び一行の案内者に対する指導事項も記録されている。巡見使の領内通過時の実際の様子を理解する上で参考になると思われるので、全文を掲げておこう。

享保二酉

〇御先触之写

御朱印

人足　八人　　馬拾五疋

従江戸、陸奥併松前、出羽迄上下可出之是ハ右之国々為巡見有馬内膳被遣候ニ付而被下者也

一、巡見ニ付、在々所々被通節往還之人并其所之者往行御留之儀堅ク御無用ニ存候

尤農業之者無構致家職候候様ニ被申付可被成候　一、人馬之儀相定之外、増人馬無御座候様ニ被成候

一、案内之者大勢罷出候事申御無用ニ存候、三人乗物脇弐人程宛差出、其外家来共ニ案内ニ付被成候儀決而御無用ニ存候旨三人先達而御内意申進置候様申付、如此ニ御座候、

四月所々役人中

有馬内膳内　　井上権左衛門

高橋　伝八

馬場　軍四郎

△別紙

一、御朱印伝馬拾五疋、内四疋駕篭人足ニ引替
一、御朱印人足八人　　一、駄賃伝馬弐疋　但シから尻馬　　一、雇人足　拾四人
右有馬内膳分
一、御朱印伝馬拾五疋　内四疋ハ駕篭人足ニ引替
一、御朱印人足八人　　一、雇人足壱人
右者小笠原三衛門分
一、御朱印伝馬　拾疋　　一雇人足八人
一、御朱印人足　八人
右　高城孫四郎分
右者此度有馬内膳、小笠原三衛門、高城孫四郎奥州并松前出羽為巡見三月廿五日江戸発足、四月十一日山田八郎兵衛様御代官所之南山大谷村（会津近所）ニ致一宿候、夫より別紙之通候　被通在々所々人馬無滞差出候様ニ御申触可給候
井上権左衛門、高橋伝八、馬場軍四郎、秋和惣左衛門、岡田元衛門、加藤半大夫、高橋友左衛門
四月十四日
在々問屋中

○三春領広瀬町ニ而
差上申一札之事
一、御朱印伝馬拾五疋　　一、御朱印人足八人

右者広瀬町より上大越村迄弐リ半ノ所、相勤申候

一　百九拾文　軽尻三疋　但壱疋ニ六拾五文ツツ

一　六百八拾六文　人足十四人分　壱人ニ付四拾九文宛

〆八百八拾壱文

右者広瀬町ゟ上大越村迄弐リ半ノ所従　御公儀様御定法之通人馬賃慥ニ受取申候、其外御伝馬人足出不申、尤御主人様下々迄茂御非分成儀も無御座、為後日依如件、

年月号

有馬内膳様　御内　松尾伝大夫殿

上　十六文

本賃　中　十弐文　諸色直段所相場御賄方一汁壱菜

下　十文　［　　　　］

△御巡見御案内村々より撰リ人ニ而、御三人衆独へ弐人宛家老衆へ右同断、案内人　装束ハ絹小袖、同羽織、脇指帯シ絹股引ニ而、案内之者扇へ覚書、境明神より段々常福寺村迄村々石高并寺社山号院号本寺宗旨御朱印石高除キ高、水戸大御役人中御郡方より書付扇ニ写シ為被問候、銘々記シ案内仕候、

水戸

●御諸大夫衆

弐万石　壱万石　弐千石

中山備前守　山野辺主人正　松平伊勢守

弐千石　三千石

伊藤玄番頭　　太田下野守
●御老中衆
弐千弐百石　千九百石　千六百石
大御老中富永太臓　大望月五郎左衛門　若御老中伊藤主殿
千六百石
父平兵衛若岡崎主馬
●御城代
弐千石
父宇衛門朝比奈弥太郎
●御寄合頭　五千石　享保六丑秋諸大夫ニ
成同冬任石見守
父石見守　鈴木式部
千二百石　山本勘平

この先触れをみると、幕府は巡見使派遣実施に当たって、今までも通過藩・代官所に対し、特別の応接、気遣いは不要との通達を出していたが、それをさらに徹底させるべく力を入れた姿勢が窺える。

しかしこの通達の旨趣が実際、どの程度徹底されたかどうかはともかく、街道歩行者は一行が通過するからといって、足を止めなくてよいし、街道沿いの田畑で農事に当たっている農民は作業を中断する必要はなく、そのまま続行していてよいというのである。一方各領主も準備する人馬数は別紙規定通りでよく、それ以上の数を用意する必要はない、また案内者も大勢にする必要はないと強調している。なお別紙はこの先触れに添付されていた。

ただ別紙で注目されるのは、一行が三月二十五日江戸を発足した後、四月十一日会津南山大谷村に一宿したことが付記されていたことである。実はこの地方は「南山御蔵入地」と呼ばれ、以前から代官の年貢増徴策をはじめとする数々の酷政に不満を募らせていた農民の多かった土地柄として知られていた[14]。新将軍吉宗は幕政改革を進めるに当たって、代官の不正や横暴に厳しい態度で臨む方針を貫くためにも、大谷村監察実施をことさら各地に知らせたのであろうか。

なお、次の三春領広瀬町通過時の「差上申一札之事」は、別紙の最後に追記されていたのかどうかは、分からない。御朱印伝馬、人足を徴発するに当たって、今後参考とするため記録しておいたのかも知れない。

「巻之二」は最後に、使節一行の道案内を勤める地元村役人に対する水戸藩としての指示、注意事項が示されている。

これによると、案内人は近隣村々から適任者を選びぬき、それぞれの班（使番有馬、立会小笠原、目付高城の三班）に、二人ずつ配したことが分かる。うち一人は各班家老の案内に当たった。案内人は当日絹小袖、羽織絹股引着用の上、覚書を記した扇を携えて任務（道案内）に当たるよう指示された。扇（覚書）には、説明に必要な案内区間（境明神峠から常福寺村までの小里郷）沿道村々の石高、寺社の説明要旨を書き留めておくことになっていた。扇にはこれに郡奉行から通知された家老、老中などの主な藩重役についての石高や簡単な格式が写し加えられた（掲載史料参照）。もちろんそれは以前の例から、質問を受けることが予想されるからであろう。

次に述べるように案内人に選任された農民（村役人）は、扇とは別に小型の手控帳（覚書）を作成し懐中に携え、一行の質問に答えていたのである。

なお、同御用留には「辰ノ十月廿日《ママ》八日、公儀御料巡見衆大子より徳田昼、里川泊りニ而岩城ノ窪田へ被通候。御巡見石川四郎衛門、御立会鈴木新蔵、御目付岡部新左衛門」との記述も残されている。これによって家継が七代将軍に就任した直後の正徳二辰年（一七一二）十月二十八日、「御料巡見使」が水戸藩領の大子（大子町）から、徳田、里川新田（常陸太田市）経由で　窪田（福島県いわき市）に向かったことが分かる。なお窪田地方は貞享元年（一六一八）、窪田藩を収公し幕領となっている。

三　案内人が懐中にした第五回の手控帳

案内役が一行の道案内のために用意した手控帳（覚書）は第一回通過時から作成されたものと思われるが、はっきりしたことは分からない。幸い小里郷（徳田村明神峠から里野宮ないし小野村）の後を引き継いだ南部の太田郷（久慈川北岸下川合村）を担当した案内人の作成した手控帳の伝存が現在までに数点ほど確認されている。そのうち最も古いのが前述した享保二年第五回の巡見衆案内役（太田郷担当）を務めた粟原村庄屋某の所持したものである[15]。

さてこの手控帳は縦一三・七センチメートル、横八・三センチメートルの小型判で、全一一四ページに及んでいる（但し表紙を欠く）。第一ページ冒頭に「御巡見衆御通御案内」とあって、次に通過順に村々の概要が次のように記されている。

里野宮村

高　五百七拾壱石九斗九升七合
　わけ
田　三百七拾三石三斗七升三合　　四つ九分
畠　百三拾七石壱斗壱升七合　［　　　］　＊石高田畠合計合わず
　人別　三百三人
　家数　六拾五軒
鎮守　薩都大明神
　御朱印高　五拾石
　外除　八石
此社者大同元年酉戊藤原良継／平成天王之チヨクヲ請平良将之／建立也当酉迄九百三拾三年程
　別当薩都山南蔵院／寺号観音寺／寺領拾四石余／宗旨真言［　　］
　神主赤須遠江／所務拾四石余
　禰宜西野能登／所努拾四石余
　禰宜赤須長衛門／所務七斗四升七合
　修理免高拾石弐升七合
里野宮村ゟ小野迄十五丁ほと

小野村

（中略）

太田村

高　弐千四百九拾壱石四斗七升九合
四つ取　　田　千八百三拾六石八斗九升四合
五つ四分取　畠　六百五拾四石五斗八升五合
　人別　三千弐百五拾三人
　家数　七百五拾軒
古城者佐竹昌義ゟ義信（宣）マテ／弐百三拾年御持被成候、水戸へ御越／被成候、佐竹廿代義貞也、当酉迄／百拾七年程
古城表百八間、北方百六拾五軒／西七拾五間、南九拾三間
太田村中山備前守殿かこい屋敷之／儀、知行所ニ御座候ニ付、当拾年以／前子ノ年御取立被成候、右ハ普請等／之儀ハ次第委細不奉存候、尤土地／之儀ハ古城ニ御座候、并堀之儀／先規ゟ有来申候

　このように案内役は郡奉行の指示に従って、まず通過順に村々の概要を書き留めていたのである。いずれも地元案内役として、当然把握しておかなければならない基本的な内容である。ところが太田村には旧領主佐竹氏の城跡が存在した。水戸藩は宝永四年（一七〇七）からこの地に家老中山氏に屋敷を構えさせ、周辺一帯を支配（知行）させていた。しかし屋敷周囲には旧濠跡も残っていたことなどから、使節に城を築いたと誤解される懸念もあった。

　使節一行がこれを城と認識すれば、水戸藩は幕府の「一国一城令」に違反したことになる。そのため一行に対する説明は慎重を要した。案内役としてはともかく、屋敷構えの普請については「委細」は承知していない、周

囲の濠は新規に掘ったのではない旨説明することになっていた。備前屋敷についての説明は郡奉行からも改めて指示があった（後述）。

さて手控帳は各村の概要を載せた後、「太田ゟ所々江道法」の項を入れ、田彦・日光・水戸城下・磐城・鹿島・棚倉・大ぬかり・河原野・笠間・相馬・仙台など主要地までの道のりを明示している。続いて一行から質問が予想される事項に対しての回答例（回答するに当たっての約束）、注意、心得などが一五項目にわたって書き留められている。実はこの一五項目とは別に、後日郡奉行からも二六項目にわたる指示「御郡方ゟ相渡リ申候覚書下書」（以下単に「申渡」）があった。もちろんこれについても載せている。しかし内容的には両者の間に大差はなく、後者の郡奉行申渡は、前者の指示、回答例をさらに具体的に示した、あるいは一部は釈明ともとれる内容となっている。いずれにしても、ともに仮想問答集ともいうべきものである。

とりあえず前者について、前半の一部を紹介しておこう。それ以外の主な項目については、郡奉行申渡しの内容とあわせて、後述することにする。

まず前者の内容をみてみよう。その第一項目には「一、御制札場先規ゟ太田ニ相立申候、其外ゑた郷（枝郷）ニ御座候ニ付、せい札相立不申候」とある。以下「一、里野宮ゟ川井迄《ママ》御支配御郡奉行ハ小田倉六左衛門殿ト御答可申候」（第二項）、そして代官名（小野崎左介）の案内と続く。これらの内容をみると、藩としては里野宮村から太田村までの三村（小野・瑞竜・馬場）内に、全く制札場（高札）を設置していないため、その理由を指摘されないかと心配していたことが分かる。それに対して、藩は案内役に、この地方一帯は本郷から分かれた枝（分）郷であるため、設置していない旨説明するよう指導していた。つまり、本郷には規定通り設置されていると釈明する意味を込めた回答であったといえよう。

その他五項では「たはこ之儀ハ新開キ地作り之事」、六項では、「切支丹御改ハ毎月切ニ御改ノ事」とあり、藩としては幕府の法令や方針に沿った支配に徹していることを強調する答であった。しかしこの二項目の規定は果たして徹底していたかどうかは疑わしい。

さて、郡奉行からの指示「御郡方ゟ相渡リ申候覚書下書」はまず最初に、「一、御通り之道筋郷高・取付など御尋候ハヽ、覚置有躰ニ可申上候事」（第一項）と指示した。次の第二項では「御制札場無之所ニ何とて……立不申」と尋ねられた際は「此所ゟ何程置何村と申所」に設置されており、この辺りは枝郷である旨答えるように指示した。これによると、制札場のない村で質問を受けた場合、案内役はその場所からどの程度離れた、何村に設置されていると、回答できるよう調べておく必要があった。

このほか案内役は街道沿いに存在する神社仏閣（七・八項）、歩行中目に入る山岳（四項）、名所（一四項）、村高・取付（一三項）、主要場所までの道のり（五項）などについても、説明できるように指導された。しかし藩として最も神経を使ったのは、大規模な一揆も起こり、失敗に終わった宝永改革の経緯、内容、その後の展開について、質問を受けた際の回答であった。郡奉行はこの件について、七項（一五～二〇・二四項）にわたって、回答（説明・釈明）例を示した。長文になるので、その大要を紹介しておこう。

・松波勘十郎が実施した際、故障（こさ）伐りを命じ、分付山（私有林）を取り揚げたとの風聞が伝わっているが、これについては「曾而無御座候」と釈明し、その上で、郷村には「郷代官」を任命し、この役職が「郷村」を取り計らっていると（良く取仕切ってとの意味を込め）答える（一五項）。
・改革中の田畠の取付の質問に対しては「少々上がり下り」も生じた（一六項）。
・御立山等「大分伐候哉」との問いには、「所々御立山木払」は実施した（一七項）。
・松波勘十郎は「只今如何様ニ有之」か、との問いには、江戸より下り入獄し、その後病死したと承っているが、「我々躰ハしかと不存候由」と答える。なお勘十郎の子息松波勝衛門・仙衛門に対する藩の処置について問われた場合は、江戸より下り預かり者とされ、その後上り人となったとの風聞はあっても、これまた「初終之儀」は我々共には分からない（一八項）。

・南新川についての質問については、開削した当座は穀物材木運送もできたと承っているが、このほどに至り舟通の沙汰はない。大貫新川の儀も「塩満テ大分御座候へ共通船なと入津ハ成かね」ると説明する（一九項）。

・右の普請人足動員「大分入候哉」との問いには、（確かに）村々より出役したが、一日ごとの員数は「申上かね候」と答えた上で、賃銭は支給され勤めたと説明する（二〇項）。

・「新金之儀」を問われたなら、少々流通したが（実際は宝永元から同四年までの期間）、「無滞通用」と答える。

これをみると、事実と異なる説明（回答）箇所も目立ち、全体として改革過程での失政や領民から受けた悪評などはできるだけ封印しようとしていた藩の意図がうかがえる。たとえば農民から分付山を取り上げたり、動員人夫への日雇賃銭未払い問題も起こりながら、これらの事実はなきがごとき説明となっている。また宝永元年（一七〇四）新金（藩札）を発行し流通したものの、さっそく贋札が出回る事件もあり、「無滞」とはいい難かった。

郡奉行は案内役に、領内の「様子」を尋ねられたなら、「有躰」に説明するよう指示しながら（一二項）、実際には藩の失政が一行に感知されないよう、釈明的解説や秘匿事項をも指導していたのである。また幕府の法令・方針に背くと誤解される虞れのある藩政については、なるべく、案内役の我々どもの身分には「慥とは知らない」と答えるよう指導されていたことが分かる。

さて太田郷を管轄する郡奉行にとって、特に神経を使った説明案内は前述の「備前守屋敷」構えの件であった。そのため郡奉行は四項目（二二・二三・二五・二六項目）にわたる詳細な指示をしている。その内容の多くは前（太田村案内）にも触れているので、ここでは、新しく加えた項目について大要を紹介しておこう。

・備前守屋敷を問われたなら、まず「太田村之儀者備前守知行所」と答え、先年「屋敷囲」をしたと説明する。もし「普請之様子」を尋ねられた場合、これについては「当所ゟ道法何ほと御座候故」、その様子については「しかと不奉存」と答える（二二項）。

・土地は「古城跡」に屋敷囲いをしたものだが（二三項）、濠は以前から存在したものである。しかし普請（付属施設や間取りの工事と思われる）に関し私どもには内部の様子までは分からない。周辺の道は「先年、付替り」になっている（二五項）。

・「侍屋敷且田畠」の取付・納方等については、隣郷に住みながらも、慥とは分からない（二六項）。

結局、郡奉行は案内役に、家老中山備前守が太田地方を知行地として与えられたことから、この地に屋敷が構えられた旨、答えるよう指導したのである。案内役は屋敷構えについての説明はあまり深入りできなかったといえよう。

そのほか「申渡」には、案内役引継ぎの際の心得、久米村（常陸太田市）から湊村（ひたちなか市）に移築した願入寺（恵明院殿）や漁村湊村の漁獲高による浮役変動の件などに関する案内（説明）の指示が記されている。[16]

なお、「手控帳」には、このあとに藩の別館「馬場御殿」から所々への道法、通過村近接村々（粟原・増井・新宿・大平・大里・稲木・天神林・藤田・島の九村）の概要記載（村高・人別・神社仏閣等）がある。

なお「通し案内」のほか、一行には「駕篭先案内」「用人案内」「給人案内」も付いたはずであるが、この時の詳しいことは分からない（天保九年第九回の例については後述）。

四　第七回太田郷通過時の記録

家重が第九代将軍に就いた翌延享三年（一七一七）に発遣された第六回の奥州国廻衆（巡見使）には、使番山口勘兵衛、書院番細井金五郎、小姓組神保新五左衛門が任じられた[17]。しかし太田郷通過の記録は今のところ、見当たらない。

家治の十代将軍就任翌年の宝暦十一年（一七六一）に派遣された第七回奥州国廻衆の太田郷通過の記録は、一行の案内役に当たった一人部垂村（常陸大宮市）庄屋伝十が懐中にしたと思われる「宝暦十一年奥州帰巡見衆案内之者答書」（縦一三、横一七センチメートル）が残っている（以下単に「答書」）[18]。また家斉が第十一代将軍に就任した翌年、すなわち天明八年（一七八八）第八回奥州国廻衆の太田郷通過の際、小姓組案内を担当した小島村（常陸太田市）庄屋定衛門の携帯した「奥州帰巡見衆御案内手控帳」（縦一七、横一一センチメートル、以下単に「手控帳」[19]）には前回（第七回）の記録も載っている。定衛門はおそらく、今回案内役の大任を引き受けたことで、前回の記録を参考にしようと筆写したのであろう。いずれにしても、一行の太田郷通過の様子説明は前者の「答書」よりも詳しい。

そこで後者の記録「手控帳」に基づき、一行を迎える太田郷（太田郡）でとった準備態勢や、通過完了までの様子を概観しておこう。なお、宝暦期に入ると、従来松岡郡（組）支配域は里野宮村以北（小里郷）までとされていたが、その範囲は拡大し、南部の小野村までとなった。したがって太田郡（組）はその分縮小し、馬場村以南となったわけで、それに伴い、当然太田郷案内者の担当範囲は三村分（里野宮・瑞竜・小野）が抜け、負担が軽減されたことになる。

さて定衛門の「手控帳」はまず、天明八年時の通過沿道村々（馬場・太田・磯部・谷河原・下川合・上川合の六村）の概要や太田村からの道法などの記載に続いて、前回宝暦十一年（第七回）の太田郷通過時における各使節役職に対して藩（太田郡）の対応を次のように記している。

　御使番　弐千石
一　榊原左兵衛様　　　通御案内　部垂村 庄や伝十
　　　外　御用人
　　　御物書　衆御姓名略之、案内人諸々
　　　御目付　　　太田御宿　小沢庄五郎
　　　御取次
西御丸小姓組七百石
一　布施彦五郎様　　　通御案内　馬場村 庄や五左衛門
　　外　右同断　　　御宿　武弓彦左衛門
西御丸御書院番七百石
一　久松彦左衛門様　　　通御案内　川嶋村 庄や新三郎
　　外者　右同断　　　御宿　立川治衛門
右通御案内三人之内、部垂村庄や伝十、大風雨ニ当リ病気ニ付、通御案内翌日ハ藤田村平衛門へ被仰付候処、上川合舟渡大洪水ニ而舟渡往来不相成、太田御逗留中伝十病気快気致、又々相勤候事
　小野村境ゟ馬場村馬淵坂中段江

御郡方　抽賀伴介殿指控

馬場村十文字江

御郡奉行　千葉権平様御控

馬場村町ノ内、御目付同心衆壱人相詰候

中山備前守様御門前へ御役人中被指控候

御宿向毎ニ番所相立、御目付同心衆四人ツツ被相詰候

太田御泊りへ

御目付様壱人、御徒目付様壱人、御先手物頭様壱人、同　同心衆弐拾人、御医師衆之内弐人、御目付同心衆四人、押衆弐人

（御代官御頭

菊池庄之衛門様御使者　御進物銘々干鮑

上川合舟渡へ御詰被成候御役人様方

御先手物頭様壱人、同　同心衆弐拾人、御徒目付様壱人上下六人、御目付同心衆壱人、押衆弐人、御郡方下役衆弐人

右上川合舟渡向迄御案内仕、御暇申請候、此節ハ御役人様方御義理合被成候内、案内人小舟ニ而先々相渡り、向河原ニ指控、松岡御案内中へ渡ス

これによると、使番・小姓組・書院番には、それぞれ用人・物書・目付が付属し、太田郷に入ると、近郷村々庄屋から選ばれた案内役が付いたことが分かる。一行は松岡郡下の小野村を通過すると、太田郷（太田郡下）管

内最初の馬場村馬淵坂で郡庁役人の出迎えを受け、さらに数十メートル進み、同坂を登り詰めた十字路辺りには千葉権平太田郡奉行が控え、同村の街には警備の目付同心が立哨に当たり、太田村中山備前守屋敷門前には役人衆が出迎えのため勢ぞろいしていた。また宿所（本陣）の向かいに設置された番所にも、目付・同心が四人ずつ控え立哨に当たっていた。なお前掲の部垂村庄屋の「答書」によれば、目付同心は太田・磯部の村にも配備されることになっている。

いよいよ一行は宿所、すなわち本陣に向かう。本陣は使者別（使番・小姓組・書院番）に用意された。本陣は太田村の有力者の邸宅が指定され、夜には亭主役（近郷村役人の中から選出、後述）が、使節の相客を勤めた。亭主役は麻裃着用にて、宿はずれに待機して出迎え、各使節を宿所まで案内する手はずとなっていた（前掲「答書」）。本陣ごとに近接した場所には番所が設置され、それぞれ目付同心衆四人ずつが詰め、警護に当たった。藩ではこのほか目付・徒士目付・先手物頭・医師など、警護・医療関係者二十数名を同村に派遣させ、一行の安全確保に努めた。

しかし当日は風雨強く、案内役の伝十が病気となり、翌日の案内は藤田村の平衛門が勤めることになった。しかし翌日は久慈川が増水し、渡船不可能となり、一行の出発は延期となった。一行の太田逗留中、伝十は回復し再び案内役を務めたという。

さて一行の太田出発が決まると、久慈川の舟渡には先手物頭をはじめ多くの藩吏が待機して見送った。太田の宿所から一行の案内を務めてきた案内人は久慈川の渡しに到着すると、急ぎ小舟に乗って対岸の額田村（那珂市）に渡る。到着した案内人は額田地方を管轄する松岡郡案内人に引き継ぎ、一行の出迎えに当たったことが分かる。こうして太田郷案内役の任務は無事終了したわけである。

ところで部垂村伝十の残した「答書」によって、仮想問答の内容をみてみると、前述した前々回の享保二年時

（第五回）のそれとほとんど同じであった。ただ前々回のような郡奉行所からの申渡し記載はなく、全一一項目で終わっている。やや前々回と異なっている項目を挙げるとすれば、次の第一〇項の指示である。この項目に「御改革」、すなわち宝永改革について尋ねられたなら、「五十ケ年余已然之儀ゆへ、我々ともろくろく承伝不仕趣……」と答えるよう指導されたことである。結局、藩は案内人に対し、この件について全く触れないよう指示していたことになる。

この「答書」の末尾には「右御役所ゟ相渡候手控之写」として、郡奉行からの追加通達一七項目が記されている。その内容は次の六項目以外、前々回とあまり変わらない。

一　三雑石（穀）之儀　「是ハ品ニて相納申候有躰ニ元石ニて可申上候」（二項）

一　御城米之事　「籾米共ニ相納申候、江戸廻シ者米、水戸は籾、升目ハ籾米共ニ四斗弐升入」（三項）

一　畠方上納之儀　「是ハ有躰金納」（四項）

一　瑞龍山并山御寺之事　「是ハ有躰ニ可申事」（七項）

一　雨天之節、「笠・合羽着之儀先キ様ゟ御断御座候ハヽ可着候」（一二項）

一　馬場村御殿之儀、「御郡方御用達場と御答申候節、何用之御用相達し候哉と被仰候ハヽ、殿様御在国ニて御参拝之節、諸御用ニて相達し申候」（一三項）

このうち一二項の、雨具着用の件を除き、他の五項目は今まで指示していなかったことから、急遽追加したものとみられている（注＝天明八年小島村定衛門「手控帳」）。特に注目したいのは、年貢に関する説明である。

まず畑租の付加税ともいうべき三雑穀（大豆・稗・荏）の件である。三雑穀は当初、現物納でその代金が支払われる現物買上制度であった。ところが藩は間もなく、収穫期に安値で買い上げ、高値となった春先きなってこれを売り付け、その差額を徴収する仕組みに変わった。もちろんこれは水戸藩独特の税法で、「三雑穀（石）切返し」の法と呼ばれた。しかも実際には現物納付は行われず、全くの帳簿上の操作で金納させ、農民を苦しめる悪法として、顰蹙を買っていたことで知られている。

したがって「品ニて」納めるとの回答は事実に反することになる。次の田方年貢は江戸送りは米で、領地内納は籾、一俵は共に四斗二升入り、畑方は金納と説明するようにとの指示である。したがっていずれも藩の実情（原則）にほぼ沿った回答である。ともかく藩としては税制の実態が具体的に知られることに、かなり神経を使っていたように窺える。特に三雑穀切返しの法は秘密にしたかったのであろう。

一方沿道近くにある藩主徳川家の墓所瑞龍山、二代藩主光圀生母靖定夫人（谷久子）の菩提寺（山御寺）については、有躰に説明する。また光圀時代の寛文七年（一六六七）、藩の別館として建てられた「馬場御殿」は、郡方御用達場であるが、藩主の瑞龍山参拝時の休息所として利用される施設であると、説明させた。実際ここでは儒学者の講義が開かれ、庶民も聴講できる研修所でもあった。これらの施設は以前の国廻衆からも説明を求められていたのかも知れない。なお、ここには触れられていないが、光圀の藩主引退後過ごした「西御山」（西山荘）についても案内できるよう指示していたものと思われる。

五　第八回の巡見使通過と応接の簡素化

天明八年（一七八八）に派遣された第八回巡見使は五月六日、江戸を出立し奥州・松前地方を監察した帰路、十月十四日水戸藩の出迎えを受け、徳田村に入った。この時の様子を、一行に随行した地理学者の古川古松軒は、その日その日の見聞を綴った紀行文『東遊雑記』の中で、

両国の堺へは水戸君の家士十頭御巡見使御馳走として出迎えあり、至って厳重の御饗応なり。さて常州に入りて見るに、実に上国の風儀見えて、民家のもようもよく、百姓の体賤しからず。農業も出精するにや、何れの作物もみごとなり。御家中の諸士武風十分に備わり、威儀堂々として礼儀正しく、……

と記し、水戸藩領に入った途端、好印象を受けている。さらに続けて「御領分の様子」は「なかなか並べいうべきものなし」と、他の諸国とは比較できないほど見事であるとまで絶賛している。

さて、一行は小里郷大中村で休息をとると、さらに南下を続け、その夜は太田村に止宿した（前日は下関泊）。翌十五日朝太田を発足すると、枝川（ひたちなか市）で休息し、那珂川を越え水戸城下を経由し、宿泊地長岡村（茨城町）に向かった（前掲古川古松軒『東遊雑記』）。

それでは、太田郷通過の際、小姓組の案内を担当した小島村庄屋定衛門の前掲「手控帳」によって、まず巡見使の名簿と、太田郷通過時にその対応に関わった藩・郡庁係官と当地方村役人・農民が担当した係任務についてみておこう。ただ、この時「人馬割司」役に当たった大里村（常陸太田市）庄屋弥市兵衛の記録「御巡見御宿割帳」[20]との記載と比較すると、省略部分もみられ、名簿等に一致しない部分も少なくない[21]。

御使番
一　藤沢要人様　　通シ御案内　　馬場村　庄屋・御山横目　五左衛門

用心　永井儀左衛門殿
　池田兵大夫殿
　　御先払
　　御駕篭先
御朱印御長持添
御先乗役　山田彦衛門殿
御徒目付　熊沢介八殿
　太田御宿
　　亭主役
御小姓組
一　川口久介様　　通シ御案内
　用心　川辺八郎殿
　小林庄兵衛殿
　　御先払
　　御駕篭先

高柿村　友蔵
大里村　藤吉
太田村杖突　左一兵衛
同　清兵衛
同　藤介　栄介
太田村　又衛門
人歩配役　天神林村　庄屋伝三郎
宿東中　平左衛門　※太田村宿東中町のこと
人馬指引役司　岩崎村　六郎
付添　大平村　次郎衛門・太田ゟ両人
　小沢庄五郎
　太田村伝五郎
小嶋村　庄屋　定衛門
宿木崎　善衛門　※太田村木崎町のこと
磯部村　左次郎
馬場村　権左衛門
太田村杖突　左七
部垂村　清蔵

目付兼帯　山田太左衛門殿
取次兼帯　犬上森三郎殿
書　役　棚橋善蔵殿
徒目付　遠藤七郎兵衛殿
　御本陣前司
人馬指引
　手添
御宿
　亭主役
西丸御書院番
一　三枝《サイクサ》十兵衛様　通《（シ）》御案内
用心　乙竹久衛門殿
　戸田勘左衛門殿
御先払
御駕篭先
御長持添

瓜連村　鐐衛門
藤田村　和介　忠次衛門
太田村　兵九郎
箕村　律衛門
宿東中　治郎衛門
小倉村　伝蔵　中利員（村）□三郎
大平村　富十　辰ノ口村　彦蔵
太田村両人
小沢彦三郎
新宿村　利平治
藤田村　庄屋　平衛門
太田　平左衛門
同　彦左衛門
同　勇八
中野村　幾衛門
太田　文蔵　忠次郎

詰人弐人
乙竹友三郎殿　　いなき　惣治郎
戸田茂八郎殿　　大門　次郎三郎
徒目付　大村彦兵衛殿
本陣前司　　中岡村　治兵衛
人馬配　　宿西中　市十　※太田村宿西中町のこと
人馬指引　　花房村　彦兵衛
手添　大平村　軍次
太田ゟ三人
小林瀬八郎
御宿　亭主役　太田村　彦四郎
馬場村御出張
御目付同心衆　壱人
御郡奉行　岡村弥左衛門様
外元〆役　渡辺源衛門　殿
右同村馬淵坂へ
御郡方下役人衆壱人　市村八蔵殿

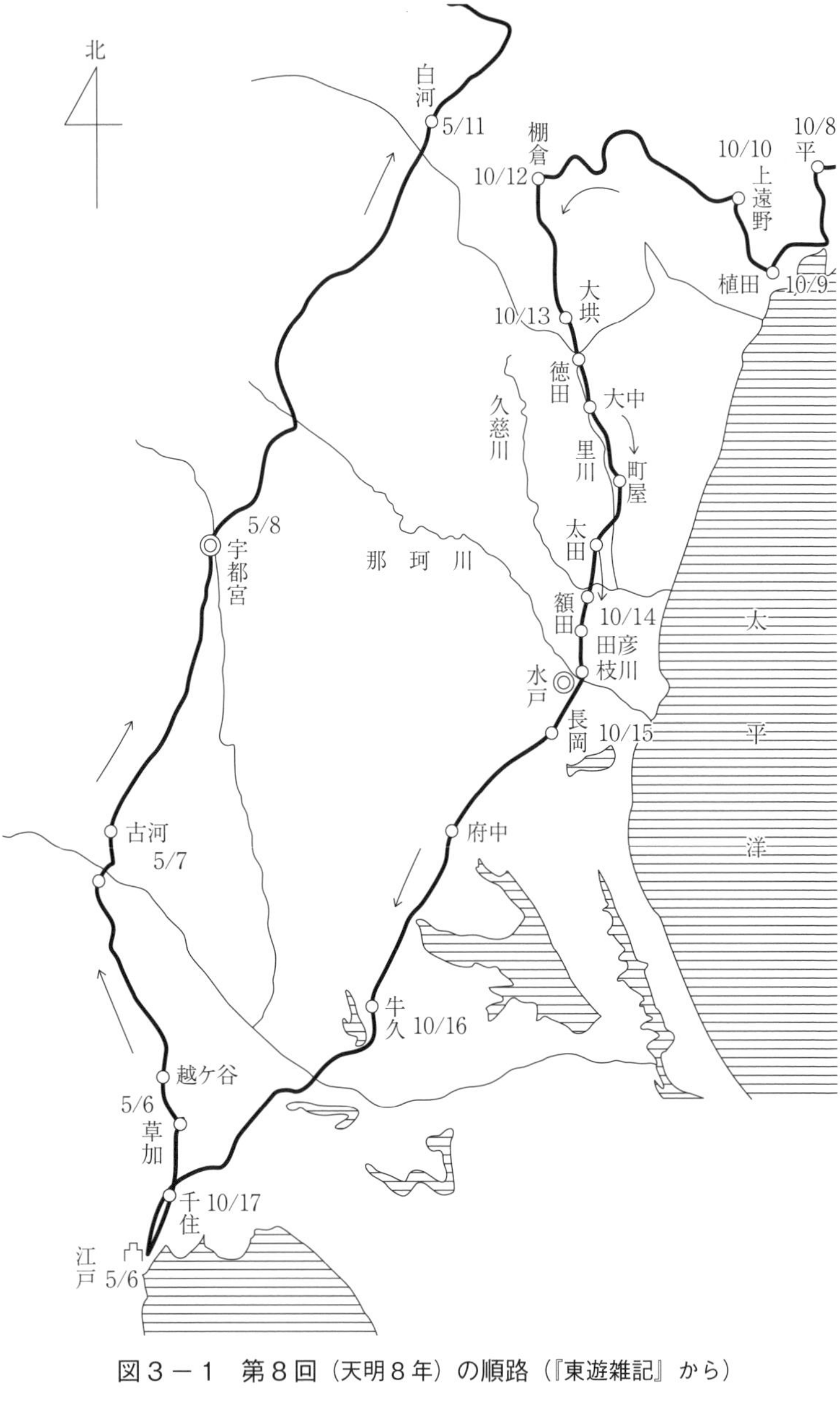

図３－１　第８回（天明８年）の順路（『東遊雑記』から）

これをみると、前回（第七回）の記録で詳細に触れていた、藩・郡庁からの出張役人・医師などについては、ほとんどその記述はない。しかし地元農村から動員された係に関する記録は詳しい。結局今までも、案内役や亭主役以外の先払・駕篭先・人歩配役・人馬指引・付添・長持添などの係もすべて地元農民（多くは村役人）が担当していたことは前掲の「御巡見御宿割帳」でも明らかである。

このほか農民は、本陣仮番所での警護役、宿所給仕、伝馬・荷送関係人足などにも動員された。しかも前述したように、沿道村々では事前になると、道橋の整備、仮番所の設置などにも当たらなければならなかった。したがって、巡見使が通過するとなると、藩・郡庁ばかりでなく、沿道周辺の村役人はもちろんのこと、村々農民の負担は大変なものであった。中でも太田に屋敷を構えている家老中山備前守家の出迎えは特別だったらしい。屋敷門前には「紋付した」陣幕を何枚も張り廻し、大勢の家臣が並んで一行を出迎えたという（前掲『東遊雑記』）。

それでもこの時（第八回）の一行に対する藩の送迎態勢は、天明大飢饉の直後だったこともあって、経費節減、関係者動員数削減を一歩進めたのか、今までになく簡素だったらしい。この件について定衛門は「手控帳」に「御馳走向、宝暦十一巳と此度ハ格別ニ減ス」と記録し、その上で格別に減じた内容を「御貸馬止ム」「御水茶屋止ム」「御貸駕篭止ム」「上川合御堅メ止ム」と説明している。

馳走向きが簡素化されただけでも、料理に要する支出は節減され、料理人・給仕などに関わる動員数もかなり削減されたはずである。水茶屋が中止されたことは関係者の動員がなくなったばかりでなく、その準備も不要となった。さらに貸馬・貸駕篭の廃止で農民の人足負担は減った。ただ上川合舟渡の堅めが廃止されたとはいっても、徒目付（桐原与一衛門）と目付同心（二人）、押え（一名）、郡方役人（二名）の計六名は詰めている。いずれにしても従来のように三〇人以上に及ぶような多数の「御詰」役人の出張負担はなくなった。ただこのような応接態勢の簡素化は、他の地方でも進められたのかどうか、はっきりしない。

ちなみに、前夜太田に泊まった古松軒は「宿々において料理むきなども奥州と違い取り合わせよく、上方に似たれども、ただ味噌・醤油の味あしきには人びとこまりしなり」と記し、料理には上方風の洗練された上品さはあったものの、味噌・醤油の味の悪さには閉口したという。

しかし一方、彼は味噌・醤油の味の悪さは「(味の)……宜しきを食するものを奢りのごとく憎むゆえ……」と理解し、これも二代藩主光圀以来各藩主が推進してきた質素倹約策の徹底を示すものと、むしろ賞賛したのである。また太田郷南部上川合辺り(水田地帯の)で、稲刈り風景を眺めた彼は「この辺の農家いよいよよし。……男女小児に至るまで農業を大切に勤むる体なり」と、農家の繁栄と農民の精農ぶりに感心している。水戸藩領に対する彼の評価は、さらに高まったようにも思える。

さて「手控帳」によれば、この時の仮想問答は二二項目に及んでいるが、次の三項目以外、その内容は従前の例とほとんど変わっていない。

一　去々午七月　御領内大洪水之次第被尋候ハヽ、誠ニ先年ゟ見合も無之大満水之義、面々存弁之通可答上之損耗田畠水損莫大之次第有様可答事可(六項)
一　右水難ニ付、御救方義ハ被尋候ハヽ、金穀を以御救被遊候間、御領民飢渇ヲ凌身命を取続候義、莫大成御救と有様御答可申事(七項)
一　坂戸町付羅漢堂道筋ゟ見候場所にて被尋候ハヽ、有躰可答事
　　但新地取立候哉と被尋候ハヽ、塩子村十園寺《ママ》曳寺之由、相答可申事(二二項)

これによれば、案内役は天明六年(一七八六)七月中旬、相次いで襲った豪雨による被害状況について説明を

求められた場合でも、それに十分答えられるよう「田畠水損」の悲惨な実態をよく把握しておく必要があった。さらに水損の被害者については、藩の救済策が徹底していたので、領民は「飢渇」を凌ぐことができ、身命をとり続けることが叶ったと説明するよう指導されていたのである。

また案内役は、水戸城下近くの酒門（坂戸）地内に、藩の支援を受けて建立した羅漢寺についての質問を受けた場合でも、十分説明できるよう同寺の設立由来・経緯などを理解しておく必要があった。

宝暦六年（一七五六）、仏国寺住職の発願により、同寺の建立が計画され、着工に踏み切ったものの、間もなく火災に遭遇し、工事は遅れた。結局完成をみたのは大旱魃最中の明和七年（一七七〇）のことであった。同七年夏、羅漢寺で雨乞い祈祷を行ったところ、たちまちご利益があって雨が降ったという。[22] また翌八年も干天が続いたが、酒門の一角で雨乞いすると、夜になって降雨があった。同寺の建設には多額の費用を要したとはいえ、それは旱魃除け効用を期待した藩の愛民政策の一環だった、と訴えたかったのであろう。いずれも案内役の説明は、藩の善政を強調する内容であったといえる。

さて、一行は十月十八日朝、千住駅で多くの出迎えを受け、「午上刻」江戸に無事帰着した。ところが一か月後（十一月十八日）、藤沢、川口、三枝の三使は「家士共不正の事ありし」の理由によって、小普請入りの処分を言い渡された。共連れの者どもが城下に逗留中、町に夜遊びに出かけ、商人茶屋などに迷惑をかけたというのである。[23] 供連れの行動は今までになく乱れたのだろうか。それとも松平定信が老中首座に就き、改革（寛政の改革）に着手した直後だったこともあって、綱紀粛正・風俗矯正の強化を図る狙いをこめて、厳罰に処したのだろうか。

六　第九回最後の巡見使通過

家慶が十二代将軍に就任した翌天保九年（一八三八）に発遣された第九回の奥羽帰巡見使は八月二十日、太田村に宿泊している。この第九回監察は水戸藩にとって、九代藩主斉昭による藩政改革が進められている最中のことであった。使節として使番黒田五左衛門、小姓組中根伝五郎、書院番岡田右近が派遣された。ところが中根が途中南部藩領内にて死去したため、それ以後は小姓組欠員のままの監察であった。

一行の太田郷通過時における地元の対応の様子や、藩・郡庁の指示内容については、「太田役所」（宿割会所か）の記録「奥州御巡見帰太田御泊諸事書」(24)が伝存するので、これによって詳しく知ることができる。

これによれば、八月に入ると一行の水戸藩領通過の日程がいっそう具体化したことが分かる。十六日には黒田・岡田両使付属の用心から「常陸海道千住宿」に至る村々問屋・年寄宛てに、通過時の予定、及び休泊割と用意する人馬数とを明示した文書「覚」が送られてきた。

まず黒田使からの文書「覚」をみてみよう。それには、八月十九日棚倉藩下関河内村（福島県矢祭町）に宿泊した翌二十日水戸領に入り、河原野村で休憩昼食をとり、太田村に宿泊するとある。その後は二十一日田彦村にて休憩昼食、その夜長岡村に宿泊し、水戸領をあとにする、二十二日府中村（石岡市）で休憩昼食、荒川村（土浦市）宿泊、二十三日藤代村（取手市）で休憩、小金町宿泊、二十四日に千住に到着、ここで休憩昼食をとる予定となっている。ところが予め休憩昼食場として指定していた村のいくつかは、当日変更になっている。たとえば二十日に指定した河原野村は大中村に、二十一日の田彦村は枝川村（ひたちなか市）に変わっている（詳しくは後述）。

また「覚」には太田宿で用意する人馬数について、黒田組には「御朱印人足八人」「御朱印　傳馬拾三疋　内八疋者人足引替可」、「外ニ賃人足拾人」と指示し、さらに「右道中渡船並書面之人馬差支無之様」との留意事項を追記している。

結局太田宿では無賃の「御朱印」人足八人と、伝馬一三（実際には一六）疋を用意した上で、ほかに一〇人の「賃人足」を待機させておく必要があった。ところが追伸があり、それには一行内に「病人足痛等」の故障者が出た場合、「増人馬」が必要となるので、その際は賃銭を支払い雇いたい旨、示されていた。

そして最後に御朱印人足、人馬と賃人足を合わせた三四人（一部伝馬）の役割分担と配置人足数が示された。それによると、

一具足壱棹二人　一長持二棹六人　一茶弁当一人　一両掛五荷五人　一合羽籠二荷三人　一竹馬三荷三人
一挑灯篭一人　一引戸駕篭三挺九人　一垂駕篭二挺四人

となっている。実は以上三四人のほかに、「駄荷本馬弐疋」「乗軽尻三疋」合わせて五疋の馬を用意するよう指示された。さらに「此外臨時人馬入用」の際は、「印形以書付」にて申し達する旨、付記されていた。黒田使からは臨時人馬入用発生の備えとして、事前に用心（篠原市之進・小林三郎次）の印形証明書ともいうべき「印鑑」が太田村役人のもとに届けられた（後述）。

一方岡田使組から届いた文書「覚」も、その内容は黒田使組からのそれと全く同じものであった。ただ動員人足数は黒田使組より一名多く、総勢三五名となっている。その内訳は「御朱印人足八人」「御朱印伝馬拾疋　内五疋ハ人足引替可差出候」のほか「賃人足拾七人」となっている。役割分担人足人数は黒田組とは若干の相違が

あり、岡田組には駕篭手代人足があって、これに二人が当たり、引戸駕篭は二挺六人、垂駕篭三挺六人となっている。以上のほかに「駄荷本馬壱疋」「乗掛四疋」が追加されている。

また黒田使組と同じように、臨時の人馬入用もありうることが追記され、二人の用心（布施多仲・後藤隆八）の印鑑も届けられた。実は御朱印人足、同伝馬の調達数については巡見使派遣が決定して間もない四月中すでに、幕府より関係諸国に指示されていたとも「同諸事」には記録されている。したがって、藩としては早くから用意する人馬数について、各宿泊地問屋に知らせていたのであろう。

なお、黒田使組の人数は上下合わせ四一人、岡田使組は四〇人で構成されていた。したがって第八回巡見使の水戸領通過は総勢八一人であった。小姓組（中根伝五郎）が欠けなければ、一二〇人前後の大集団だったことになる。

さて太田郷を通過する直前の十七日、郡奉行は関係村々に対し、次のような指示（大要）を出し、各庄屋にその徹底を促した。

・宵日より日数三日は「酒売」禁止、「酒淋（醸造）」は中断する。
・宵日より三日間「唱（鳴）物」「猟師鉄砲打ち」は禁止する。
・巡見使通行当日、近郷者の通りは認めるが「不敬無之様」注意する。農作業は継続してもよいが「冠物等をも抜」不敬の無きよう諸事慎む。
・通り筋の「野乞食等」は前日に、平須村五兵衛が追い払うが、村役人もさらに「制府」（取締）の徹底に当たる。

これらの指示が果たして現地で徹底されているか、その状況確認のため、郡庁下役人二人が前日（十九日）四ツ時から、街道筋の巡回を実施した。その際各村庄屋、組頭一人、鍬鎌持参人足二人を引き連れ、不備の箇所があれば手直しに当たった。特に「く根垣雪隠等見苦敷分」は手入れさせ、「酒淋諸道具・板類」が表向き面（街道から目に付く場所）に置いてあれば隠させた。さらに太田宿では見苦しき庇が目に付いたら、手入れさせた。その上太田村に対しては二十一日の出発予定が夜明け前とされていたので、松明を用意しておくよう命じ、翌朝には家ごと行燈を灯すよう指示した。

一方、十八日には大中村から継送されてきた黒田使の御先触（一通）が御印鑑（二六枚）と御印鑑請取帳（一冊）が白木箱に納められ、島田紐で結ばれ、町屋村役人から太田村役人に届いた。同じように岡田使からも届いた。ただ印鑑二六枚については両使の送り状「覚」は共に「内壱枚請取仕置候」との但し書きが付されている。したがって白木箱内の枚数は二五枚であった。一枚の印鑑は前述のように「増人馬」用として送付済みとなっている。なお太田村役人が町屋村役人に受取書を発給したのは、翌十九日のことであった。また太田村では、白木箱を受け取り、内容を確認し記録するとさっそく、翌二十一日の行路に当たる東（松岡）郡下の額田村（那珂市田彦村の手前）に、これを届けることになる（十九日）。こうして一行を迎える手続きも終了した。

いよいよ当日（二十日）正午（九ツ時）、案内人は郡庁役人とともに小野・馬場村境にて、一行を出迎える。それより三時間ほど遅れの八ツ末頃になって、「御荷物並御先詰」が到着し、続いて七ツ頃使番黒田五左衛門が通過、七～八町遅れて書院番岡田右近が通過した。黒田・岡田の二使は駕篭先案内に先導されて来たことはもちろんである。馬場村に入って間もなく案内人は交代する。

一方、当日宿所で亭主役務めに当たった一人冨岡村庄屋の真十郎（後述）は、一行の様子や地元の出向・接待などの事前知識を得るため、前日宿所の下関河内に手添を召連れ出張し、急ぎ戻って一行を迎える。もう一人の亭主役部垂村年寄儀十郎も同様に出張したものと思われる。二人が本陣に戻ると間もなく、一行の集団に先立ち使節付属の「先乗給人」が到着した。ここで真十郎は先乗給人から一行に対する接待は「諸事手軽」に準備してよく、旅宿に当てられたとはいえ、「何之心懸ニも不及申、尚又心配」不要であると伝えられた。

さらに真十郎は料理について尋ねたところ、夕・朝食とも「上下丸精進」（精進料理）とするようにと指導された。ただ朝食膳は「鰹節而巳位一汁一菜」と指導し、その他の料理を出されても引き取らせるので、その旨心しておくよう伝えた。その上で、二十日夕食は「芋牛房（蒡）之作之物」にての賄にしてほしいと注文を付けた。太田宿では、本膳には鱠・汁・香の物・坪平（平椀に盛る煮染めと思われる）・焼魚を並べ、酒肴の用意も考えていた。しかし役所（郡方会所か）から、こたびは「香ノ物共ニ一汁一菜」以外は一切「相成兼」と厳重な達しがあり、精進料理を用意することにした。

結局、献立書をみると、二十日夕食は飯、香の物「奈良漬・味噌大根」、汁「とら瓜・岩茸」、平。翌日朝食は飯、香の物「新大根・奈良漬・おし瓜」、汁「つみ入・小初茸・こまこま」、平「一塩魚・椎茸・蓮芋・重くわゐ・半べへ」となっており、一部塩魚も加わったが、ほぼ精進料理にかなった膳を用意したようである。

食事後一行はまだ暗い夜明け、家ごと行燈の灯る宿並沿いに松明をかざし、先払に先導され、案内役の説明を受けながら、一路田彦・枝川に向かった。

さて、案内役が指導を受けた仮想問答をまとめ、携帯した手控帳は今のところ見当たらない。ただ事前に郡庁が案内人に通達した「通シ案内之者心得振」[25]が現存するので、手控帳の内容はほぼ把握できる。もちろん問答内容の大半は従来の指示を踏襲したものであるが、少なくとも次の項目が加わったことは間違いない。

1、郡域改革による行政区域の変更について質問があった場合「馬場村ゟ久慈郡」と相答え、また川向額田等については「珂郡郡」と答える（馬場村北隣の小野村は天保二年東郡に編入）。

2、以前存在した太田村御殿（屋敷）は文化元年、中山氏が手綱（高萩市）に所替となったことにより、移転された旨説明する。手綱屋敷普請に関わる質問には当所より「道法拾里余隔居慥と相弁不申旨」答える。

3、家老山野辺義観（兵庫）が天保七年、斉昭より海防総司に任命され、助川（日立市）への居住と決まり、その地に屋敷構え工事に着手した。普請中に関する質問には、「普請中とハ承リ候へ共、普請の様子相弁不申旨」答える。

4、天保七年（一八三六）に見舞われた冷害凶作による被害についての質問には「格外之御減高」となったが、委細は「相心得不申旨」返答する。

5、右の件に続いて「御領中御救方」について質問されたなら、「打続御損耗夥敷」き有様だったものの、金穀をもっての藩の御救いが行き届いたため、飢民どもは飢渇を凌ぎ「身命取続莫大成御救」に預かったと、答える。

6、藩主斉昭の命によって天保五年から始めた、太田宿南木崎通り桜植栽について質問されたなら、「支配役所よりの下知之上」植え継ぎをしている旨答える。

この「心得振」に、馬場御殿や瑞竜に関する項目がないところをみると、主として翌日（太田以南）の案内道筋に限った仮想応答事例とみられる。ところで、山中氏の手綱移転と山野辺家の助川居住による屋敷構えの建設は、一行から城と誤認されないよう、藩はかなり気を遣ったことが窺える。

実はこの二件について藩は、太田宿で亭主役を務める部垂村（常陸大宮市）年寄儀十郎（使番担当）や、冨岡村（常陸大宮市）庄屋真十郎（書院番担当）に対しても、案内人同様の指示を与えていたことが知られる。(26) 特に旧中山氏屋敷（太田御殿）の周囲に残る濠は「先年ゟ有之」と、囲内（屋敷内）の様子については出入りしていないので詳しいことは分からないと説明するように指示している。なお亭主役にはこのほかにも煙草作付、天保七年の凶作の説明についても、案内人同様の指示があった。ただ凶作の件は「通し案内之者答振同様挨拶」できるようにとの指示があった。
さて通し案内人として最も注意しなければならない「心得振」は通り筋で、直訴や投訴行為に遭遇した場合の措置である。その際は、案内人は領民、他領民問わずその訴状を取り上げ、「其場を不遁村役人為出張置」その訴状を渡し、郡方へ差し出させることであった。ただ水戸藩内でこの事件が起こった記録は今のところ知られていない。[27]以前にもこの心得振は指導されていたのかも知れない。

七　農民の負担と動員される係員

一〇〇名を超える巡見使一行の通過は、宿泊・休み場に指定された村ばかりでなく、道筋周辺農村にも大きな負担としてのしかかった。疲弊した村では宿所・休場の引き請けが困難で、返上せざるを得ない例もあったらしい。水戸藩でも指定された休み場村を変更した、次のような記録がある。[28]

……田彦村御休御先触御座候処、右村ハ及困窮ニ御休場ニ相成兼候ニ付、享保弐巳来其旨御届申上枝川村御休ニ手当仕……

これによると、古くは太田宿を出立した一行は田彦村（ひたちなか市）の御休み場で、昼食休憩をし、一路その夜の宿泊地長岡宿（茨城町）に向かっていたことになる。それが享保二年（一七一七）第四回の国廻衆通過以降、休み場に指定された田彦村（ひたちなか市）が疲弊していることから、枝川村（ひたちなか市）に変更され、以後定まったというのである。ただし、前述した佐川家の記録「御用留巻之一」によれば、享保二年の際田彦村は御休み場としての責務を果たしたことになっている。なお枝川村は天保期以降南郡扱い下であった。

実は天保九年（一八三八）には、奥州松前巡見使の常陸通過より四か月前の四月に「関八州巡見使」が水戸藩領にも巡回していたのである。(29) その際、一行の宿泊地として枝川村も指定されたものとみられている。ところが貧村の枝川宿が宿泊者全員の夜着・蒲団の準備に窮し、それを揃えるため、郡域を越えた村々にまで協力を仰いだ経緯がある。同年閏四月十三日、南郡庁から北郡下の天神林村（常陸太田市）にあてた令達(30)には、

一　木綿三品夜着ふとん五人　但枕共

右　御国巡見衆当月廿三日枝川村泊ニ而、御領内南筋江通行被致候ニ付、扱下枝川村泊場本陣等諸御用品書面之通宛物申付候条、右品々早速取揃品々銘々目印付……枝川村役所元会所へ相納可申候……夜着ふとん之内、垢付汚レ等之分ハ洗濯いたし成丈ケ奇麗之品指出候様……

とある。その上で令達では天神林村では二十日までに宛物を一括取り揃えておくよう（提出できる準備）、指示したのである。

この令達は天神林を含め、太田・稲木・藤田・粟原・嶋・小嶋・中野・下岩瀬・上岩瀬・瓜連・門部・南酒出・北酒出の北（太田）郡下一四の村々を対象としたものであった。なお、一行は四月二十三日朝、宍戸藩領宍戸平町（笠間市）を出立し、水戸藩領南郡扱下の赤塚村（水戸市）、西（武茂）郡の常葉村（水戸市）、青柳村（同）などの村々を視察通過し、その夜枝川村に宿泊した。(31) 結局、天保九年の枝川村では、四月には宿泊地を引き受け、さらに八月には御休み場に割り当てられたことになる。

ちなみに二十四日は枝川村より湊村（ひたちなか市）まで舟で下り、ここで昼食休憩、午後は塩崎・大串・森戸・若宮の村々を経て、南扱い下の長岡村に宿泊している。翌二十五日は小鶴・奥谷・鳥羽田・紅葉・倉敷村を通過し、旗本新庄氏知行地の八木蒔村（行方市）を経て、玉造村（行方市）に至り宿泊している。長岡村ではこの年二度、宿泊地となったことになる。

さて宿泊場所に指定された村が最初に取り掛からなければならない課題は、一行の宿所の決定であった。それにはまず、使番・小姓組・書院番三使の本陣（一般に三本陣）を決めなければならない。次いで供連れ宿（下宿）の割り当てを行い、続いて藩・郡庁役人、係員として周辺村々から出張した村役人や農民の宿所を決めた。したがって宿所はかなりの数にのぼった。

たとえば天明八年（一七八八）の第八回巡見使太田郷通過の際、人馬割司を命じられた大里村（常陸太田市）の庄屋弥市兵衛の記録前掲書「御巡見御宿割帳」によると、三本陣ごとに用意した下宿は少なくとも七軒に及ぶ。太田の場合、これらの宿所はすべてが村内の個人宅である（近村の民家、寺院などは使用していない）。そのほか藩・郡庁からの出張役人、及び動員を命じられた農民（多くは村役人）の宿所が二〇軒前後用意された（詳しくは注21参照）。

したがってこの時、巡見使一行の三本陣、下宿などの宿所を合わせると、太田村では少なくとも三〇軒前後の民間宿を用意したことになる。貧村、小村では周辺村々の協力なしでは賄いきれるものではなかった。ちなみに太田村で本陣に割り当てられたのは、広い邸宅を構えるこの地方の有力者宅と考えて間違いない。[32]

使節団の通過による負担は沿道近郷にも広く及んだことは前にも触れた。特に通過時前後に動員される農民はかなりの数にのぼった。事前の道橋補修等整備工事等の出役人足ばかりではない。沿道の仮設便所、各本陣の仮番所（張番所）などの設営工事にも動員されたはずである。特に本陣における当日までの準備はあわただしかった。門前と玄関には雪洞を灯す用意、水桶の配置は重要であった（ただし天保九年の場合）。

また村役人を中心に係官として出役する数も実に多かった。その例を第九回（天保九年）の場合でみてみよう[33]。

使番黒田五左衛門には、宿亭主一人（以下人略）・亭主脇二・用聞二・通案内一・通案内補一・先払杖突二・駕篭先案内一・長持才料二・先詰案内一・用心案内二・給人案内二・本陣前見置二・本陣張番所二・拍子木番高張挊共二・人馬指引役（但荷物受払・駕篭受付）六、となっている。書院番岡田右近にも、ほぼ同様の係がついた。これに小姓組が加わり、三使揃うとその動員数はこの三倍前後の人数になる。

実はこのほかにも「遠見役」「先払」「先乗案内」などの係があった。この時（第九回）の例をみると、遠見役は太田郷北方の里野宮村堰場に待機し、巡見衆先頭集団の進行を見届け、太田郷の関係者に急ぎ通知する係である。関係者とは小野・馬場村境に詰めている案内役、馬場村馬淵坂中断の郡庁役人詰所、坂上で出迎えに当たる郡奉行、太田村会所詰めの係である。先払は「道筋通リ掛リ片付」、及び沿道の見物人を監視指導する係である。もちろん見物人には冠（頬冠）をとり、言動すべてに無礼のないよう指導したのであろう。

先乗案内は「小野・馬場村境ゟ上川合舟渡、向河原迄」の案内役である。つまり一行の「先乗衆」と同舟して久慈川を渡り、向河原（額田村）まで送る係である。ただこの渡川は事前（前日）に試行としてなされたものか、先乗衆は何名ぐらいで構成されていたのかなど詳しいことは分からない。いずれにしても巡見衆の通過によって、各係として動員されるのは太田村ばかりでなく、周辺村々にも広く及んだことは間違いない。その多くは村役人であった[34]。

八　巡見使の廃止

嘉永六年（一八五三）ペリーが浦賀に来航した直後の六月二十三日、十二代家慶は病のため世を去った。ここにきて政局はいっそう緊迫の度を加えることとなった。その年の十月、十三代将軍に就いたのが家定である。幕府は翌安政元年になると、当然従来の慣例に従い、諸国巡見使の発遣を計画したものと思われる。

しかし幕府は緊迫した世情の中、同年秋になっても発遣には踏み切れなかった。結局、幕府はその年の発遣を見送り、巳年（安政四年）までの三か年の延期を決定した。十二月、老中阿部正弘は大目付に次のように通達し、三年延期の理由を説明した。

　巡見使猶予之儀ニ付御書付(35)

……当時海岸御備御手当向、片時も難被差延候時節、諸家ニ於ても防禦手当向専務之折柄、入費も不少……去丑年より五ケ年之間、厳敷御倹約被仰出、諸家之失費を御厭被遊、……夫々武備調練等一図ニ相励候ニ候、然ル処諸国巡見、御先例之通近々被差遣候而ハ諸家一般莫大之失費も弥相増、当時専務防禦御警衛、自然と御手薄に成行候而ハ、以之外之事ニ有之、其上不時之変災にて、諸国地震或ハ津波等ニ而居城其外住居向并在町等迄及大破候向も不少哉ニ相聞、是又莫大之失費ニ而……来ル巳年迄も御猶予被遊……

これによると、幕府は海外危機感の高まる中での巡見使派遣に、かなり慎重だったことが窺える。特に派遣実施となれば、倹約令を出した（嘉永六年七月）直後の時期に、諸国領主にいっそう重い経済的負担を強いることになり、海防対策にも多大な支障をきたすことになる。その上、予想もしなかった震災・津波（六月伊賀上野地震、十一月安政東海南海地震）が相次ぎ、被災の復旧復興にも莫大な出費を要すると判断し、延期を決定したというのである。

幕府のこの決定は、実際「諸家」の要望を受けたものであったことは「諸家之失費を御厭被遊」との文脈からも窺える。このころになるともはや諸大名・領主の間に巡見使派遣に辟易し、倦厭気分が強まっていたことは間違いない。

さてこの「書付」には但書があった。それには以前からの指示通り、関係諸国領主は巡見衆を迎える際、「旅宿等」は「諸事手軽」に、また「旅宿小屋掛」「道橋取繕」は「省略専一」に心掛けるようにとあり、その徹底を促した。これも「諸家」に負担を掛けることに対する配慮であろう。

ところが幕府はそれから二年後の安政三年、またも派遣延期を決めた(36)。その理由と期間について、幕府は同年九月、前年発生した江戸の大震災や「今般之大風雨津波等」各地の被害を考えると、巡見使派遣を実施するような状況にないとし、「午年より戌年迄五ヶ年間御猶予」すると、大目付に通知したのである。これに従えば、五年後の文久二戌年（一八六二）には猶予期間も終わり、翌三年には派遣されるはずである。しかしその年の派遣はなく、さらなる延期計画もたてられることはなかった。結局天保九年（一八三八）の第八回を最後に幕府巡見使は廃止されたのである。

まとめ

さて、太田郷通過の記録を辿ってみると、水戸藩としては終始巡見衆に対し藩の失政には触れず、あるいは隠し、糊塗しようと、かなり神経を使っていたことが窺える。したがって巡見衆の目的である「国司領主之宴居行跡、民家之安否、耕作之盛衰、城館之修治等(37)」を正確に査察したとはいい難い。

また、巡見使の通過に当たって、領主によっては特別の接待をし、施設設備の新設・修繕に多額の費用をかけ、多数の人足を動員していた。したがって巡見使通過は「諸家」の財政難、農村の疲弊にいっそう拍車を掛けた。

しかも前述したように、使節団が地方を監察するとはいえ、次第に形式化し、各地の実情把握は表面的なものにとどまった。案内人の携帯する仮想問答集（「手控帳」の内容は毎回ほとんど同じであったばかりでなく、すべて藩の指示に従ったものであった。そのため藩の失政や、現在藩内で問題となっている複雑な件についての説明は控えなければならなかった。

ともかくたとえ監察が表面的・形式化したとはいえ、一〇〇名を超える使節団が地方を巡回しただけでも、各地領主・農民の間にいい知れぬ緊張感が走り、幕府の権威は大いに誇示できたことは間違いない。いずれにしても、二〇〇年以上続いた伝統行事の廃止は、幕府の権威がそれだけ弱体したことでもある。それは一面、諸大名の発言力が強まり、その意向を無視できない状況に至っていたことの表われでもあろう。

注

1・3・4・9・35・37　『徳川禁令考』巻二八、三〇章

2　自治体史以外では池上和子「諸国巡見使について―天保九年諸国巡見使山外郷視察を中心として―」（『岩瀬町史研究』四号）、拙稿「里美地方を通過した巡見使―郷士佐川家の記録から―」（『さとみ風土記』八号）などがある。

5　「伊藤氏古書」（彰考館蔵）の寛文七未九月御国廻衆小里筋御通之刻書付之写」の項にも、「奥州筋御国廻衆御領分御通候……」とある。

6・17・23　誉田宏「諸国巡見使の研究」（福島県歴史資料館「研究紀要」一号）

7・10　『御触書寛保集成』一三及び前掲『徳川禁令考』巻二八

ただ、両書の間には、氏名、字句等に若干の相違がある。内容には相違はない。

8　『国史大辞典』（吉川弘文館）

11　前掲「伊藤氏古書」

12　ただし「野山を新規に切起し」た土地への作付けは許された。詳しくは古島敏雄『日本農業技術史』、茨城県たばこ史編さん会『茨城県たばこ史』等を参照されたい。

13　常陸太田市折橋町　佐川家蔵

14　福島県『福島県史』通史編二巻（近世一）によれば、正徳六年には会津郡伊北と和泉田組一四か所の名主と惣百姓が巡見使に訴訟をしたという。享保五年にも一揆が起こっている。

15　常陸太田市粟原町　宇野家蔵（写本は常陸太田市役所蔵）

16　一〇項に「恵明院殿御普請之儀……先年久米村ゟ此地へ為御引地方三百石附申候」とあり、また一一項に「湊村浮役何程」の質問には「猟（漁）之次第出し申候間、高下御座候事」と返答する、とある。

18　常陸大宮市下町　菊池家蔵

19　常陸太田市小島町　鴨志田家蔵

20 常陸太田市大里町　鈴木家蔵

21 重複する部分も多いが、たとえば使節付属者（共連れ）職名・氏名の相違や、その宿所をみると、

御使番　一藤沢要人様　御宿小沢庄五郎殿
公用人　永井儀左衛門殿、池田兵大夫殿
御給人　藤波本五郎殿、村田勇助殿
御徒目附　熊沢助八殿
御先乗目附役　山村藤右衛門
御近習　四人
御足軽・御徒・御中間・弐拾人
下宿　東下甚五郎　付亭主
陸尺　東中治郎　八人　同所長治平
御小姓組　一川口久助様　御宿小沢文三郎殿
公用人　川辺八郎殿、小林庄兵衛殿
御給人　山田太左衛門殿・目附兼帯、犬山森三郎殿・取次兼帯
御徒目附　遠藤七郎兵衛殿
御近習　六人
御足軽・御徒・御中間・三拾人
下宿　東中二見屋　付亭主
陸尺　東中治郎衛門　八人
西之丸御書院番　一三枝重兵衛様　御宿小林瀬八郎殿
公用人　乙竹喜右衛門殿、戸田勘左衛門殿

御給人　乙竹友三郎殿、戸田茂八郎殿・
御徒目附　大村藤兵衛殿
御近習　四人
御足軽・御徒・御中間・弐拾人
下宿　西中安五郎
陸尺　西中七左衛門　八人

なおこの宿割帳には動員させられた地元農民（内多くは村役人、注34参照）や藩・郡庁からの出張役人の宿所、諸会所なども記帳されている。すなわち通案内人（役）、人夫配役（人馬指引役共）、御先手同心衆番所、御荷物取次会所（町屋〆額田江次送次所）、人馬割会所、御郡御頭様、御郡方御会所、御宛物請払会所、御代官御頭様、御代官方御会所、御先手物頭様、御先手同心衆、御目附様、御徒目附様、御目附同心衆、御用心七人、御医師様、在方役人中賄人などの宿所（民間宿）がある。なお、ここにみえる御徒目附は使節付属とは別の、藩庁からの出張役人である。

22　水戸市史編さん委員会『水戸市史』中の二
24　常陸太田市宮本町　武弓家蔵。同じ表題の帳簿は二冊あり、一冊は藩・郡庁、幕府から関係村々に対しての指示や要望事項が多く、他の一冊は太田宿での対応の様子が中心に記録されている。なお、矢祭町史編さん委員会『源蔵郡蔵日記』補遺「覚」によれば、一行の水戸領入りは九月となっている。
25　前掲武弓家蔵
26・28　天保九年「奥州帰巡見御用控」常陸大宮市下町　菊池家蔵
27・33　天保九年「御巡見ニ付村役人御割帳―併村役人勤向御達振―」、前掲「通し案内之者心得振」（武弓家蔵）
29・31　天保九年閏四月十七日「郡庁達　幕府巡見使回村ノ際諸心得振」（茨城県史編さん委員会『県史料・近世政治編』所収）

30　天保九年「諸御用留帳」（常陸太田市天神林町有文書）

32　たとえば使番黒田五左衛門、書院番岡田右近の本陣は、前者が小林次郎太郎抱屋敷（東中小沢弥三郎旧屋）、後者が小林進太郎宅となっており、両小林家とも新興の富商で、当時村内に豪邸を構えていたとして知られている。本陣となった旧小沢屋敷は畳の部屋だけで一〇部屋（一二畳半一間、以下一〇畳二・六畳四・四畳・三畳・二畳各一間）、進太郎家は茶の間（一一畳半）を含め八部屋（八畳一・六畳四・その他二）を有した。しかも両家とも、急遽いくつかの部屋の畳替え、表替えをしている。前者では使番の宿泊部屋（一二畳半）全面と床の間（長さ九尺）、及び六畳二部屋、その他の小部屋二間の表替え、給人宿泊間（一〇畳）は畳替え（新品）としている。後者では書院番の宿泊間（上の間八畳）の表替え、給人間（三の間）の表引き替えをしている。なお天明八年の使番本陣となった小沢庄五郎は前年まで太田村庄屋を勤めた家柄である。なお、本陣旧小沢家屋敷には使番黒田のほかに、近習・給人・手近之者が、小林進太郎家には書院番岡田以外には近習・用心・中小姓が宿泊することになっていた。

34　たとえば天保九年時の場合、通案内・給人案内役、本陣前見置、本陣張番所詰等の出役者の肩書をみると、山横目（格も含む）が一二名、庄屋一〇名、組（与）頭一七名、年寄三名、その他杖突・手添等九名、合わせて五一名、これに対し無肩書者は一三名である。

36　前掲『徳川禁令考』巻二八、この通達は「巡見使猶予之儀之趣御触」として「伊勢守御渡　大目付江」宛てられたものである。

第四章　金献郷士　薄井友衛門家の系譜をめぐって

はじめに

鷲子《とりのこ》村（常陸大宮市）の薄井友衛門といえば、水戸藩に多額の献金を続ける傍ら、財政難に陥った隣接の烏山藩にも金銀貸付（大名貸）をくり返した富豪の郷士、紙問屋として知られている。そのためか鷲子地方には、友衛門一族が水戸・烏山両藩の一部重臣と親密な関係を築き、破格の待遇を受けていたという趣旨の伝承が今なお数多く残っている。

その一方、このような伝承とは別に、友衛門の行為や生き方を非難するが如き話題も伝わっている。その話題も内容的には紙問屋の経営方針や運営にまつわるものと、幕末騒乱期にとった友衛門の行動に関するものとに大別される。前者についての多くは、利潤追求至上主義の友衛門が、生産者や使用人を搾取、酷使していたという趣旨の話である。後者は、友衛門がこの地方の諸生派農民を多数集め、「薄井隊」といわれる民兵隊を組織して活動した話題である。それは彼が保守門閥派の指導層や幕府軍と手を結び、隊を率いて各地で放火、打ち壊しなどの暴挙を続けた事例とその結末を語るものである。

ともかく、薄井友衛門およびその一族に関する伝承は現在にいたっても枚挙に遑がないといってよい。それだけにこの地方における友衛門の存在は大きかったといえる。しかし今まで一族の一部人物に触れて論述した研究はあっても、伝承や史料を本格的に調査し、友衛門家の盛衰過程を検証する作業はほとんどなされていない。検証の必要性を考えるなら、まず最初に取り組まなければならないのが同家の系譜を明らかにすることである。

周知のように友衛門家は明治新政府が樹立する過程で、一家離散の憂き目にあい、所蔵文書の多くが焼失散逸されてしまった。加えて、家内の伝承を平静な状態でまともに受け継ぐことも困難であった。そのためもあって、正確な薄井家系図を作成することはもとより不可能であるとされてきた。

しかしこのたび、美和地域の古文書調査で、若干ではあるが未公開史料の存在が確認された。そこでそれらの史料を生かしながら、同家に関して今まで未解決とされていた点や混乱していた部分について、先学の研究成果に依拠しながら解明と整理を試みることにした。

ところが皮肉にも、新史料の内容を検討するに従い、従来の通説や先学の研究などに矛盾・誤認のあることも浮き彫りになった。また新たな疑問も生じることになった。結局、乱麻を絶ち整理してみたいとの意気込みで取りかかったはずが、いっそう混乱を招く結果となってしまった。未解明の部分を多数かかえながらも同学のすすめもあって発表することにした。

一　家譜の混乱

友衛門家の系譜については、一族の子孫で農村婦人運動家として知られた故矢嶋せい子氏が、長年にわたり精力的に調査されたことがある(1)。

氏は明治元年（一八六八）、前将軍徳川慶喜に従い静岡に逃れた薄井友衛門昌脩（明治七年没）の曾孫に当たる。氏は同家に伝わる話や手元に残る記録をもとに、一族の系図作成に当たったという。しかしこれは、幕末期以降における友衛門とその一族の行動や盛衰を調べることに主眼をおいたもので、昌脩の父友衛門昌敏（慶応二年没）以前の系譜については触れていない。また史料不足を、語り伝えられる話で補い、類推して作成した部分も多く、信頼性に問題がないわけではない（後述）。

一方矢嶋氏が調査を重ねているころ、『美和村史』編さん事業が開始され（昭和五十六年）、それより同編さん委員会も、友衛門一族の家譜の検証にとりかかっている。その結果は平成五年発刊の『美和村史』に掲載された。[2] これはかなり綿密な調査と検証を経て作成された系図ではあるが、やはり矢嶋氏作成系図と照合すると、不一致点も見受けられる。双方のいずれの記述が正確なのか検討が必要となる。また村史系図では幕末騒乱期、各地の戦場に赴き活躍した昌脩の二・三男が漏れるなどの問題点も目立つ。

これら系図とは別に友衛門については水戸藩の郷士制度、和紙の生産と流通、幕末の政争と動乱などを扱った論文著書[3]でも触れられている。しかし同家は代々友衛門を襲名しているので、それぞれの論文著書で取り上げた人物が何代目の友衛門なのかは判然としない。もちろんそれは論文著書の主題から考えて、同家の系譜検討までは必要ないことではある。ただ作成された系図と各論文著書の記述内容との間に不一致・矛盾する点があってはならない。双方との整合性は問われることになる。

いずれにしても、代々友衛門の身分格式や行動は、多くの研究者に注目されながら、同家の歴史となるとあまりにも謎の部分が多い。一族系図の完成をめざしていた矢嶋氏が「何度も名を変えたり、字だの諱だのあって厄介です」[4]と嘆いたように、度重なる当主の名前変更が、家譜作成過程で大きな支障をきたし、混乱を招いたことは否定できない。

そのよい例が友衛門昌脩（矢嶋氏曾祖父）の嫡男である。彼は初名を友太郎といい、のち蔀、昌殷、友衛門と改めた。そのため蔀と昌殷は同一人物でありながら、別人扱いとされてきた。結局一人の友衛門が複数存在するという誤りを犯す結果を招いたのである。[5]

さらにこの混乱に拍車をかけたのが、史料の乏しいことに加え、「友衛門」襲名が六代にわたって続いたことである。多くの公式文書は、友衛門の名に統一されているので、その記事が何代目の友衛門を指すのか、判別できないことにもなった。たとえ文書に年号が付記されてあっても、父の友衛門も生存し、子も成人していた場合、襲名年代がはっきりしない限り、文書の友衛門は父、本人、子のいずれを指すのか判断に苦しむ。後に検討するようにその混乱は昌脩と子の昌殷の没年の誤りをきたしてきた。昌脩は明治七年静岡で死亡しているが、これが子の昌殷の没年とされてきたのである（後述）。

二　遠祖と分家説の疑問

水戸藩家臣の系譜を集めた「水府系纂」は友衛門家について、最初に

遠祖ヲ豊後某ト云、常州鷲子城主江戸上野介舜通ニ仕フ、舜通ハ佐竹氏ノ靡下ナリ、慶長七年壬寅佐竹氏封ヲ羽州ニ遷サルル時、舜通モ共ニ羽州ニ至ル、豊後暇ヲ請テ当国ニ留リ子孫代々鷲子村ニ住ス

と記し、遠祖豊後は佐竹氏の旗下江戸氏の家臣であったことを明記している。実はこの文章と全くといってよいほど類似した文書が、薄井家一族末裔に伝存することが分かった（後述）。おそらくこれは、同家が「水府系纂」への新規採録を求める際に作成した下書きないしは控と思われる。それを物語るように前述の伝存文書名は、「家譜申出書」(6)とか、「系纂書」(7)となっている。

さて江戸氏は慶長七年（一六〇二）秋田に移ることになるが、豊後は残留を願い出て、これが叶ったというのである。

地元の伝承によれば、豊後が永住の地と定めたのが、鷲子地内那珂野内《なかのうち》（仲之内、仲野内）の高台だという。現在も豊後の子孫と伝えられる薄井家は、この高台にあり、地元からは「仲之内薄井家」とか「薄井大本家」と呼ばれている(8)。結局系纂書等の記述や伝承によると、友衛門家は仲之内から分かれたとの見方に立っている。

ところが仲之内薄井家に伝わる系図(9)によれば、初代「碓《薄》井豊後」は天正十三年（一五八五）に他界したことになっている（墓碑は十一年卒）。これに誤りがないとすれば、初代豊後は佐竹氏国替え（慶長七年）の十数年前には、すでに死亡していたことになる。しかも二代豊之進は父豊後に先立ち天正八年に、三代彦七郎は元和四年（一六一七）に、それぞれ没している。とすると仲之内薄井家には、慶長七年村内残留を決めた豊後に該当する人物は存在しなかったことになる。その上、次に検討するように、仲之内薄井家系図と、友衛門一族の申出書や水府系纂との記述内容とは、後代まで整合しないなど多くの疑問が生じる。

まずは友衛門一族に伝わる系譜(10)（系図1）を次に紹介しておこう。

この「系纂書」等の前文では「水府系纂」同様初代を豊後と明記したものの、その後数代にわたる当主名は確認できなかったのか明示せず、正徳四年（一七一四）死亡の久衛門から書き始めている（系図1）。

後述する仲之内系図では、このころの当主名として正徳二年没の碓井喜兵衛（六代）の名はあるが、久衛門は見当たらない。以下同じように久衛門の子儀七郎、孫の文五郎など、すべて仲之内系図には載っていない。ところが前述のように地元伝承は、友衛門家先祖は分家する際、仲之内坪から近くの「塙」坪に移ったという。しかし今回の調査で分家初代の当主名を知る地元古老に会うことはできなかった。当主名は伝えられてこなかったのだろうか。ともかく系纂書等によれば、分家初代は彦七とされている。

果たしてその当時、鷲子村に彦七なる人物がいたのだろうか。そこで注目されるのが、村内照願寺（浄土真宗）に残る「檀中惣数(11)」の記録である。これは寛延二年（一七四九）にまとめられた記録で、それまでに同寺の檀越

系図1

- 久衛門某　正徳四年ニ死
  - 儀七郎某　享保十一年ニ死
    - 文五郎某　寛保二年ニ死
      - 次衛門某　子孫有之　延享三年死
      - 彦七某　此人別家シテ本家之先祖也　宝暦十一年死
        - ＝友衛門宗広　後宗休与改　実同国大沢村ニ瓶氏次男聟養子
          - 友衛門宗安　後七左衛門与改　母祖父彦七女
            - ＝友衛門信徳　後宗蔵与改　文政十三年寅九月十三日死　実同国武部村菊池伝左衛門次男聟養子
            - 女子　ゑい　天保十三寅四月十二日死　友衛門信徳妻　母坂橋氏女
              - 友衛門昌敏　後宗休与改　弘化三丙午十二月より　母祖父友衛門宗安女
                - （以下略）
        - 女子

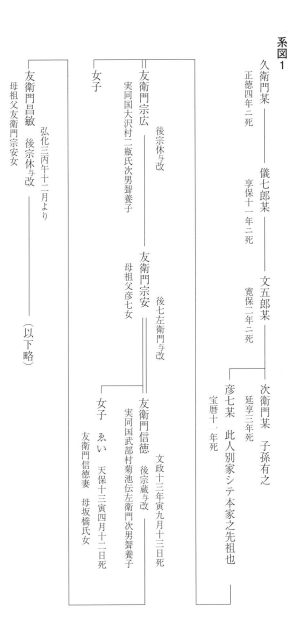

に加わった氏名一覧（名簿）である。その一覧をみると、居住地（坪名）「塙」と傍記されている配列に「薄井文五郎、同善蔵」の名が記され、これに続いて「薄井彦七」の名が記帳されている。

この文五郎が友衛門の先祖だとすれば、すでに同家は塙坪に居を構えていたことになる。ただ彦七については、文五郎の悴《せがれ》で、分家して檀越として登録したのか、それとも全く別家庭の人物なのかはっきりしない。

一方一覧には「中野内」坪名の中に、「薄井林（樹ともよめる）右衛門」の名がみえる。次（系図2）に示す仲之内薄井家の略系図（系図2）をみると、確かに八代目にこの人物と推定される「信広　薄井林衛門」の名がある。

これによれば八代林衛門は、天明五年（一七八五）、八一歳で死去しているから、檀中惣数を書き上げた寛延二年時には三一歳前後だったことになる。彦七が同家から分かれたとすれば林衛門の兄弟として系図に記帳されなければならない。ところが兄弟に彦七の名はない。ただ姉の新が村内墫（塙の誤りか）坪の碓井彦七の妻になっている。この系図に従えば、彦七は分家したのではなく、仲之内薄井家と縁組を結んだことになる。また系纂書等にみえる彦七の兄次衛門は没年から考えても、林衛門と同一人物とみなすには無理がある。いずれにしても彦七と林衛門は、同時代の人物であることだけは確かであろう。

ところが彦七の曾孫友衛門信徳が、父友衛門宗安（七左衛門）のために建立した墓碑[12]には、「彦七父曰十兵衛」とあって、彦七の父十兵衛と明記している。友衛門系図の文五郎ではない。碑に刻まれた彦七の父十兵衛は、仲之内林衛門の父重兵衛と同一人物とみなしてよいのだろうか。ただ文五郎と重兵衛は、没年からすると同一人物ではない。結局、調査を進めたことで、今まで彦七の父は文五郎と認識していたところ、重（十）兵衛説も新たに浮上する結果になった。なお墓誌には彦七が別家したことを示す文言は見当たらない。それとも塙薄井家は彦七以前の古い時代に分家していたのだろうか。

ともかくいずれの史（資）料との間にも整合性はなく、遠祖の豊後説、彦七の分家説も含め、仲之内薄井家と塙薄井家（友衛門家）との関係については、今のところ確かなことは分からない。
塙薄井家（友衛門家）の系譜が、史料によってある程度はっきりするのは彦七以後のことである。

三　初代と二代友衛門

彦七の分家説等はしばらく措くとして、その後の塙薄井家の系譜をみてみよう。彦七には男子がなく、大沢村（大子町）の二瓶《にへい》氏の二男を婿養子として迎え入れた。このことは、前述の系纂書等や墓誌の説明とすべて一致する。

贅婿《ぜいせい》が「友（右）衛門」の名として、史料に初めてみえるのは、現在までの調査では前記照願寺に伝わる「詞《マヽ》堂金施主覚」(13)である。この覚は宝暦十一年（一七六一）から明和七年（一七七〇）までの九年間に、同寺に財施した二一名の檀徒名と、その金額を記録した一覧である。

一覧ではまず宝暦十三年極月に、金七両を奉納した「根古屋、川和善右衛門」が記録され、次いで、

宝暦十一年巳極月　塙
一金　五両　　　薄井友右衛門

とある。実はこの年宝暦十一年、義父の彦七は他界している（月日不詳）。とすると友衛門は亡義父の冥福を祈っ

系図2　仲之内薄(碓)井家略系図

（初代）橘貞徳 ── （二代）貞徳 ── （略） ── （六代）信久 ── （七代）重貞 ┬ 女子
　　　　　　　　　　　　　　　　　　　　　　　　　　　　　　　　　　├ 男子
　　　　　　　　　　　　　　　　　　　　　　　　　　　　　　　　　　├ 亀女
　　　　　　　　　　　　　　　　　　　　　　　　　　　　　　　　　　├ 新女
　　　　　　　　　　　　　　　　　　　　　　　　　　　　　　　　　　└ （八代）△信広 ── （九代）信隆 ── （以下略）

- （初代）橘貞徳：碓井豊後　天正十三年卒
- （二代）貞徳：碓井豊之進　天正八年卒
- （六代）信久：碓井喜兵衛　正徳二年卒　（別書に彦平と）
- （七代）重貞：碓井　重(十)兵(平)衛　享保十三年卒
- 女子：△早世
- 男子：△早世
- 亀女：△上堺村太良衛門妻行
- 新女：△[壿]碓井彦七妻行　寛政十一年未年十月廿五日　九十七歳卒
- （八代）△信広：△碓井林衛門　法名釈善教居士　天明五巳年七月三日　八十一歳卒
  - 法名釈尼妙広大姉　天明五巳年六月廿九日　林衛門信広妻　同村田沢氏ヨリ来ル
- （九代）信隆：碓井民介　安永二年卒

て年の暮れ、五両という大金を施与したとも考えられる。ちなみに施主の大半は一両以下（一両三名、三分一名、二分三名、一分一二名）の寄金である。一覧によると施与日はなぜか明和二年十二月に集中し、その数は八名に達している。

最高額の川和善右衛門家は、古くからこの地方の紙問屋として繁栄を続けていた財産家である。一方友衛門家もこのころ新興の紙問屋として台頭し、順調な発展をとげていたようにも思われる。なお、仲之内薄井林（右）衛門の場合をみると、財施金額は一般並みの金一分で、友衛門より四年おくれの明和二年（一七六五）十二月に納めている。両家の献金額の差は、そのまま財力の違いを裏づけているように思われる。ともかく林衛門の名は、この施主覚にも登記されており、仲之内に実在したことは明らかである。

さて友衛門は後年名を宗広、さらに宗休と改めているが、それぞれその年代は分からない。この宗広の跡を継いだのが、二代目友衛門である。七左衛門ともいわれ、別名を宗安といった。

墓誌には「碓井七左衛門名宗安」とあり、そのあとに「宗安九歳、父宗広喪明、後得廃疾、宗安与母及二妹居養其父、拮据甚艱」と続けている。これによれば宗安が九歳の時、父宗広（初代友衛門）は視力を失い、やがて廃人同然の身となった。そのため母と二人の妹との暮しは苦しいものであった、というのである。

ところで墓誌に従って考えると、この宗安九歳の時とは明和二年（一七六五）前後に当たる（後述）。果たして同家は墓誌のようにそのころ窮乏生活を強いられていたのだろうか。実はこの時期、同家は次の史料が物語るように水戸藩の要請に応じて多額の金を用立てするまでになっていたのである。

覚[14]

文金　百両也

内三両小粒

右者此度別段之御義ニ而御用金申付候処、御用之筋厚存入当亥より無利息ニ而御用立候段、甚奇特之至ニ候
依之重キ御了簡之上、右金子御返済無之内者縦代替ニ而茂無相違、年□（々か）三人御扶持被下置候条、難有仕合可
奉存候、仍請取為証拠如此候、以上

明和四年亥十二月

中主仁左衛門 印
青木源三郎 印
佐々木政右衛門 印
蔭山三郎介 印

鷲子村
友右衛門方

藩が友衛門に御用金を申し付けた明和四年とは、治保が六代藩主に就任した翌年のことである。この「覚」通り、友衛門は藩からの要請に応じて金一〇〇両を無利息で用立てた。友衛門はその見返りとして藩から、返済完了までの期間、毎年「三人扶持」の特別待遇を保証されたのである。この件は、当時友衛門家が紙問屋として成功し、経済的にも余裕が生まれていたことを裏付けている。その点墓誌の「拮据《きっきょ》（多忙困窮）甚だ艱し」（前述）の文言と矛盾する。墓誌には誇大な表現があるのだろうか。用立てに応じた一件はやがて同家が、献金郷士として、ゆるぎない地位を確立することを予見させるものであった。

いずれにしても、友衛門家は明和初期ごろまでには新興の紙問屋として、注目される存在になっていたことはまちがいない。水戸藩では長年、紙の生産地に五軒の問屋を公許している。ところが、明和五年（一七六八）に

なって藩は新たに六軒の問屋を認めこれにより新旧合わせ一一軒となった。この六軒の中に薄井友衛門家も含まれていたのである。(15) これを機に同家の発展は一段と進み、藩との関係もいっそう深まったものとみられる。

ところで、この時期の薄井家当主は二代友衛門宗安（七左衛門）だったのだろうか。墓誌に従って逆算すれば、宗安は一二歳前後の少年だったことになる。実際に父を養い家政を担当していたのかどうか。

宗安は長じて友衛門（二代）を名のり、烏山（栃木県那須烏山市）の板橋氏の娘とわ（登わ）を娶り、家業に励んだ。彼の家業の運営方針や生活姿勢などについて、墓誌には、

……宗安、家道に已に優れ、信徳・昌敏、農に務め生を治む。且つ廃著《はいちょ》・貿易し、時とともに利を遂い、無《む》何《か》に家に千金を累《かさ》ぬ。冨みて驕《おご》らず、倹にして施すを好む。国家緩急の徴発には私財を出だして公用に資すること数《しばし》ばなり……（原漢文　ルビ筆者）

と刻まれている。これによれば、友衛門宗安は養子信徳、孫昌敏と力を合わせ、農作業に精励し、生活を支えてきた。その上で、廃著（農産物等諸物資を貯え置き、騰貴するのを待って販売）、交易を行った。これによって利益をあげ、短期間（無何）に千金の富を築いた。にもかかわらず質素倹約に努め、国家の非常時には私財を投げうって、支援協力に当たることも数《しばしば》であった。

墓誌は続いて「官府之れを賞し、特に田租を除き、且つ士服を著するを許す」（原漢文）と刻んでいる。さらに藩主就藩（水戸領入り）の際は、往還でのお目見得を認められたことも記している。しかし藩が田租免除、士服（裃）着用などの特典を与えたことについての記録は、養子信徳、孫昌敏にはあっても、宗安に対するものは今のところ見当たらない（後述）。

ともかく、同家は宗安が家督を継いでからの後半にもなると、領内でも富商として広くその名が知られるようになった。このことは家格を譲った宗安晩年の文化元年（一八〇四）発行の「水戸領分限者番付」[16]に、西ノ四番（前頭筆頭格）に位置づけられていることでも分かる。ちなみに同番付には、旧問屋の小田野川和、鳥子川和の両家の名はない。

実は一九世紀も末になると、在郷の紙問屋の経営は厳しさを増し、営業不振に陥り、倒産する問屋も相次いでいたのである[17]。次項で述べる養子信徳は、そのような状況下で家業を発展させた義父宗安に敬意を表し、墓碑建立を思い立ったのであろうか。

さて宗安は四五歳を迎えた寛政十二年（一八〇〇）ごろ、隠居の身となり、「逍遥自適」（墓誌）の生活を送り、一〇年後の文化七年六月二日、病のため自宅において五五歳の生涯を閉じた（法名宗願）。

四　三代友衛門信徳

二代友衛門宗安（七左衛門）は、男子に恵まれなかった。そこで同家は武部村（栃木県那珂川町）の菊池伝左衛門の二男信徳を養子として迎え入れることにした。これにより天明七年（一七八七）四月二十一日、宗安の娘ゐいと信徳との結婚が成った[18]。

信徳が家督を相続するのはしばらく後のことで、前述したように寛政十二年（一八〇〇）ごろと考えられている。相続したことで名を友衛門と改めたのであろう[19]。なお晩年には宗蔵と変えている。前掲「系纂書」には次のように記されている。

文化二丑年三月、持高田畑ニ而拾三石弐斗五升七合無納地被　仰付候
御帰国御参府之節御迎御見送り郷中御成先御目見、苗字并麻上下嫡子嫡孫迠代々御免被遊旨被　仰出、尚無納地之内水難等ニ而永引ニ相成候節ハ持分之内ニ而替地御渡被下置諸役御免之旨被　仰渡候

これによると、相続まもない文化二年（一八〇五）三月、藩は同家に対し一三石余の田畑所持高を年貢免除扱いとし、その上お目見得、苗字、麻裃着用を許すなどの特典を与えたことが分かる。文化二年といえば、養父友衛門宗安は健在であった（前述）。宗安墓碑は年貢免除、御目見得などの特典は、同家（父子）に与えられたものとして刻んだのであろう。

ともあれ同家に特典が与えられたことは、藩に対し献金・用立をくり返し、しばしば窮民救済に当たったことによるものと思われる。しかしその記録は今のところ見当たらない。信徳の時代になると、前代にまして身分格式は一段と上がり、問屋営業もさらに充実・拡大したことは確かである。次の史料はその一面を物語っている。[20]

一、武公様郷村御廻之節、文化六巳九月廿一日四ツ時、当村薄井友衛門一同、村内塙前ニて御目見得仕候

これは文化六年（一八〇九）七代藩主治紀の領内北郷巡視に当たり、鷲子村通過の際、友衛門一同は自宅下の往還に出て、御目見得にあずかったのである。実はこの時、友衛門信徳はすでに鷲子村の庄屋に就き、村にあっても指導者としての地位を確たるものにしていたのである。[21] それから三年後の文化九年九月、同家は鷲子山上神社境内鳥居の傍に、「碓井友右衛門」の名で常燈明を奉納している。もちろん奉納者の友右衛門とは信徳のことであろう。

寛政元年（一七八九）正月、信徳・ゐいの間に、長男富十郎が誕生する。後の友衛門昌敏である。長じて烏山藩士村野源吾の娘たき（多喜）と結婚する。この縁組が示すように、そのころ薄井家と烏山藩士との間に親密な関係が築かれていたのである。

信徳がこの昌敏に家督を譲るのは文政元年（一八一八）十二月のことである。「宗蔵」と改名したのもこのころだったのだろうか（前述）、水戸藩政が大きく変わり始めようとしていた文政十三年（天保元）九月十三日世を去った。妻のゐいはそれから一三年後の天保十三年（一八四二）一月十三日他界した。同家が水戸・烏山両藩との結びつきをいっそう強め、藩の政治にも何かと関与するのは、後継者友衛門昌敏の時代である。

五　同朋列郷士四代友衛門昌敏

友衛門信徳（三代）の嫡男富十郎は、やがて名を富重（十）と改める。[22] 富重が烏山藩士村野源吾の娘たき（多喜）と結婚したことはすでに述べた。たきの実父源吾は寺社町奉行に就いていることなどから、烏山藩家中にあっては身分・格式とも比較的高い家柄であったとみられる。[23]

富重、たきの間に結婚後まもなく長女てい（しゅん）が誕生する。[24] 続いて長男友太郎（貞蔵、劉、昌脩など）、二男友次（治）郎（定兵衛、七左衛門、昌範）、三男熊之助（宗七、昌寿）が相ついで生まれる。

文政元年（一八一八）暮、数え年三〇歳になった富重は父友衛門信徳より家督を相続する。[25] 当然のことながら、この時、富重は同家が今までに築き上げてきた財産を譲り渡された。この財産の中には現金化していない在庫商品や債権などの諸権利も含まれていた。

それでは富重本人はどの程度の財産を引き継いだのだろうか。引き継ぎ目録の内容を理解しておくことは、今後の同家の発展過程を考察する上で極めて重要と思われるのでその概要を簡単にみておこう。

この譲渡目録（前掲注18「目出度譲渡之帳」）によれば、富重は総額五五八四両余の財産を譲り受けたことになっている。ただこの譲渡帳は完全に整理されておらず、記載漏れなどもあって、詳細な点になると不明の部分が多く、全容の把握は困難である。ともかく引き継いだ財産のうち現金は少なく、その額は帳簿記載総額の三分の一に当たる一九一二両にすぎなかった（不動産は除く）。

残り三分の二（三六六五両）の大半は、今後富重が現金化しなければならない在庫商品（紙・煙草）であり、農民への貸付金、紙問屋からの未収金、残金などであった。ただ在庫品の多くは秋口から初冬にかけて地元、近隣村々農家から買い集めた葉煙草が占めており、紙は比較的少なかったように思われる[26]。

また貸付金についても「煙（烟）草仕入金貸」[27]との付記が目立つことから、そのほとんどは農業の傍ら葉煙草仲買業を営む地元農民への融資だったとみられる。一方紙問屋未収金については「紙店仕切残」、「江戸　幸手仕切残」などと記帳しながら、その金額が未記載となっているため詳しいことは分からない。

いずれにしてもこの譲渡帳からは、烏山・馬頭を含むこの地方山間部で当時盛んになった葉煙草生産に合わせるように、薄井家の営業は紙ばかりでなく、煙草の流通にかかわる業務にもその比重が移っていたように思われる。

富重は家督を相続して数年後に友衛門を襲名し[28]、以後友衛門昌敏と表示し活動の場を広げていった。昌敏の金銭貸付けは煙草仲買商ばかりでなく、他領の一般農民にまでその対象を増やしていったらしい。しかし後になるとその貸付けは、高利で「非道」、督促はまことに「手荒」になったと世間から顰蹙を買うようになった（後述）。

ともかく文政期半ばごろからの薄井家は、紙・煙草の問屋として、また高利貸として、繁栄の道を歩むことに

なる。富を貯えた同家は、水戸藩への献金行為を重ね、それにより身分格式も次第に上がっていった。「水府系纂」（前掲書）は、

……昌敏文政八年乙酉十月二十九日、格式同朋列トナリ、籾九十俵ヲ賜ヒ、他所出ノ時御紋ノ衣服着用ヲ免セラル、十一年戊子十二月二十五日籾五十俵ヲ増シ、前ニ通シテ百四十俵ヲ賜ヒ御紋之衣服着用ヲ免セラル……

と記している。結局同家は文政八年（一八二五）十月郷士に列せられ、同朋列の格式を与えられたのである。この時、同家は合力籾九〇俵を下賜され、他所出（外出）の際は紋付衣服の着用を許された。さらにその三年後の文政十一年十二月には、籾五〇俵が加増され、合力籾は前の九〇俵と合わせ一四〇俵となった。

八代藩主斉脩治世下の文政期、次々と郷士に列せられる者が増えたとはいえ、僻遠の地に住む農民薄井友衛門がこのような待遇を受けたことは、鷲子地方の住民にとって大きな驚きだったにちがいない。同家は一体藩に対し、いかほどの貢献をしたのだろうか。これについて明治期に発刊された『新編常陸国誌』には「（薄井）友衛門ハ二千両ヲ献ジ、籾百四十俵ヲ賜フ」と記されている。つまり同家は二〇〇〇両を献金して郷士に採用されたわけで、いわゆる献金郷士（上金郷士、金郷士）だったのである。ただ献金二〇〇〇両とは、文政八年分と十一年分を合わせた額なのか、それとも十一年度分のみの額だったのかはっきりしない。

いずれにしても文政期、鷲子村を含むこの地一帯の山間部で郷士に取り立てられ、これほどの格式待遇を与えられた例は、薄井友衛門以外にはない。[29]それだけに同地方における薄井家の存在感は一気に高まったものとみられる。それを裏付けるように、文政十年（一八二七）にはついに鷲子村の庄屋にまで上り詰めた。[30]また隣接する

烏山藩は、薄井家の身分格式と経済力に着目したのか、同家に藩財政建て直しへの協力を求めている。郷士に列せられた文政八年、烏山藩は水戸藩領民の友衛門を「御用勝手方御用達」に任命したのである(31)。ところが種々の役職に就いた友衛門の職務行為は、家業の経営方針（利潤追求主義）に添うように、次第に一般農民の生活感覚から離れ、自己の利益を優先する傾向を強めていたとみられる。

やがて村民の目は庄屋友衛門の職務行為に何かと疑心を抱くようになり、彼が在任中取り続けていた不正・不当行為に気づいたのである。そしてついに天保三年（一八三二）、鷲子村有志三〇名は、友衛門が庄屋の職にあった五年の間（文政十年〜天保三年）に犯した違法・不当行為を調べあげ、これを郡奉行所に訴えたのである(32)。訴状によると、罪状は九項目に及んでいる。その多くは公金の横領であるが、中には藩から支給された普請人足扶持米（人足手当三か年分）を出役した農民に「更々」渡さなかったと、憤慨をあらわに訴えた内容も含まれていた（第一項）。また第六項では飢饉時用の溜穀稗（郷倉に保存）を借り出し、その返却に当たって「自分勝手」に「ぬか稗」にすり替えてしまったことを訴え、その結果「小前難渋ノ者」の救済に支障をきたすなどの悪影響が出たと強調している。

この訴状を受理した奉行所はどのような判断を下したか、史料を欠き分からないのが残念である。ただ提訴された前後、友衛門は郡奉行所より処分を言い渡されたことが、次の史料(33)によって明らかとなった。

鷲子村　　　薄井友衛門

其方義他領迠も貸金致候由之処　屋敷田□（畑）引当為致高利之［　　］貸出返済滞候得ハ、手荒之致催促、借用人共甚及難儀候趣相□（聞か）候処、貸金之義ニ付□追々相達候振も有之候へ□（共か）不相用、非道之貸方致候［　］段身分柄ニハ別而□（不）心得之至ニ付呵押□（込）申付もの也これによると、友衛門は他領民にまで屋敷田畑を担保にして高利貸を行っていたことが分かる。その貸し方は非道で、しかも返済に窮する農民に対して、冷酷と思える「手荒」な催促を続けているというのである。奉行所はその「不心得」を理由に友衛門に対し「呵押込《しかりおしこめ》」の処分を言い渡したわけである。

ところがこの処分はほどなく解かれることになる。解除通知は、(34)

自分義呵押込申付置候処、今十三日致□(指)許候条、其旨御心得□有之候　以上

□月十三日

石河徳五郎

薄井友衛門様

とある。結局呵押込の処分を言い渡したのは、西郡奉行石河徳五郎であり、その解除令を出したのも同人であることがはっきりする。通知の発遣期日は欠けているが、石河の奉行在任中のことであるから、それは天保初年と判断して差し支えない(35)。その上友衛門自身、次に述べるように天保四年（一八三三）三月、公式の場への出席が認められている。したがって処分解除はそれより少し前と考えられる。

同四年春、九代藩主斉昭の帰国（就藩）が計画された。この時藩は友衛門に対して郷士として、麻裃着用の上、城下水門見附にての御目見を許したのである(36)。さらに翌五年三月の藩主領内巡視に当たって、藩は薄井家をその宿所に指定している(37)。当日（三月二十九日）友衛門は、嫡男昌脩、孫昌殷を伴っての藩主拝謁が叶っている。しかも斉昭は宿所で心地よい蛙の声を聞いて満足し、屋敷地一帯に「蛙之里《かわずのさと》」との地名を与えたという。これもまた同家にとっては名誉なことであった（以後同家屋敷一帯の坪名は蛙の里と呼ばれるようになる）。藩の友衛門に対する人物評価は地元農民とは異なっていたのだろうか。

斉昭が水戸に留まった天保四年は領内もまた、他領同様大凶作に見舞われた。その年の暮、友衛門は鷲子村内の「極困窮人」から相ついで「御救頂戴」の願いを受けていたのである。[38] そこには前年、村内有志から弾劾を受けたり、呵押込に処せられた友衛門の慈悲を欠いた人間性とは異なる温情ある態度が伺える。また三年後（天保七年）の大凶作の年にも極窮人多数に生活資金や食糧（扶食稗）の支援を行ったことが知られている（後述）。これら友衛門のとった一連の窮民救済行為は、次に述べるように薄井家一族の身分格上げにつながることになる。

天保八年十月、友衛門の二男定兵衛、三男熊之助は揃って「御目見并大山守格、苗字帯刀、麻上下着用」等が許されることになった。藩はその理由として、父友衛門が天保七年の凶荒に当り「窮民共へ多分救指出」に協力した善行をあげている。[39]

友衛門は二・三男の家格引上げの道筋が開かれたことを確認し、安心したのか、その翌九年十二月、嫡男友太郎貞蔵に家督を譲っている。[40] 以後藩郡庁から同家に宛てられる公式文書の多くは「貞蔵様」となっている（この時は貞蔵の友衛門襲名は行われていない）。しかし友衛門は今まで同様、子ども共ども藩重臣層との接触を強めていった。天保末年になると保守門閥派の代表的人物結城寅寿とは特に親密な関係となっていった。[41]

天保十一年（一八四〇）一月、斉昭は藩政改革の完成をめざし、二度目の就藩を計画する。水戸城に入った斉昭は、その九月、結城寅寿を参政に抜擢する。この時点で寅寿は側用人の地位にあった改革派のリーダー藤田東湖の身分・立場を超えたことになる。しかも寅寿はそれから間もない天保十三年、さらに昇格し執政に就いたのである。

弘化元年（一八四四）五月、斉昭が幕府から譴責を受けて失脚し、東湖ら改革派が相ついで藩政の第一線から退けられた。これに代って保守門閥派が藩政の要職を占め、寅寿は江戸詰に移って活躍することになる。

このような寅寿の昇進に合わせるように、薄井家に対する藩の待遇はますます厚くなった。特に斉昭失脚直前、友衛門の二男定兵衛、三男熊之助が相ついで郷士に列せられたことは当時としては異例ともいえる優遇であった（後述）。また友衛門昌敏自身も弘化二年（一八四五）十二月二十八日「御召御紋御羽織拝領、着用御免」の栄に浴すことになった。(42)

一方このころになると薄井家の営業も繁栄を極めていた。弘化二年四月発行の富豪者番付、いわゆる分限帳(43)をみると、友衛門は西方の最高位大関に格付けされていた。ちなみに同家が初めて郷士に取り立てられた文政八年（一八二五）十一月の分限帳(44)では、西方小結（三番）であった。もはや財力の点においても領内北部で、同家に並ぶ者はなかったといってよい。

弘化三年（一八四六）十二月、友衛門は六〇歳を間近かに控え、体力の衰えを感じた(45)のか嫡男貞蔵にその名を譲り（襲名）、自らは宗休と改めた。(46)家政の中心は名実ともに貞蔵に移ったものの、宗休は相変らず保守門閥派重臣との関係を保ちながら何かにつけ、献金行為を行っていたものとみられる。(47)

家業にもまだしばらくの間は精力的に関与を続けていたらしく、安政元年（一八五四）春には、二人の息子を伴い江戸に出向き、紙卸しに当たっていた。(48)ただ三人の江戸での生活には何かと批判される行為も多かったという（後述）。

ところがこの江戸出張の前年、すなわち嘉永六年（一八五三）七月三日、斉昭が幕府の海防参与に就くが、水戸藩政はこのころより改革派が力を一層増し実権を握ると、結城寅寿ら保守門閥派は次々と地位を追われていった。

やがてその波は農村にも及ぶようになった。結城と親密な関係にあった薄井一族にも弾圧の手が伸びてきた。安政三年（一八五六）一月、宗休はじめ三人の男子（友衛門、七左衛門、宗七）、縁戚の者まで相ついで捕えられ、「居村慎」（宅慎）をいい渡された。(49)その後すべて揚り屋送りとなり、四月には牢につながれた。翌四年八月にはすべて郷士身分を剥奪され「百姓」の身に戻された。

その理由について前掲「水府系纂」は、「結城朝道（寅寿）へ党与シ」と記している。特に宗休（昌敏）の処分は、男子ら（貞蔵、定兵衛、熊之助）に「同意ノ聞アル」を咎めての措置であった。結局隠居の身となった宗休自身、男子を後援しながら相変らず結城派との関係を絶つことはなかったのであろう。

郷士身分、役禄を召上げられた薄井一族の生活はしばらくの間苦境に立たされた。[50] しかし元治元年（一八六四）秋口ごろから保守門閥派が力を増し、藩政を握ると薄井一族も次々と以前の身分格式に復帰することになった。宗休もまた同年九月初め「慎御免」をいい渡された。[51] それからまもない慶応二年（一八六六）十月二十一日、一族の発展を願いながら七七歳の生涯を閉じた。[52]

六　代官列郷士五代友衛門昌脩

友衛門昌敏（宗休）の嫡男として生まれた友太郎は、黒羽藩士鈴木武助雅之助の妹（一説に長女）れい（礼子、文化十年五月十日生まれ）と結婚する。[53] それから間もない文政十二年（一八二九）六月、名を貞蔵・劉と改めた。[54] なお貞蔵の姉てい（のちのしゅん）は、それより二年後の文政十年、下野真岡塚田弥左衛門のもとに嫁いでいる。[55]
天保九年（一八三八）十二月二十九日、貞蔵は父友衛門昌敏より家督を相続する。[56] この時貞蔵はすでに二男一女の父となっていた。[57] 相続したことは、同時に貞蔵に父同様の身分格式（同朋列郷士）が与えられたことになる。天保十五（弘化元）年三月二十二日、貞蔵は二日前に郷士に登用された二人の弟（定兵衛、宗七）と揃って千波原で開かれた追鳥狩に参陣する（後述）。襲名はまだ先のことであったが、公式行事や会合には父友衛門ではなく当主貞蔵が出席したのはもちろんである。

貞蔵が薄井家の当主とし家政を担当して一年ほどすると、父友衛門昌敏（宗休）と親密な関係にあった門閥派の代表結城寅寿が藩庁内で次第に力をつけていた（前述）。しかも弘化元年（一八四四）五月、斉昭が致仕謹慎を命ぜられてからというもの、結城ら保守門閥派の権勢はますます強まった。斉昭失脚は同時に藩主斉脩時代への逆戻り、すなわち金権政治を許すことにもつながるものであった。

それを物語るように、天保改革で中止された売官制度ともいうべき献金郷士制度が、ここにきて一転して復活の動きを増したのである。薄井家もさっそく献金を申請し、併せて家格の引上げを要望した。その控「覚」が残っているので紹介しておこう。(58)

覚

一金千両　来ル七月弐百両上納
　〃十一月八百両上納
被下籾百俵　御加増ヵ所持之田畑不残御年貢御免地ヵ両之内奉願上候　御格式御代官（列の欠か）木綿服御紋附着用御免奉願上候
父子共年頭、御節句登城御免被　仰付被下置候様奉願上候
右何連も代々御免被仰付被下置候様奉願上候
弘化二乙巳年五月
御勝手方菊地永三郎へ申遣ス
五月廿六日

この控では差出人名が漏れているが、その名は当主の薄井貞蔵であろう。ただ申請は結城かその派の一人から促されて提出されたものかは分からない。いずれにしても薄井家では七月と十一月の二期に分けそれぞれ二〇〇両、八〇〇両を納めることにし、合わせて一〇〇〇両の献金を申請したことになる。

ところが貞蔵は、一〇〇〇両の献金が完納したと思われる同十一月再び申請書を提出した[59]。今度は五〇〇両増額し、一五〇〇両とし「内金千両当月下旬（弘化二年十一月）、残金五百両来午（弘化三年）七月納」と二期に分けて納めると約束した。その要望の冒頭に掲げたのが「御格式御代官列」への格上げであった。次いで物成を加増して「都合弐百石代々頂戴」したいとの希望を記した。さらに紋付羽織拝領、父子登城御免の願いを加えた。そして最後に「右永久代々御免被仰付被下置候様」にと要望を重ねて強調した。申請者はもちろん薄井貞蔵で、宛名は前回と同じ「御勝手方元〆菊地永三郎殿へ出ス」とあった。結局貞蔵は合わせて二五〇〇両の献金を約束（一部納金）したものとみられる。この申請献金が功を奏したのか、その年の十二月二十八日さっそく貞蔵は、郷士としては最高位の「代官列」となった。物成二〇〇石は叶わなかったが、一五〇石が給付され、「御召御紋服着用御免」が認められることになった[60]。ただ「紋付羽織拝領」、年頭・節句時の登城の願いは通らなかった。

一方保守派政権は、今までの生産重視の産業経済政策を変え、流通過程を支配して、営業利益を増やす方針へと舵を切った。藩は弘化三年（一八四六）五月、江戸の石場会所を拡充させ、江戸出荷商品をここで一手に取り扱う計画を打ち出し、秋の開業を予定した。この時、貞蔵は太田村の郷士小林彦太夫とともに「御産紙取扱方」に任命された[61]。結局貞蔵は藩の末端役職に組み込まれたわけである。しかし貞蔵は藩の方針に反対だったのか、この職に積極的にかかわるようなことはしなかった。いずれにしても代官列郷士になった貞蔵の存在感はますます高まっていたとみられる。

そしてその年（弘化三）の暮、家督相続八年にして友衛門を襲名することが叶った。また劉を改め昌脩（昌言ともある）とした。父は宗休と改名された(62)。父友衛門（宗休）がそれまでに三人の男子（貞蔵・七左衛門・宗七）のために支出したとみられる記録が残っている(63)。その貞蔵分の欄に「弘化三丙午年　一金三百両、上金御召紋附、御羽織着用御免」とある。これをみると、前年の献金では認められなかった貞蔵（昌脩）の紋付羽織着用が三〇〇両上金（献金）したことで叶ったものと思われる。また同記録には「弘化三丙午冬迄一金八百両余　西御役所栄続《ママ》金、指出置、年七分利積」との記載もある。結局西郡奉行所にも八〇〇両余を預けていたことになる。しかしいずれこの預け金も献金されるものと思われる(64)。

襲名後友衛門は当主としての責任感をいっそう強めたのだろうか。嘉永二年（一八四九）三月、今までの願いでも認められなかったことを含め、五項目からなる要望を「内願(65)」として提出した。要望の第一項は「御物成代々御増」とし、以下願いは「御格式是迄通り代々相続」（二項）、「御召御紋服代々拝領」と「着用御免」（三項）、「年頭御節句父子登城代々御免」（四項）、「私一代御召御紋附御羽織拝領着用御免」（五項）となっている。ただこの内願には献金を約束した記述はなく、宛先も示されていない。それでも年頭節句登城の願いはその年の十二月に認められたことだけは間違いない(66)。

続いて二年後の嘉永四年九月、一六〇〇両の納金を申し出た上で、大要次のような要望をしその実現を求めている(67)。

1　格式は「是迄同御代官列」に
2　御召御紋服着用は私一代であったが、こたびより「代々着用御免」に
3　御召御紋付御羽織着用は「夏冬共御免」に
4　「御物成」は「百石御加増」に、ただし右の内五十石は三男卯之助分家取立の節「小住人列(十)」起用分に

この願いに対して、藩は審議（内談）を行ったという。その結果決定した内容は十一月、薄井家に内達され

た[68]。それによると献金内容や額を若干変更し、友衛門の五〇石加増、三男卯之助の郷士起用物成三〇石下賜など、その一部は認められたものの、その他の願いは叶わなかった。なお内達では、さらに三〇〇両増額（正金二〇〇両、永続金より一〇〇両）することによって、卯之助の格式昇格（同朋列五〇石）が叶うことも伝えている。ただこの内達にもとづく正式辞令が発せられた記録は今のところみつかっていない。

ともかく友衛門はその翌年（嘉永五）四月、物成一〇〇石増の願いは叶い二五〇石代官列になった。これは湊村の大内家（三五〇石）の格式には及ばなかったが、領内郷士身分第二の地位を確たるものにしたことになる[69]。

ところがこれより先、つまり友衛門が内願を提出した嘉永二年三月、斉昭の処分が解かれ、彼の藩政関与が許されると、改革派の力が再び勢いを増した。しかも嘉永四、五年ごろになると、その傾向は一層強まり、結城派の後退がはっきりとしてきた[70]。そのような動きの中でも友衛門は一族の栄達を願いながら献金を続けていた（前述）。また藩も結城派の農民代表であるはずの薄井一族に対して冷遇することはなかった。嘉永五年九月、猟師支配の改編が行われたが、友衛門は鷲子、氷之沢二村の「支配」を申し付けられたのである[71]。この時、弟七左衛門（定兵衛）、宗七の二人も揃って近隣村々の猟師支配者に任命されている。

その翌嘉永六年六月、米艦隊が来航したのを機に水戸藩の状況も大きく変わる。すなわち斉昭がその翌月、幕府の海防参与に就くと、それ以後水戸藩内では結城派への弾圧が強まるようになった。同年十月ついに寅寿は捕えられ長倉陣屋に幽閉された。

しかしその波は結城派一般農民には及ばなかった。友衛門が安政元年「異船渡来ニ付上納金[72]」として五〇〇両（二期に分けて納金）の献金に応じたことはむしろ改革派政権への協力とも受け取れる行為であった。

また友衛門自身も結城派ということだけで咎められることなどあり得ないと考えていたのか、次に述べるように、そのころ一族は揃って江戸に出張し、営業活動を盛んに行っていたという。これについては同じ問屋仲間高

部村の岡山次郎衛門が、嘉永期末から安政初期の薄井家の江戸での活動を次のように記している。(73)

……同（安政元年）三月初メニ薄井宗休、同蔀、北条登美吉出府仕、小船丁伊勢屋佐兵衛へ止宿仕候、此節ハ紙問屋へ積入可申紙を外商売之店へ積入、紙問屋共より故障有之……

これによれば、友衛門は安政元年（一八五四）三月、父宗休、長男蔀、二男登美吉（馬頭北条家養子）を江戸に出張させ、紙卸を任せた。ところがこの三人は契約問屋を外して他店に卸していた。それがため契約問屋から異議が出て争ったというのである。そこで次郎衛門は両者の仲裁に入ろうとしたが、薄井三人は「品川より生麦へアメリカ船見ニ」出かけてしまった。三人の行動にはこのように何かと問題も多かったらしい。友衛門自身も北条斧四郎（二男登美吉舅）や弟七左衛門らとともにたびたび出府し、自分所有の江戸店舗（人形町相模屋与兵衛店）を拠点に活動することが多かった。安政二年秋にも友衛門は江戸に滞在していたため、十月二日の震災に遭遇してしまった。すると彼は「何事も打捨御屋形様御機嫌伺」に駆け付けていったというのである。これも友衛門が現藩政権に忠節振りを表わすためにとった行動だったようにも思われる。

ところが震災後から安政三年正月にかけ、結城派への制裁は激しさを増し、同派寄りの農民にも不安が募った。安政三年正月、ついに友衛門はじめ薄井一族にも逮捕の手が及んだのである。結城寅寿処刑三か月前のことであった。薄井一族は「居村慎」（宅慎）を申し渡され、ほどなくして「揚屋詰」に送られ、結局最後（四月）はみな入牢の身となった。(74)評定所は友衛門ら一族に対し、「結城寅寿へ党与」したと断じた上、翌四年八月には「入牢中密ニ牢外へ通路」するなどの不届行為を重ねたと、それまでの罪状を厳しく咎めた。そして、友衛門ら一族はみな身分格式を剥奪されたのである。ある近村農民の一人は、友衛門がそれまでにくり返し献金をした総額は六〇〇〇両余に達したと記している。[75] いずれにしても多額の献金によって掴んだ物成高二五〇石代官列郷士という領内最高級の郷士身分も栄達も、友衛門はすべてこの時失ったことになる。

一方藩の実権を握っていた改革派も、尊王攘夷運動の方針や、行動様式などをめぐって複雑に分裂した。その一派、すなわち弘道館諸（書）生派は、保守門閥派と手を結んで行動を共にすることが多くなった（以下両派を合わせ単に諸生派とよぶことにする）。元治元年（一八六四）三月、尊攘激派が筑波山に挙兵して以来、幕府の支援を受けた諸生派が勢力を盛り返すと、薄井一族にも活動の機会が増えた。やがて両派の争いが激化するに及んで薄井一族もその紛争に加わり、各地の戦場に出陣し戦うようになった（この点については稿を改めて検討する）。

諸生派、幕府軍の優勢が続き、勝利の見透しが確実となった元治元年九月初め、薄井一族の処分（居村慎）はすべて解除された。[76] そして二か月後の十一月七日、友衛門は晴れて「郷士トナリ物成二百五十石」の身分格式に戻ったのである。[77]

翌慶応元年（一八六五）四月十二日、当主の座を嫡男友太郎蔀に譲り、名を外衛と改めた。[78] 隠居の身となったとはいえ、藩庁は外衛を引き続き山横目に任命し、近隣諸村の支配を任せた。ところが慶応三年十二月幕府が解体し、翌年三月京都本圀寺勢が水戸帰還を果たしたことなどから、改革（尊攘）派による諸生派排斥の動きが活発化した。両者の間で激しい戦闘が各地で展開された。劣勢に立たされた諸生派の多くは（農民も含めて）潜伏を試みながら会津戦争に加わったり、領外に逃走したりした。外衛も同年三月下旬山横目の職を解任された。[79] その後の外衛の行動については記録もなく不明な部分が多いが、妻れいや嫡男友衛門昌殷（蔀）夫婦を伴い村を脱出し、烏山藩領に逃れたものと推察される。[80] そのあと四人は駿河国沼津に向かった。到着するとしばらく沼津で生活することになる。同地での外衛は幕臣増山由次郎と身分、名前を偽り、妻れいは出自を華族大関信濃守家来村上左太夫二女として諸役所に届け出た。[81]

ちなみに嫡男友衛門昌殷は故幕臣阿部潜（渡）家来の金井家から養子に迎え入れたことにした。その妻たきの出自は元一橋付属野沢小輔二女と公表した。これらの一連の擬装、偽名工作は譜代大名烏山藩大久保家との関係を抜きにしては考えられない。外衛は晩年自らを静翁と号し静岡の地で余生をおくり、明治七年（一八七四）七月二十二日、帰郷の願いも果たせぬまま六四歳の波瀾の生涯を閉じた。戒名は「正覚院釈開応居士」[82]。

妻れいはそれから三年後の明治十年八月、東京浅草駒形町に嫡男友衛門昌殷（蔀）夫婦に伴われ転居した[83]。そこでの生活も長続きせず、浅草馬道町に住む姪のとし（登志、加藤兵八妻）とその娘ひさ（久）の家に移った[84]。夫外衛と同じように鶯子村に帰ることもなく東京の地で亡くなったものとみられている。しかしその詳しいことについては今のところはっきりしない。

七　二人の弟昌範と昌寿

友衛門昌脩には姉てい（しゅん）のほかに、友治《（次）》郎、熊之介の二人の弟がいた。前述したように姉ていは文政十年（一八二七）、野州真岡堀田弥左衛門のもとに嫁いだ。

父友衛門昌敏は、二男友治郎を結婚後分家させているが、初めは分家させず、養子として他家に出すことを考えていたらしい[85]。しかし、その考えが実現した形跡はない。

友治郎は長じて名を定兵衛昌範と改め、天保初年野州大田原藩士阿久津長左衛門教安の娘嘉代《かよ》と結婚する[86]。天保五年（一八三四）四月、二人の間に長女永《えい》が誕生する。定兵衛の分家が正式に決まったのは、結婚直後ではなく、長女をもうけてからだったとみられる（注85参照）。

三年後の天保八年（一八三七）十月、定兵衛は父友衛門昌敏の窮民救済の貢献によって、弟熊之介（宗七）とともに「御帰国御参府之節、御迎御見送り、郷中御成先御目見并ニ大山守格、苗字帯刀麻上下着用代々御免」の栄に浴すことになった（前述）。

それでは父友衛門は窮民救済にどれほどの貢献をしたのだろうか。これについて次のような記録がある[87]。

一金　五百八拾両一朱　　　西御扱下
　　銭百拾弐貫五百文　　　村々江
稗　百俵余　　　　　　　　施

この記録によれば、父友衛門は大凶作に見舞われた天保七年（一八三六）暮、五八一両余の義援金と一〇〇俵余の施稗を提供したことになる。以前なら五〇〇両献金しただけで二五石物成高の郷士に取り立てられた。しかし金権政治を嫌った斉昭の治世下、藩は、飢民救済に協力した郷士身分の友衛門本人に対しては、物成高加増も格式引上げも認めることはしなかった。藩はそれ（父）に代わるべき措置として、二人にお目見得格や大山守格などの特典を与えたのだろうか。もっとも父友衛門も初めから、分家した息子たちの家格引上げを期待して慈善行為を思い立ったのかも知れない。いずれにしても二人は郷士格はおろか、郷士列・並にもなれなかった。

ところが七年後の天保十五年三月二十日、二人は揃って郷士に列せられたのである。二人宛てに届いた通知[88]には

金子孫二郎支配所

鷲子村郷士
薄井貞蔵弟
定兵衛
宗七

右之者共此度郷士被　仰付三人扶持被　下置候もの也、

とある。斉昭が幕府から処分を受け失脚するのはこの年の五月六日であるから、二人の郷士起用はその直前だったことになる。

斉昭藩主時代に郷士に列せられたのは、学者として知られ、すでに郷士列の身分を与えられていた潮来村の宮本茶村（尚一郎）とこの二人だけである。となると兄弟は極めて異例の出世ということになる。このことについて瀬谷義彦氏は「いわば右の三人（宮本も含む）は前代（斉脩）政治の落とし子」であるとの見方を示している。[89] しかし、その一方、氏は「郷士とはいってても本郷士ではなかったのであろう」と述べ、実際には郷士列か並程度だったのではないかと推論している。なお三月二十日付けで届いた二人宛の通知には、別紙が添付されていた。それには「右者（薄井定兵衛、宗七）、大銃懸（係）被　仰付候事」[90]とあった。郷士に起用された二人は、同時に「大銃懸」に任命されたわけで武官的任務を帯びたことになったといえる。

ともかく二人は、この時点（三月二十日）から以後、本郷士の兄貞蔵に準じての活動が目立つようになる。二日後の三月二十二日千波原で開かれた追鳥狩には貞蔵ら三兄弟はそれぞれ二人の槍持ちを従え、騎馬にての参陣が許された。[91]

四月七日藩（郡奉行）は三兄弟に宛て、次のような指示をしている。[92]

来ル十五日大久保村暇脩《修》館御開ニ相成候ニ付、好学之族ハ同日正四ツ時より出席いたし候様、御心得可仕有之候

以上

四月七日　　　　　　　　　　金子孫二郎

九日夜四ツ着　　　　薄井貞蔵様

薄井定兵衛様

薄井宗七様

これは天保十年（一八三九）六月、大久保村（日立市）に開設された興芸館が、同十五年（弘化元）四月十五日、暇修館と名を改め開業式を行うことになった時の通知である。結局三人は開業式に当たり、地域の好学の者を誘って出席するよう藩（郡奉行）から指示されたことになる(93)。

このように藩の通達は、村役人を経ず直接三兄弟に届くことが多くなった。それは郷士としての三人は藩の末端組織に組み入れられたことでもあった。

いずれにしても、兄弟は当時としては格段の優遇にあずかっていたことは間違いない。これについて瀬谷氏は前掲書で「斉昭在職中の薄井一族二人の郷士取立ても、結城の斡旋によることは勿論であろうが」と述べ、その背後に結城の支援があったとの見方を示している。

その結城と薄井一族の間には特別な親密関係が築かれていたことは疑うべくもなかった（前述）。中でも天保十五年（弘化元年）九月、結城が薄井定兵衛に送った書簡は、二人の関係を知る上で注目される(94)。

結城はその書簡の中で、「千金」を献納すれば「無相違小十人歟《組》、同朋列百五拾石位」の郷士登用は「請合可

申」と述べた上、さらに、「惣七郎方（弟宗七）も矢張同朋列百石位」に列することも可能であると、その保証が約束できるが如きことばを綴っている。

結城のこのことばに従ったのか、定兵衛はその年（弘化元）からさっそく弟宗七とともに献金を始めている。同三年冬までには定兵衛は総額三〇〇〇両、弟宗七は二五〇〇両を納めている。[95]

三〇〇〇両の納金を済ました直後の弘化三年（一八四六）十一月十九日、果たせるかな定兵衛は書簡通り「格式御同朋列、物成百五十石」の郷士に昇格したのである。[96]そして弟宗七も兄弟定兵衛と同様、同朋列に格上げされ、物成一二五石を下賜されることになった。瀬谷氏の見解に従えば、この時、兄弟は初めて本郷士に列せられたことになる。この昇格に合わせ二人は今まで支給されていた三人扶持を返上したことはいうまでもない。

このころになると定兵衛の経営する問屋も順調に発展していたようで、弘化二年四月発行の前掲分限帳（「水府高名家案内」）をみると、同家は西方前頭六枚目に位置付けられている。また弘化四年那珂地方から江戸へ出荷した紙の量を問屋別にみると、同家は本家（友衛門）の一〇〇〇箇、高部村岡山仁平家の九〇〇箇に次いで第三位五〇〇箇であった。[97]四〇〇箇の野口村関沢源次衛門家（分限帳は西前頭二枚目）をしのぐ位置にあったことは注目される。

もっとも定兵衛の扱う商品は紙ばかりでなく、米穀問屋の経営にも早くから乗り出していたらしい。たとえば天保十年（一八三九）九月には隣接の黒羽藩領内から六〇〇俵の蔵（城）米を買い入れていたことも知られている。[98]しかし米穀問屋の経営実態については、史料が乏しくはっきりしたことは分からない。定兵衛はまた地元農民を対象にした高利貸も盛んに行っていたことが知られている。[99]

こうした発展過程の中、天保十年（一八三九）二月、二女喜さ（のちの姿か）の誕生についで、同十四年十一月十八日には定兵衛待望の嫡男寅三郎（後の昌豊、宗作）が生まれる。[100]二年後の弘化二年（一八四五）十月十九日、すなわち同朋列郷士に列せられる前年、定兵衛の名を七左衛門と改めた(101)。この名は薄井家発展の基礎を固めた曾祖父と同じである。改名後は結城との個人的な関係はいっそう強まったらしい。たとえば嘉永二年（一八四九）十一月、馬頭村の有力者で天保検地にも功労のあった星小野衛門（惣兵衛）を通じて、七左衛門の名で結城に六〇両を届けている(102)。

しかしそれから二～三年後になると一気に結城派勢力は後退に向かうが、まだ同派に属する農民にまではその影響はなかったように思われる。嘉永五年八月に入って、七左衛門の格式は一段と上り、「矢倉奉行列、物成五十石加増都合弐百石」となった(103)。その上、居屋敷一石九斗四升七合分が、年貢免除地の扱いを受けることになった。その一方、七左衛門は家格上昇に合わせるように、武官としての精進を怠らなかった。嘉永七年正月には、大銃百目筒を鋳物師長谷善四郎宅にて鋳立て、大銃の付属品、道具、車などは竹谷流砲術師の田土部六衛門役方のもとで万端整えたという(104)。もちろん兄同様近郷村々の鉄炮猟師を支配していたことはいうまでもない（前述）。

しかしこのころになると、藩政における結城派の後退は著しく、ペリー来航四か月後の十月初め、寅寿自身捕われ幽閉の身となったことはすでに述べた。そんな中でも薄井一族は力を増した斉昭ら改革派、天狗派政権にも協力的態度をとり、嘉永七年には三月と九月の二回に分けて「異船渡来ニ付御用途」金として合せて一〇〇両を献納した(105)。さらに翌安政二年、江戸大震災に遭遇した際は、御用途一〇〇両を納めている(106)。なおそのころまでに七左衛門が献金した総額は四〇〇〇両にのぼったという(107)。

ところが安政三年（一八五六）正月、七左衛門も父や兄弟とともに捕われ、宅慎（居村慎）の処分をいい渡された（前述）。その翌年八月には他の一族と同じように郷士身分、役禄は召し上げられ、百姓の身に戻されてしまった。心労が重なったのか、その直後七左衛門は不幸にも中風に冒され、歩行困難状態に陥ってしまう(108)。それからというもの何かと「家内経営ニも指支候義」も多くなり、家業も次第に衰退の途をたどるようになった。

以後家政のすべてを嫡男寅三郎（宗作）に任せ、自宅での療養生活が始まった。元治元年（一八六四）の藩末騒乱に当たっては「煩ニ付」[109]との理由で忰宗作を名代として参陣させている。同年九月五日謹慎を解かれ[110]、二か月後の十一月七日には物成二〇〇石下賜の郷士に復帰することが決まった[111]。しかし「矢倉奉行列」、「時服御紋着用御免」などの格式、特典の回復は叶わなかった。そこで七左衛門は中風の体ではあったが、慶応二年（一八六六）二月、弟宗七と連名で二〇〇両の献金を申し出て、格式・特典を旧来通りに復してほしいと訴えたのである[112]。この願いは翌年までには認められたと思われるが、はっきりしたことは分からない。

いずれにしても同家は、家督を引き継いだ嫡男宗作（幼名寅三郎）のもと、諸生派政権にくみし活躍したことで、復興のきざしがみえてきた。それもつかの間、七左衛門は慶応三年六月一日養生叶わず、自宅にて他界した[113]。なお七左衛門には、嘉永三年（一八五〇）二月生まれの二男勇四郎がいたことを付け加えておこう。

友衛門昌脩のもう一人の弟熊之介はのち昌寿・宗七と名を改め、村内字塙の川向古屋敷（旧善蔵宅跡）を購入し、ここに新家を建てて分家する[114]。弘化三年（一八四六）二月、水戸藩士（小普請組　七人扶持）藤咲伝之允娘（惣三郎妹）千代《ちよ》と結婚する[115]。

前述した通り、藩から受ける待遇は兄七左衛門昌範（定兵衛）に準じたものであった。天保八年（一八三七）、宗七に付与されたお目見得格、大山守格、麻上下着用御免の待遇や、同十五年（弘化元）認められた三人扶持支給郷士（列）の身分格式は兄弟全く同等であった。しかし前述したように、このころの宗七の献金高は兄よりも少ないことが関係したのか、藩の待遇措置をみると、兄弟で若干の差異のあることに気づくのである。

たとえば弘化三年十一月十九日、藩が宗七に与えた格式は、兄七左衛門と同じ「同朋列郷士」であったが、支給する物成高になると、兄の一五〇石に対し、弟はそれより二五石少ない一二五石であった[116]。また嘉永五年（一八五二）八月十一日付けの格式改訂では、共に「矢倉奉行列」に上ったものの、兄は五〇石加増、都合二〇〇石の物成下賜となり、弟宗七は五〇石増の一七五石となった。この時も宗七は兄より二五石少なかった。

いずれにしても兄弟の相次ぐ家格引上げの裏には、度重なる献金行為があったことはいうまでもない[117]。しかし嘉永四、五年といえば藩政では結城派勢力が急速に衰えていた時であった。それでも薄井家にはその影響はなかったようで、余裕さえ感じられるようであった。宗七が鷲子山上神社境内に青山延寿書の「鷲子山十景」の碑を建てたのは、嘉永四年八月のことであった。

安政三年（一八五六）正月二十六日、結城派の有力者の一人だった宗七は他の薄井一族と共に捕えられるが、この時までにかれが藩に献金した総額は四〇〇〇両に達したといわれている[118]。翌安政四年八月、一族と共に宗七も郷士身分を剥奪され百姓身分に戻された。

それから七年後の元治元年（一八六四）九月、諸生派勢力が藩政の実権を握ると、宗七も一族と共に処分を解除され[119]、その十一月物成高一七五石の郷士に帰り咲いた[120]。ただこの時、宗七も兄七左衛門同様「矢倉奉行列」、「時服御紋着用御免」の格式や恩典は旧に復していない[121]。慶応四年（一八六八）正月、明治新政府の樹立にともない、水戸領北部山間の地にも「巡邏探索[122]」が厳しくなると、諸生派農民として活躍した宗七の身にも危険がせまった。宗七は郷里を逃れ、会津に向かったともいわれている。しかしその途中、捕えられ、最期は日光で詰め腹を切らされたとの話も伝わっている[123]。

なお宗七には元治甲子の乱で諸生軍に入隊し、各地で奮戦した信之介昌英（信太郎、義英）や宗次郎昌忠ら五人の男子がいた[124]。甲子の乱における薄井家一族の動向については後日検討することにする。

八　最後の友衛門昌殷

元治甲子の乱や戊辰戦争では五代友衛門昌脩（外衛）、その弟定兵衛昌範（七左衛門）、熊之介昌寿（宗七）三兄弟の男子の多くも、父親たちの考えに共鳴し、反改革派諸生軍に加担して精力的に活動したという。ところがその子どもの数、構成といったごく基本的なことさえ未だ不明な点が多い。そこで、ここでは三兄弟の子どもの構成を薄井家一族子孫の調査やすでに紹介した薄井昌司家史料などをもとに検討することにした。

まず昌脩の子どもについてみてみよう。昌脩とれい（礼子）夫婦の間に第一子として誕生したのが友太郎蔀（後昌殷）である。ところが蔀の生年月日については、文政十二年（一八二九）説、天保三年（一八三二）説があって混乱する（後述）。

ともかく蔀は父友衛門昌脩の嫡男として藩から特別扱いを受けていたらしい。嘉永二年（一八四九）暮、藩は家督相続を前にした二〇歳前後の蔀に「元日、五節句登城」を認めたのである。[125] 蔀が野州日光宮付古橋和泉の長女多美《たみ》（天保六年九月生まれ）と結婚するのは、その前後のことと考えられる。ちなみに父昌脩が物成二五〇石代官列に格上げされ、二人の叔父（昌脩弟昌範と昌寿）が揃って山横目の職に就くのはそれから間もない嘉永五年四月のことであった（前述）。

まさに薄井家一族にとって隆盛を極めた時代だったといえよう。父昌脩は地方の名士として、藩の末端支配者（山横目）として家庭を離れて活動することが多くなった。家業の中心は次第に蔀夫婦のもとに移っていったものとみられる。二人の間に長男孫太郎（のち友太郎）が誕生するのもそのころ（嘉永四年か）であった。[126] それはさらなる発展を望む薄井家にとって大きな喜びだったに違いない。

ところが安政三年（一八五三）正月、結城派に属した薄井一族が次々と逮捕されたことで発展の望みは一気に断たれ、今までに積み上げた地位も名誉も、家運も傾いた。若い蔀も捕われ、村預けの処分を受けた。しかしほどなく許された。蔀は解放されると、特に重科に処せられた父友衛門昌脩に代って、一家一族の柱としての責務は今まで以上に重くなった。[127]

苦難生活の続いていた薄井一族に、再興の機会が訪れる。元治元年（一八六四）に起こった天狗の乱である。一族の男子の多くは反改革・諸生軍に加わり、父とともに民兵隊として、あるいは志願して先備として、天狗追討に奔走した。蔀の活動について前掲「水府系纂」は、

友衛門昌殷初名蔀　元治元年八月賊徒乱入に依テ猟師ヲ帥テ杉山浮柵口ヲ守衛ス、後賊徒脱走スルニ依テ追討トシテ野州馬頭邑ニ到り十一月帰陣ス……

と記している（傍点筆者）。

これによれば蔀が天狗党追撃戦に参陣したのは、戦局が水戸方面に移った八月以降ということになる。ただ注目したいのは、蔀の場合、早い時期（五月ころ）に志願し、[128]単身で出陣したのではなく、地元猟師農兵を率いての加勢隊であった、ということである。しかし父友衛門昌脩（貞蔵）は、すでに地元猟師ら農兵を集めて民兵隊を組織し、七月下旬には額田村（那珂市）の寺門登一郎隊と合流して、農村各地を回り天狗派居宅に対する破壊行為などの凶暴を働いていた。[129]いずれにしても八月、父子は一体となって活動したものとみられている。[130]

加勢隊として活動を始めて三か月後の十一月、蔀は馬頭村（栃木県那珂川町）の陣を最後に村に引き上げた。この間に薄井一族はかつて剥奪された郷士身分（一部の恩典を除き）も、欠所となった土地財産も旧に復された

（前述）。

父友衛門昌脩（貞蔵）は十一月、再び山横目の役職に復帰したことを機に、一家の再興にもいっそう力を入れることが可能となった。生活の安定にも見通しのついた慶応元年（一八六五）四月、昌脩は家督を嫡男蔀に譲った。隠居の身となった昌脩は名を外衛と変え、蔀は襲名によって友衛門昌殷と改めた。以後昌殷の身分は正式に物成二五〇石郷士として認められたのである（前述）。

しかしその喜びもつかの間、明治新政府樹立の機運が高まるにつれ、一家にも危機が迫ってきた。一家は領内に身を隠すことも考えたが、その不可能を悟り領外に脱出、最後は静岡（沼津）へ逃避していたことは前述した通りである。

沼津に移った昌殷は旧幕臣金井孫八二男八郎と詐称した。それから四年後（明治四年）の十月、八郎は幕臣増山由次郎の養子となり、そのまま同家を相続する手続きをとった。増山由次郎とは実父薄井外衛（昌脩）の偽名である（前述）。これら養子縁組、家督相続等の一連の手続きがすべて擬装工作であったことはいうまでもない。

ところが不運にも明治六年（一八七三）十一月、後継者として期待をかけていた忠太郎（初名孫太郎、友太郎）が他界したのに続き[131]、翌七年には父由次郎（外衛）が世を去った。友衛門は気分を一新したかったのか静岡を去り、東京移転を決意したらしい。友衛門の胸には東京を拠点に何か営業を始める目算が立っていたのかも知れない（後述）。ともかく父の死から一〇か月後の八年五月、東京府第五大区五小区浅草駒形町に転居していたことが知られている。その際に作成された「家族書」（写）が残っている[132]。それには、

家族書

静岡県士族

〈東京〉第五大区五小区
　浅草駒形町三拾七番借地寄留
　　増山昌殷
　　　天保三年壬辰八月廿五日出生
　　　明治八年〈五月〉四拾三年九ケ月
実父亡　故幕府臣阿部□（潜）家来　金井　孫八
養父亡　故幕府臣　増山由次郎
母　華族大関信濃守家来　連以《れい》
　村上左太夫二女　文化十年癸酉五月十日生
　　　明治八年〈五月〉六十二年
妻　元一橋附属野沢少輔二女　多起《たき》
　　　天保六年乙未年九月十二日出生
　　　明治八年〈五月〉四十年八ケ月
寺駿河国駿東郡沼津真宗真楽寺
右之通相違無者也
明治八年五月　増山昌殷㊞
※〈〉は朱（後）筆

とある。なお末尾余白には「沼津表千野隆三方より申来候ニ付右之通認郵便ヲ以送ル」と後日の付記（朱筆）がある。

これによれば、昌殷本人の生年月日が、以前の記録（文政十二年八月二十六日）とは異なり、天保三年八月二十五日となっている。これは虚偽記載ともみられる。昌殷の実父、養父の職業、身分とも偽りであることは前述した通りである。

また、毌連以《れい》、妻多美《たみ》の実父の名前・身分（実家の家柄）とも虚偽の記載であることは明らかである（前述）。妻の名前「多起」も詐称である。しかし生年月日については、毌・妻とも他の多くの記録と一致しており、偽りはないものとみられる。

ところでこの家族書は旧居住地離籍証明ではない。末尾の付記も家族書郵送は後日のことになっている。実際に静岡県沼津側から東京府第五大区五小区長宛に送籍証が発給されるのは二年遅れの明治十年八月のことであった。転出手続きの過程で何か問題でもあったのだろうか。それとも居宅の新築工事が遅れていたのだろうか。

いずれにしても明治十年八月には、一家の府下五大区五小区浅草駒形町への転住手続きは済んだことになる。一家の転住は親族を頼ってのことであろう。ちなみに烏山藩下屋敷は駒形近くの浅草小島町にあり、かつて友衛門家江戸店舗（人形町相模屋）もそれほど離れてはいなかった。移転地には一家にとって以前の得意先や知己も少なくなかったものと思われる。

しかし一家の駒形町での生活は長くは続かず、明治十二年六月ころには府下下谷区御徒士（歩）町の海津武次郎宅に移っている(133)。武次郎は友衛門昌殷の実弟で、海津家の養子となり同家の跡を継いでいた。ところがそこでの生活も束の間、半年後の十三年一月、小石川区江戸川町に移っている。当時の小石川区長は諸生派に属し、天狗党追討戦では薄井家一族とともに各地の戦場で活動した内藤耻叟（弥太夫）であった。

ここでの生活も短く、数か月後の十三年秋には東京を離れることになった。結局落ち着いたところは、郷里鷲子村であった。ただ毌れいは帰郷せず東京に留まった。東京でのれいは二女とし（登志・加藤平八妻、昌殷妹）

と、その娘ひさ（久）との三人で、浅草馬道で生活し、ここで一生を終えたという。[134] 三人の住んだ家はひさが旧烏山藩主大久保忠順から与えられたものであった。

もとより友衛門昌殷自身、静岡で一生を終るつもりはなく、最後は茨城県への復籍を果たし、鷲子村に戻る考えだったらしい。それは明治九年六月四日、友衛門昌殷がいとこの薄井信之介に宛て、[135] 次のような書状を郵送していたことからも窺える。

常陸国那珂郡鷲子村住
元水戸藩士族
祖父亡　薄井宗休
父　亡　薄井友衛門
無禄　本国常陸　薄井友衛門
生国常陸　文政十二年丑三月誕生
明治九年五月四十八年四ヶ月

右者徳川慶篤家来ノ節、慶応元年辰十月十一日父家督譲請御代官列被命物成三百石被下罷在候所、明治元年辰三月十三日国難ノ砌他出仕居御一新ノ際明治六年十月十五日御本県江奉自訴同月十八日士族拝名

（傍点筆者）

ここに記された本国、生国常陸の薄井友衛門とは宗休の孫昌殷である。これによれば昌殷は静岡（沼津）在住時代の明治六年十月、すでに茨城県に自首し、その直後には帰籍が叶い郷士身分に復帰している。これを信之介

に報告していたわけである。友衛門昌殷は姓を静岡・東京では増山を名のり、地元旧水戸藩（茨城県）では本来通り薄井として二重戸籍を巧みに使い分けしていたようにも思われる。また生まれも旧水戸藩政時と同じく文政十二年となっており、前掲の静岡沼津で作成した家族書の天保三年とは異なっている。(136)

さて村に戻った昌殷夫婦は、いとこの薄井信之介宅に身を寄せて生活することになった。昌殷はさっそく高利貸を営みながら、失った田畠などの財産回収に奔走した。すでに昌殷は沼津から東京に移ると少なくも数か月後の明治八年十月には金貸しを始めていたことが知られている。(137) ちなみに東京在住時代の明治十二年十月二十六日、小石川区に住み当時区長だった内藤耻叟にも一五円を、銀太刀、備前清光脇差、端《(ママ)》刀の三品を「抵当トシテ」貸付けている。

明治十四年に入ると、借用対象者の中心は東京・横浜などの在住者から鷲子村を含む那珂郡北西部の農民や烏山地方の会社などに移っている。もちろんそれは営業の重点を自分の出身地で、同家が代々築き上げてきた地盤（水戸藩政時代の西郡、烏山地方）に移したことを示している。

しかし営業を始めた友衛門昌殷にとって、最大の悩みは後継者に恵まれなかったことらしい。嫡男友太郎（幼名孫太郎）は静岡（沼津）潜居中の明治六年十一月に他界している（前述）。東京に移った友衛門は「実子無之」との理由をあげて、明治十年東京府知事に「養子願」を提出している。その願いは叶い、下野国日光町に住む親族からの「嗣子之養男貫請(138)」が決まった。しかし、翌年には離縁となっている。

鷲子村に戻ってきてからも養子を迎えているが、これも一年足らずで解消されている。(139) 結局、跡継ぎが決まらないまま、友衛門昌殷は明治十八年十月、激動する時代を象徴するような波瀾に満ちた生涯を生まれ故郷で終えた。遺産は妻多美（静岡在住時代は偽名の多起）が引き継いだ。それから八年後（明治二十六年十月）、多美は信之介の三男三雄を養子に迎え、友衛門家を継がせた。(140) ただ養子縁組の手続きが済んだのは多美死亡の直前であったという。しかし三雄は友衛門を名のることはなかった。ここに代々続いた同家当主友衛門襲名慣行に終止符が打たれたことになった。

九　友衛門昌殷の弟と妹

友衛門昌殷のすぐ後に生まれたのが冨吉である（天保四年十二月二十七日生まれ）。成長して登美吉と改める。「水府系纂」（前掲）には「嘉永五年壬子四月四日斧四郎重春馬頭村郷士養子トナル」とある。馬頭村（栃木県那珂川町）の斧四郎家といえば、水戸藩領では藩政初期から続く郷士（旧族郷士）として知られている。もっともこの養子縁組については、早くから双方の親や親族の間で話し合われ、前年（嘉永四年）九月ころにはほぼ決定したように思われる[141]。

登美吉は北条家の跡取りとなったものの、実家薄井家の紙問屋営業活動から完全に離れたわけではなかった。このことは安政元年（一八五四）三月、祖父の宗休や長兄の蔀らとともに紙卸業務のために江戸に出張したことなどでも伺える。

ところが、改革派政権による結城派への制裁が農村にも及ぶようになると、北条家もその難を免れることはできなかった。北条家では斧四郎とその養子登美吉が揃って捕えられ、「居村慎」の処分を受けることになった。なお登美吉はこの時すでに時之介と改名していた[142]。

その後の時之介は元治甲子の乱では養父斧四郎に従い、反改革・諸生軍に属し、天狗党追討に奔走したものと思われる。地元の古老は、戊辰の役でも斧四郎とともに行動し、会津戦争に加わったと推測している。しかし時之介が戦後馬頭に戻った形跡はない[143]。おそらく他郷で命を絶ったのであろう。なお養父斧四郎は会津城陥落後宇都宮に逃れたものの、潜伏の不可能を知り、この地で自刃している[144]。

さて実家薄井家には登美吉（時之介）の下に二人の妹がいた。上が天保七年生まれのよし（与志）、下が天保十二年生まれのとし（登志）である[145]。明治十六年三月二十六日、友衛門（昌殷）が帰郷後、金沢村（大子町）願入寺に送った親族書に[146]、

下野安蘇郡　　　　　　　妹
戸奈良村石井五六へ嫁ス　　　石井よし亡
東京本所区　　　　　　　同
中ノ郷元町居住　　　　　　同　登志

とあって、よしは戸奈良村（栃木県大田原市）石井五六の妻となったことが分かる。ところが、その妹登志は東京本所で酒店（伊勢屋）を営む加藤平八のもとに嫁いでいたことになっているにもかかわらず[147]、姓は「同」とある。つまり石井の姓を名のっていたことになる。これについて矢島氏は擬装離婚（表面離婚）との見解を示している。

登志が諸生派の有力者薄井友衛門の娘であることは、加藤家（伊勢屋）にとって何かと不都合だったのだろうか。明治元年暮、伊勢屋が二十数人の浪人に襲われた事件がそれを物語っていないだろうか。浪人らは軍用金と称して現金を掠奪して去っていた。幸い家族は危害を受けず皆無事だったが、登志が薄井家の出身であったがために浪人共の標的にされたのかもしれない。登志が人生の後半を娘ひさの家で母れいと過したのも、離婚を擬装

するためとみられる（前述）。

その点姉よしの嫁ぎ先石井家は安心できたらしい。後述するいとこ信之介も明治元年（一八六八）逃避する際、財物を石井家に預けている。預け先が石井家なら略奪などの被害は免れるとの判断からであろう。

さて、としの二歳下に天保十四年十一月生まれの卯之介《（助）》がいる。嘉永四年（一八五一）九月、卯之介は斉昭八男八郎麿（昭融・後川越藩主）がこの地方を巡村した際、御目見得が認められた上、いとこ三名揃って御菓子頂戴に預かっている[148]。その三名とは、「友衛門末子　薄井卯之介」「七左衛門悴　薄井寅三郎」「宗七悴　薄井熊太郎」であった。寅三郎、熊太郎はそれぞれ友衛門家（本宅）の分家筋（中新宅・向新宅）の嫡男である。三人はいずれも当時八歳前後の童児であった。なお卯之介はこのころ、一族の間で水之介と呼ばれていたとみられるがはっきりしない[149]。

友衛門家（本宅）では二男登美吉の養子縁組の話を進めながら、その一方で三男卯之介の将来を思い、分家取り立てを考えていた。前述したように友衛門昌脩は嘉永四年九月、藩に一六〇〇両の献金を申し出た際、「三男卯之助分家取立」に当たっては、物成五〇石の郷士（小十人組）起用を要望したのである。ここにも一族の身分格式に拘泥する友衛門の考えの一面が伺える。もちろん卯之介が分家して親元に留まることは、本宅の兄蔀を支える立場に立つことでもあった。

その一方で、卯之助の場合、跡取りの兄蔀と異なり、家業を離れて政治・社会運動に加わることは比較的自由であった。天狗党の乱が起こると、兄の蔀が父友衛門の組織した民兵隊に加わって戦っているのに対し、幼名卯之助と推定される水之介は分家のいとこらと同様志願して諸生軍に入隊し、同軍幹部指揮のもとに行動したものとみられている[150]。

しかし明治新政府樹立の機運が高まるに従い、情勢は一変する。「水府系纂」によればこのころ、卯之介（水之介）は名を謹之進昌邦と改めている。明治元年（一八六八）三月、謹之進は門閥派・諸生党の仲間とともに水戸領を脱出、会津に向ったと伝えられている。会津若松城が陥落すると北海道に走り、箱館五稜郭で戦ったものの破れ、この地で討死したという。[151] 郷里薄井友衛門家の墓地に建つ他郷で他界した先祖の供養碑には、「明治二年五月十五日、薄井謹之進二十四」と刻まれている。

謹之進の弟つまり友衛門昌殷の末弟が武次郎である。前掲の願入寺へ提出した親族書には、「陸軍々馬局、中尉東京下谷居住、弟海津武次郎」と記されている。しかし武次郎の生年月日や海津家への養子縁組が整った年月など今のところはっきりしない。ただ文久元年（一八六一）十一月までには、すでに海津左元の養子となっていたことは確かである。[152] 故郷を逃れたあとの東京在住時代の昌殷は何かと弟武次郎に支援を受けていたようである。[153]

一〇　宗作昌豊と姉弟

前述したように、五代友衛門昌脩（外衛）の次弟七左衛門昌範（定兵衛）には、二人の男子と二人の娘がいた。嫡男が天保十四年（一八四三）十一月生まれの寅三郎である。寅三郎はのちに宗作昌豊と名を変え、馬頭村（栃木県那珂川町）の郷士星惣兵衛（小野衛門）の娘と結婚する。星家も薄井家同様、保守門閥派の中心人物結城寅寿とは親密な関係にあった。

宗作は友衛門家中新宅の総領として、少年時代から地域でも注目される存在であった。それは嘉永四年（一八五一）九月、徳川八郎麿（昭融）の巡村の際、八歳の寅三郎にも御目見得が許され、「御菓子頂戴」に預かったことても分かる(154)。

ところが宗作が二〇歳を過ぎたころから父七左衛門が体調を崩したことで一家の経営も次第に苦しくなった。特に安政四年（一八五七）七左衛門が中風を煩い身体不自由となった上、前年の郷士身分剥奪、家財欠所などの不遇も重なって、一家の生活はいっそう困窮した（前述）。当然のことながら、宗作は中風の父に代わって一家を支えなければならなかった。

元治元年（一八六四）に起こった天狗乱では宗作は父の名代として参陣している。宗作の戦役記録(155)には、

　　　　　　薄井七左衛門
　　　　　煩ニ付
　　　　　倅　宗　作
八月十一日御評定へ罷出御奉公相勤度願候処、諸生八ノ組江御組入ニ相成候
佐藤様
　朝比奈様江

と書き留められている。

結局若い宗作は八月十一日、父「煩ニ付」の理由をあげ自ら志願して諸生軍（門閥派）に加わった。以後入隊した宗作は八ノ組（八番組）に所属し、各地の戦場に赴き活躍することになる。前掲「水府系纂」は、「……八月賊徒乱入ニ依テ諸生隊ニ属し、吉田山神勢館等ニ於テ砲戦シ、後賊脱走スルニ依テ追討トシテ野州馬頭村ニ至リ帰軍ス……」とあって、戦地では「砲戦」の任に当たっていたという。前掲の同家の記録をみると大砲方に組み入

れられ、時には門閥（諸生）派幹部の佐藤図書らと連絡を取り合い、あるいは指示に従い行動していたことが伺える。

天狗党追討にほぼ決着がつくと、薄井一族は地位も名誉も回復されることになった。しかし郷里に戻ってから以後の宗作の動静については同家の記録にも残っていない。地元に伝わる話によれば、明治元年（一八六八）春、宗作は会津戦争に加わったものの破れると、北越に逃れ、この地で命を落としたという。(156)中新宅の墓地に建つ碑には、表に「昌義院殿真正大居士」、側面に「明治元年十一月一日、薄井宗作藤原昌豊」と刻まれている。なお同墓碑には、大正十一年（一九二二）五月二十九日没の長男定司の戒名、没年も併刻されている。(157)

さて宗作の二人の姉のうち、長姉が天保五年（一八三四）四月六日生まれの永である。永は一五歳になった嘉永二年（一八四九）十二月、鷲子山伍智院長倉多門と結婚する。次姉は天保十年二月五日生まれのきさ（起）で、のち姿と改名し、一〇代半ば結婚したものと思われるが詳しいことは分からない。(158)

永が嫁いでからまもなく弟が生まれる。前掲「水府系纂」には「昌範次男ヲ勇四郎ト云」とある。しかし、勇四郎の説明はこれで終わっている。同家七左衛門作成の「系纂書継」（嘉永四年正月藩に提出）にも悴寅三郎のあとに「次男勇四郎　戊二月廿五日出生」と追記されている。(159)結局勇四郎は宗作より七歳下の嘉永三年（戊）二月生まれの弟だったことになる。

一一　信之介昌英と弟宗次郎昌忠

薄井宗七昌寿（熊之介）は五人の男子に恵まれた。中でも長男信之介と二男宗次郎は天狗党追討戦で活躍した

人物として知られていた。信之介について「水府系纂」には、

信之介昌英初名熊太郎元治元年甲子五月、願ヒナク江戸邸ニ至リ、七月佐藤図書信近、朝比奈弥太郎泰尚ニ随従シテ日光街道ヨリ帰村シテ府下ヲ守衛ス、後松平下総守人数ヲ郷導シテ祝町口ヲ防キ、賊脱走スルニ依テ追討トシテ野州馬頭村ニ到リ十一月帰陣ス、慶応元年乙丑二月六日追討ノ功ヲ賞セラレ合力トシテ籾十五俵ヲ賜フ

とある。

これによると元治元年（一八六四）五月、信之介は江戸に出て自ら志願して天狗党追討軍に加わったことになる。それは弘道館諸生派岩船山願入寺集会（五月三日）直後のことであった。七月になると、信之介は門閥派（諸生軍）の幹部佐藤図書や朝比奈弥太郎に随従して転戦したという。

実際信之介が薄井水之介、宗蔵らとともに諸生軍先備八番組（八ノ組）に所属し行動したことは前述した通りである。いずれにしても天狗党追討後の慶応元年（一八六五）二月、籾一五俵が賞与されているところをみると、信之介の忠節ぶり、戦いぶりは隊の中でも目立っていたのであろう。

十一月馬頭の陣を最後に帰郷した信之介の生活は、次第に旧来の生活に戻り、名誉も回復されるようになった。しかし戊辰戦争が起こり、追われる立場になった信之介は、いとこ与志《よし》（友衛門昌殷妹）の嫁ぎ先、下野戸奈良村（栃木県大田原市）石井五六家に「所有品」を預け置き、行方を暗ました。[160]

身を潜めていた信之介は、新政府が樹立するのを待つようにして自首し、早速元屋敷の買い戻しに当たった。しかし罪が赦されても、土地財産を失った信之介の生活は苦しかった。[161] 耐乏生活を続けながらも信之介は、「田

畑山林家財」の回収に奔走した。ところがその努力も予期したようには報われず、かつてのような向新宅の繁栄に戻すことはできなかった。以後信之介は、明治三十八年（一九〇五）八月、六十一歳の生涯を閉じるまで鷲子の地を離れることはなかった。なお子孫の調べによると、信之介（妻すみ）は七人（男五、女二）の子どもに恵まれたという。七人のうち三男の三雄は薄井友衛門昌殷死後同家（本宅昌殷婦人たみ）の養子となって村に留まった。それ以外の六人はすべてこの地を去り、他郷で生活するようになった。

さて信之介の次弟に、天狗党追討戦で、九番組（九ノ組）で活躍した宗次郎昌志がいる。元治元年（一八六四）諸生九番組の記録(162)（以下「諸生九組戦役記録」仮題）に、

五月中江戸表へ登り候　　鷲子村郷士宗七次男
以来相勤申候　　　　薄井宗次郎　弐十歳

＊□内推定

とあって、宗次郎も兄信之介と同様無断で出府し、諸生軍に加わったことになっている。もっとも「水府系纂」も、兄信之介同様「願ナク」江戸藩邸に出向いたこと、七月に佐藤図書、朝比奈弥太郎に随従したことを記している。

ところが同系纂は、日光街道より帰村後、府下を守衛したままでの行動は兄と同じ記述であっても、宗次郎については特に「後青柳村、助川村等ニ於テ砲戦ス」の説明が加わっている。つまり後半戦は専ら九番組砲隊の一員として行動していたことになる。確かに、宗次郎が助川をはじめ各地の戦いで大砲係として参陣していたことは、前述の「諸生九組戦役記録」でも明らかである。いずれにしても宗次郎が天狗党追討後は兄と同じように籾一五俵を賞与されていたことは間違いない。宗次郎も兄信之介同様、その活躍はめざましかったのであろう。

それから三年後の慶応四年（明治元）一月二十日、京都を発つ本圀寺勢が、まもなく水戸城下に入ることを知った宗次郎は、二月十九日弘道館に向った。[163] そのねらいは「模様伺」とされているが、当然門閥派の今後の対応、行動方針等を伺うことでもあった。ところでその後宗次郎が門閥派の一員として行動した記録も伝承も残っていない。一説によれば佐久山藩家老蓮田家の養子となって、同家の跡を継いだという。

その宗次郎の下には春吉、余四吉、千代吉の三人の弟がいた。春吉は別名昌信と称し、門閥派の巨頭市川三左衛門の養子となった。しかし明治元年（一八六八）同家の邸内で殺害されたとも、弘道館の戦いで討死したともいう。[164]

次の四男余四吉は嘉永五年（一八五二）の生まれで、長じて清之介・兼吉と名を変えている。五男千代吉（一説に千代松）は文久二年（一八六二）の生まれで、力松と改名したとされている。二人とも兄の宗次郎・春吉同様、他家に養子となり村を離れた。[165] なお千代吉の妹にたけがいたというが、嫁ぎ先など詳しいことは分からない。

まとめ

薄井友衛門家は嘉永五年（一八五二）、山間避遠の地にあって、水戸藩郷士としては湊村（ひたちなか市）の大内家に次ぐ高位格式に上り詰めた。ところが明治新政府樹立とともに、身分も地位も財産も失った。その過程を同家の系譜を整理しながら概観した。しかし冒頭でもお断りしたように解明できない部分を多く残す結果に終わってしまった。今では忸怩たる思いで一杯である。

さて友衛門家繁栄の基礎は、生産力上昇傾向の続く一八世紀中ごろまでに築かれたものと推定される。分家してまもない同家は剰余生産物、消費余剰物品の商品化（廃著・貿易）に努めて収益を得た。経済的余裕が生まれると、[166]同家は地元特産の和紙を扱う問屋を開業、新規参入する。営業は順調に運び、消費地問屋（江戸表）との結び付きを強めながらたちまちのうちに藩の公許を得るまでに発展し、次々と伝統ある旧問屋を圧倒していった。生産者農民を含め、取り引き関係は隣接の烏山藩領内にまで及ぶことも珍しくなかった。紙問屋として成功し、貨幣資本も豊かになった同家は多くの在郷商人が辿ったように高利貸業を兼ねるようになる。

やがて藩領北西部山間農村で、商品作物としての煙草栽培が盛んになると、同家はさっそく生産葉を扱う問屋経営にも手を広げる。

一方農民の中にも、葉煙草を扱う問屋、仲付、置荷師などの商売に乗り出す者も少なくなかったという。[167]友衛門は商人化に走るこれら農民に融資を続けたことは間違いない。[168]

この地方における商品経済、貨幣経済はいっそうの発展を続ける。こうした動きを反映し、同家の高利貸（金融）部門での収益は次第に増えたものと考えられている。さらに江戸を中心とした消費生活者の膨張に伴い、和紙・煙草の需要が高まったことに加え、地元旧問屋の相次ぐ衰退もあって、同家の扱う商品量は増加し、問屋部門での利潤も上がった。両部門での順調な経営により同家の貨幣資本の蓄績は増え続けた。

ところが友衛門家のこのような繁栄とは対照的に、水戸藩の財政運営は年々厳しさを増し、一八世紀も半ばになると、一段と逼迫した。六代藩主治保はこの窮伏を打開する一策として、領内富民（多くは商業高利貸本）に、身分的特典の付与を約束し、用立金を命じたり、献金を慫慂する方針をとった。以後藩は、九代藩主斉昭の時代を除いて、富民に献金を求める政策を引き継ぐことになる。

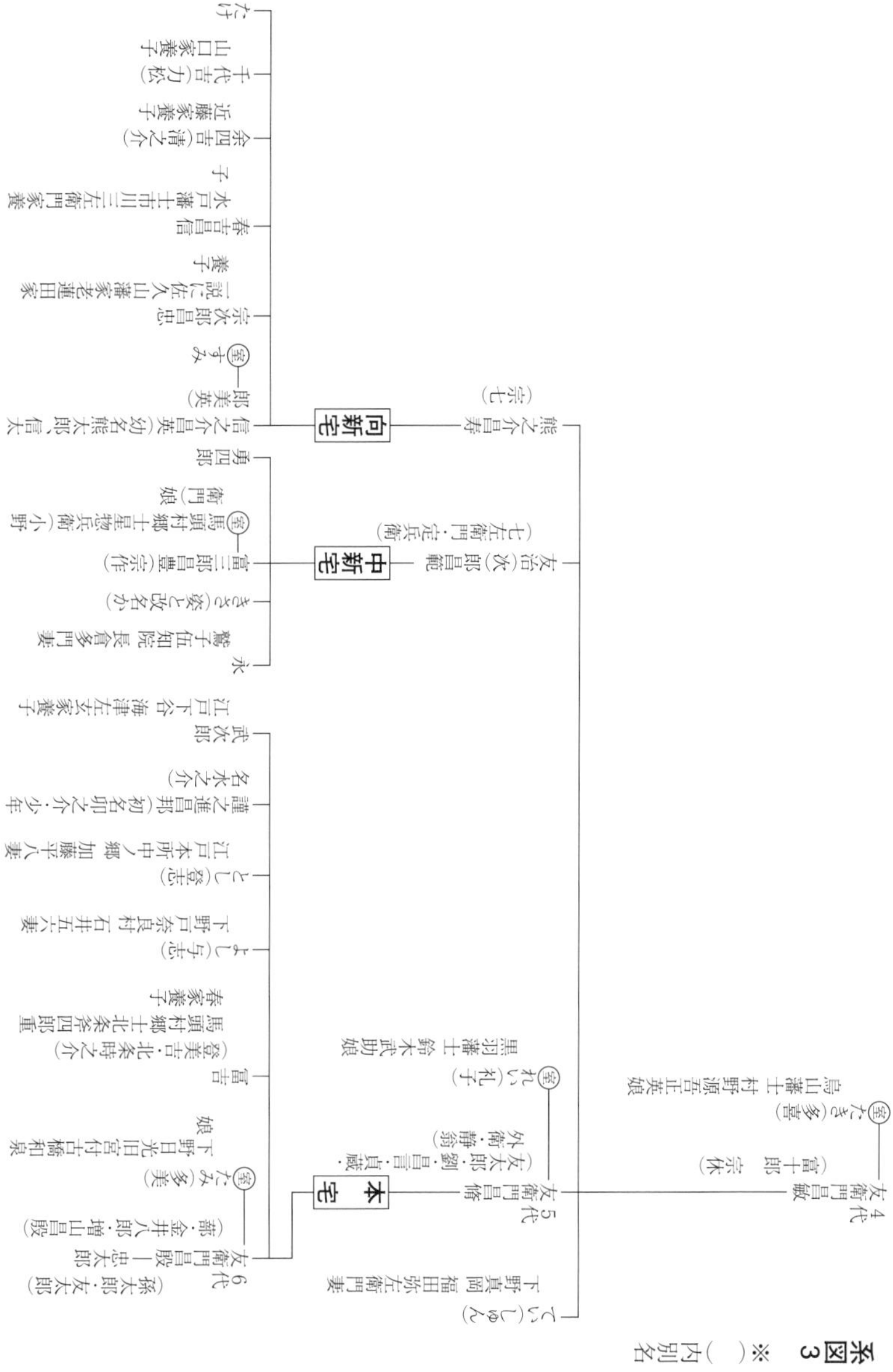
系図3
※（　）内別名
4代 友衛門昌敏（富十郎・宗休）
室 たき（多喜） 烏山藩士 村野源吾正美娘
5代 友衛門昌脩（友太郎・劉昌言・貞蔵・外衛・静翁）
室 れい（礼子） 黒羽藩士 鈴木武助娘
ていしゅん 下野真岡 福田弥左衛門妻
友治（次郎昌範） 七左衛門・定兵衛
熊之介昌寿（宗七）
本宅
中新宅
向新宅
6代 友衛門昌殷（孫太郎・友太郎・忠太郎・八郎・増山昌殷・金井一部）
室 たみ（多美） 下野日光旧宮付古橋和泉娘
富吉
登美吉・北条時之介 春家養子 馬頭村郷士北条斧四郎重
よし（与志） 下野戸奈良村 石井五六妻
とし（登志） 江戸本所中ノ郷 加藤平八妻
謹之進昌邦（初名卯之介・少年） 名水之介
武次郎 江戸下谷 海津左玄家養子
永 鷺子伍知院 長倉多門妻
きさ（奏と改名か）
富三郎昌豊（宗作）
室 馬頭村郷士星惣兵衛（小野衛門）娘
勇四郎
信之介昌英（幼名熊太郎、信太郎・美英）
室 すみ
宗次郎昌忠 一説に佐久山藩家老進田家養子
春吉昌信 水戸藩士市川三左衛門家養子
余四吉（清之介） 近藤家養子
千代吉（力松） 山口家養子
たけ

友衛門家は四代（昌敏）の時、献金によって「同朋列郷士」の格式に取り立てられた。その後も同家は献金を繰り返し、五代友衛門昌脩の時代にはついに「代官列郷士」に昇格したのである。その過程で同家は藩中枢部の一部有力者（保守門閥・反改革派）に接近し、結びつきを強める。

ところで、鷲子村に隣接する譜代大名大久保氏の領有する烏山藩も、水戸藩以上に極度の財政難に陥り、友衛門に経済的助力を求めていた。和紙・葉煙草生産の盛んな烏山藩領は、友衛門が問屋営業を進める上で、有力な地盤の一角であった。友衛門は藩の求めに応じ、しばしば融資を行ったという。これによって友衛門は同藩からも、他領農民の身でありながら破格の待遇を受けることになる。友衛門と同藩重臣層との間にも次第に良好な関係が築かれていった。

さらに注目したいのは、友衛門家一族の婚姻関係の広がりである。その範囲は領外にまで及び、しかも士分家庭の子女と結婚する例も珍しくなかった。友衛門家が経済的にも家格的にも絶頂期を迎えた時代の四代目昌敏の妻は、烏山藩重臣村野源吾の娘である。その嫡男昌脩は黒羽藩士で農政学者として知られた鈴木武助の妹（長女とも）を娶っている。ちなみに黒羽根藩は外様小藩とはいえ、藩主大関家はたびたび幕府の要職（大坂城加番）に就いた家柄である。特に幕末の藩主大関増裕は幕府講武所・陸・海軍奉行を勤めている（ただし増裕死直後、藩は明治新政府に恭順）。また昌敏の三男昌寿（宗七・昌脩弟）は水戸藩士で、保守門閥派（結城派）に属する藤咲伝之允の娘を妻としている。

さて、天保期以降、激しさを増した藩内の対立抗争、藩政権の交代劇、そして戊辰戦争と打ち続く混乱の中で、領内多くの郷士もその渦中に巻き込まれる運命にあった。薄井家はその代表例といってよい。

そこでこの過程における友衛門一家の対応や行動を確認しておこう。天保・嘉永の一時期、改革派が実権を握ったが、同家は結城派と親交深かったとはいえ、時の政権にも協力的態度を続けていたように思われる。それは飢民救済や黒船対策のために献金・献穀を行っていたことでも伺われる。ところが安政改革が始まると、友衛門及び一族は、結城寅寿に「党与」したとして、処分の憂き目にあった。これを機に、同家一族は反改革派の態度をいっそう鮮明にする。以後一族の浮沈は改革・反改革派のいずれが藩の実権を握るかにかかった。両派の対立が激しさを増し、武力闘争に発展すると、一族は武器を手にして反改革派に加担して戦うことになる。

注目したいのは一族の行動様式である。元治元年（一八六四）の天狗騒動では、友衛門本家（五代昌脩、六代昌殷）が民兵隊を組織して行動したのに対し、武官的郷士に取り立てられた分家筋（昌範、昌寿）の嫡男や本家二・三男は藩士の率いる「先備」に加わって戦っている。幕府の天狗党追討軍が常総に派遣されると、先備はこれと連携をとりながら行動していたものとみられている。(169) いずれにしても、彼らの戦場での任務や行動は、一般武士と何ら変わるところはなかったとみてよい。

また戊辰戦争でも、分家筋の多くが反改革（諸生）軍からの参陣要請に応えて入隊し、各地で新政府（官）軍と戦っている。この戦争でも本家は分家の男子とは別に独自の行動をとり、最後には静岡に潜居することになった。一族の一部は明治新政府成立後、逃亡先、潜伏先から帰郷したものの、失った財産はもちろんのこと、権威も信用も旧に戻すことはついにできなかった。

薄井友衛門家一族の盛衰は、水戸藩権力基盤自壊過程の一裏面史としてみることはできないだろうか。

注

1　「鷲子薄井家のことなど」（『茨城県史研究』二号）、「続鷲子薄井家のことなど」（『茨城県史料』付録）、「もう一人の友衛門」（『茨城県史研究』三一号）など

2　ただ系図作成に当たり根拠とした史料名が明記されていないのが残念である。本文から類推するところ後述する

星家文書（栃木県那珂川町）などが参考にされたものと思われる。
3　瀬谷義彦『水戸藩郷士の研究』、同「水戸藩の紙専売仕法に関する一考察」（『歴史研究』二七・二八・二九号）、水戸市史編さん委員会『水戸市史』中㈣、宮沢正純「幕末水戸藩における鯉渕勢の動向」（『茨城県歴史館報』三号）、同「幕末水戸藩闘争における諸生派民衆兵の動向」（同館報一二号）など。
4　前掲「もう一人の友衛門」
5　前掲『美和村史』も別人扱いである。
6　常陸大宮市鷲子　薄井昌司家蔵（ただし破損著しい）
7・10・19　栃木県那珂川町馬頭　星仲家蔵。星家については後述。なお「控書　系纂書書上」と記載された史料も残る。
8　前掲『美和村史』では、「薄井豊後あり、仲之内豊後と称す」との古記録を紹介している。
9　常陸大宮市鷲子　薄井進家蔵
11　これによれば檀徒は「惣〆百廿三人也」とある。
12　鷲子薄井家屋敷跡近くの墓地に建つ。「故七左衛門碓井翁墓」とある。撰文は立原翠軒萬。
13　11の「檀中惣数」と合冊になっている。
14　薄井昌司家蔵。なお、これと同様の「覚」は上宮河内村（常陸太田市）の関源次衛門子孫家をはじめ、在町の太田村（同）周辺の富商家に数多く残っていたという（瀬谷前掲前掲書）。瀬谷は「献金はこの御用金に更に一歩進めたもの」との見方を示し、藩主治保時代献金郷士の盛んになる過程を明らかにしている。
15・17　詳しくは瀬谷義彦前掲論文、高橋裕文「水戸藩における和紙生産と在郷問屋制」（茨城県高等学校教育研究会「倫社政経　報」（二〇・二一号）などを参照されるとよい。
16　大正十四年四月五日付「いはらき新聞」所載。番付行事には水戸藩郷士大津（北茨城市）西丸勇次郎、田中内（日立市）大内（田とある）勘兵衛、馬頭（栃木県那珂川町）北条兵馬、同星惣兵衛ら二五名が当たっている。分限者は東九六名、西九九名計一九五名となっている。

18　文政元年「目出度譲渡之帳」（薄井昌司家蔵）に、「天明七未四月廿一日ニ薄井氏入来候」とある。

20　天保三年「藩主治紀巡村御達書」（常陸大宮市下檜沢　小室彬家蔵）

21　文化六年「北郷御巡村御手控写」（常陸大宮市大宮　菊池武義家蔵）には、

〇一御昼休　庄屋
薄井友衛門
此者御目通り為仕申候

とあって、庄屋に就いていたことが分かる。

22・25　前掲、文政元年「目出度譲渡之帳」（薄井昌司家蔵）などの文書はすべて富重（十）に変わっている。

23　寛政四年「両地分限帳―平野本生―」（栃木県那須烏山市郷土資料館蔵）

24・29・42・46・55・62・86・91・100・114　「系纂書」（栃木県那珂川町　星仲家蔵）

26　前掲「目出度譲渡之帳」によれば、紙の「有物」（在庫分か）の金額は六〇両三分、七四八文に対し、煙草については次のように記帳されている。

一、金百八拾七両三分弐朱　内蔵煙草代
弐拾四貫六百三文
一、金弐百七拾弐両弐分　烏山右同断
百五拾四文

以下「一金五拾四両余　馬頭右同断」、「一金弐百弐拾弐両弐百七拾八文　保内右同断」、「一金百拾両也　松野右同断」などとなっている。この総金額は八四五両をこえる。なお寛政十二年十二月「元手金改帳」（薄井昌司家蔵）によれば、同年六月から十二月までに煙草購入に支払った額は五七三両余に対し、紙購入代は一二四一両余となっている。

27　たとえば

一金拾八両　　　　三神畠　甚衛門
一金弐拾四両弐分　五升内（御所内）　又兵衛

などと記帳されている。ただし中には金額未記入者もいる。

28　前掲「系纂書」（星家蔵）によれば、文政八年十月にはすでに友衛門の名に変わっている。

30　天保三年「乍恐以口上書奉願上候事」（常陸大宮市薄井進家蔵、常陸大宮市歴史民俗資料館『常陸大宮市近世史料集（二）美和地域編1』所収）

31　烏山町史編さん委員会『烏山町史』

32　前掲書（注30）に、有志とは「十人頭」の肩書一五名、「惣百姓」の肩書一五名である。

33・34・58・65　薄井昌司家蔵

35　石河徳五郎の西（武茂）郡奉行在任期間は天保二年十一月から同六年七月までである。

36　「天保四癸巳三月　御帰国」（常陸大宮市堀江平家蔵、前掲『常陸大宮市近世史料集』（二）所収）

37　前掲、矢島せい子「もう一人の友衛門」、及び明治十五年筆記の薄井友衛門昌殷覚書（表題欠、薄井昌司家蔵）

38　天保四年十二月「書上申一札之事」と題した農民からの願書三通が残っている（星仲家蔵）。一通の願いは組頭善蔵組一三名、二通は組頭勘兵組一一名、三通は組頭太平組八名となっている。

39・87　嘉永三年「書上ケ下書」（星仲家蔵）に

天保八丁年十月廿四日於御城ニ父江
　薄井友衛門分家
　　定兵衛
　　熊之助
右之者父薄井友衛門義去申年凶荒ニ付而者窮民共へ多分救指出候由、相聞候ニ付格別之儀を以両人共ニ御帰国御

参府之節御迎御見送り郷中御成先御目見并ニ大山守格、苗字帯刀麻上下着用代々御免被遊候条其旨可申渡もの也
とある。

40・56　前掲「水府系纂」には「天保九年戊戌十二月二十四日役ヲ辞ス名如元後宗休ト号ス」とある。薄井昌司家蔵「系纂書」（破損多い）に、薄井貞蔵劉について「天保九戊年戌十二月廿五日家督父同様被仰付」とある。また別の同家蔵の「系纂書」（破損多い）に「家督天保十酉十一月［　］」とある。

41・70　詳しくは、水戸市史編さん委員会『水戸市史』中（四）、瀬谷義彦前掲書等を参照されたい。

43　『水陽高名家案内』に東方大関は湊村木内兵七、同関脇は同村木内要助、西方関脇は太田村小林次衛門となっている。

44　文政八年酉十一月改正「家業繁栄商売出精甲乙顕シ」

45　前掲（注39）に、「五月（弘化三年）父友衛門越後ニ而病気之趣申来リ候ニ付」との連絡を受けた嫡男貞蔵は、父との「対面」のため往来とも日数三〇日にわたる暇願いを提出したことが知られている。

47　たとえば宗休には、次のような献金の記録「覚」がある（薄井昌司家蔵）。

一金弐拾五両
　　割印□拾五両
　内
　　割印□拾両
　　是ハ駒込様御預ケ金之利
一金弐拾五両
　是ハ究（窮）郷御預ケ金利
右之通御上納請取候、以上
十二月九日　　室伏熊蔵㊞

大曽根熊太郎

薄井宗休殿

なお、包紙には「御手元金窮郷利請取入　西御役所　申十二月　壱通」

48・73　岡山次郎衛門覚書「安政元年薄井友衛門、北条斧四郎らの動静につき」（岡山肇家蔵、前掲『常陸大宮市近世史料集』（一）所収）。

49　安政三辰同巳年『凶事録』（岡山肇家蔵、前掲史料集（一）所収）、及び『南梁年録』二〇（茨城県史編さん委員会『茨城県史料―幕末編Ⅱ―』所収）。

50　たとえば宗休の嫡男友衛門は、文久二年ごろから慶応初めにかけ水戸の福田三衛門や木村伝六（寿山）から五〇両とか一〇〇両単位で借金を重ねていた証文が残っている。ただし慶応元年以後の名は友衛門ではなく外衛である（常陸太田市吉成英文家文書）。

51・76・110・119　元治元季子ノ九月五日「慎御免御達上」（星仲家蔵）の包紙にて薄井一族に「慎御免」の通知が届いたことが知られる。

52　墓碑その他

53　薄井昌司家蔵の「系纂書下書（表欠）」、嘉永六年「同下書」をはじめ、前掲「系纂書」（星仲家蔵）、前掲「水府系纂」ほか。なお結婚は文政十年前後と推定される。嫡男（蔀）誕生は文政十二年八月である（注57参照）。

54　表欠「系纂書下書」（薄井昌司家蔵）

57　前掲53、54「系纂書下書」（薄井昌司家蔵）に、

男友太郎　文政十二年己丑八月廿六日出生

男子富吉　天保四癸巳十二月廿七日未ノ下刻出生

女子□子　天保七［　　　］

女子たち　天保十二年辛丑年閏正月出生

とある。
59　弘化二年十一月薄井貞蔵の名で御勝手方元〆菊地永三郎殿宛に提出した願書（薄井昌司家蔵）に

覚
一金　千五百両
　内金千両　当月下旬納
　残金五百両来未七月納
御格式御代官列ニ奉願上候（中略）、右永久代々御免被下置候様奉願上候、以上

とある。
60　前掲「系纂書」（星仲家蔵）では、「格式御代官列被遊物成百五十石被下置」とあるが、前掲「水府系纂」は「格式代官列ニ進ミ百五十俵ヲ賜フ」とある。
61　前掲岡山次郎衛門覚書「薄井友衛門、北条斧四郎らの動静につき」（注48）、及び弘化三年「国産会所取立につき日延べの願い」（前掲『史料集（二）』所収）。
63　表欠、帳末に「弘化四丁未二月改」（薄井昌司家蔵）とある。詳しくは木村宏「鷲子　薄井友衛門家の盛衰」（『大宮郷土研究』一四号所収）を参照されたい。ただこの記録は整理されたものではないので他の史料との照合が必要である。
64　この八〇〇両は、嘉永四年九月御立山の植林用資金として上金することになる（後述注67参照）。木村宏前掲論文（注63）。
65　嘉永二年酉三月「内願」（薄井昌司家蔵）
66　「系纂書継の断簡の一部」（薄井昌司家蔵）に「嘉永二年己酉十二月廿五日、元日、五節旬登城不苦旨御達ニ罷成候」と記されている。
67　嘉永四年亥九月薄井友衛門の名で提出した「覚」（薄井昌司家蔵）。

68　年号欠「覚」（薄井昌司家蔵）に「右ハ亥（嘉永四年）十一月筋御内談いたし候処、友衛門物成五拾石御増、三男卯之助郷士御取立物成三拾石被下置旨内達……」とある。

69　瀬谷義彦前掲書

71　嘉永三年十二月―同六年十二月迄「御用書并書上、他」（岡山肇家蔵、前掲『史料集（一）』所収）によれば、薄井七左衛門支配は小田野村、大岩村〆弐ケ村、薄井宗七支配は小船村、油河戸村、松之草村、吉丸村、中居村の〆五ケ村」とある。

72　同年三月十三日付の「覚」（領収書）に「金弐百五拾両、右上金之内受取申候、以上　飯村元五郎㊞」、また寅九月三日付の「覚」には「金弐百五拾両、右異船渡ニ付上納金、残之代受取申候、以上　鈴木政太郎㊞　薄井友衛門殿」とある。

74　天保十四年～明治二十一年「諸撰禄《ママ》記伝」（薄井進家蔵）、前掲安政三年「凶事録」（いずれも前掲『史料集（一）』所収）、及び前掲『南梁年録』二〇。

75・107・118　嘉永七年～安政四年「御用書並書上（玄）」（岡山肇家蔵）、前掲『史料集（一）』所収。

77・96・116・120　前掲「水府系纂」

78　前掲「水府系纂」及び、元治二年「高部村丑御配賦留帳」（常陸大宮市　大森良太郎家蔵）

79　慶応四年「高部村辰御配賦留帳」（大森良太郎家蔵）

80　地元の伝承によれば「村内では誰れ一人匿う者はなく、やむなく縁故、知己の多い烏山に脱出した」という。なお安政三年薄井家一族が処分を受け、苦境に陥った際も、烏山藩士村野兵庫の支援を受けている（注111）。

81・83　明治八年「諸事心得記―浅草駒形町三拾七番地の増山―」（薄井昌司家蔵）。浅草への実際の転居は外衛の他界まもないころとみられるが、沼津役所から浅草役所にあてた送籍証の日付は明治十年八月となっている（後述）。

82　友衛門蔀が帰郷後の明治十年後半、供養した時の記録と思われる紙片が残っている。表題欠（薄井昌司家蔵）。

84　加倉井健蔵著「那須烏山風土記」。なお、れいは、としの長男伝太郎妹久《ひさ》のもとで（小島町）で世話になったともいう（矢島せい子前掲随想）。また前掲「諸事心得記」には明治十三年一月十日、小石川区江戸川町伊藤幹一方に同居替えしたとある。

85　薄井昌司家に、次のような願書の下書きが残っている。

次男友次郎儀、私甥村内友三郎方江　養子ニ指置申度奉存候、此段相済候様　奉願候　以上

未十月

薄井友衛門

この未十月とは天保六年十月で、友衛門は昌敏とみられる。友三郎が甥ということは、友衛門昌敏の兄弟姉妹の男子だったことになる（残念ながら昌敏兄弟姉妹については今のところ不詳）。ただ一方、次の書類（薄井昌司家文書）をみると、同年五月には定兵衛を分家させる予定の上で、財産分与がすでに決められていたようにも思われる。

（表紙に）「新家次男　除遣候田畑書分下書　薄井昌敏」とあって、末尾に

無年貢地分

一金　三分弐百文　本家へ年々

一籾　弐表弐斗六升　可納分

一金　壱両余　年々

一籾　拾俵八升三合　御上納可仕候分

〆

外山藪之野せん

委調《ママ》者追而喜一衛門より改可申筈

天保六年

乙未五月

と記帳されている。

なお天保十三年検地後に作成された「鳥子村絵図」（石川毅家蔵『美和村史料　近世村絵図』）を見る限り鷲子村内に友三郎屋敷が存在したことは確認できない。しかし同絵図では定兵衛屋敷の存在は確認できる（定兵衛屋敷は「字蛙の里九八四番地」二反一畝一四歩、友衛門屋敷は「同字九三五番地」二反三畝歩、他に字町に「友衛門抱屋敷」六畝一三歩がある）。ただ文久三年二月「改正烏山城下町絵図」（那須烏山市郷土資料館蔵）には、鳥子、友三郎屋敷（店舗を兼ねた）の存在が確認できる。友三郎は友治郎定兵衛と同一人物との見方もあるが、確証はない。

なお、貸借関係書類をみると、次のような二名連記の例も少なくない。

借用申金子之事

㊞

金拾五両者　但し通用金也

㊞

右者此度普請為金与願上前書之金子慥ニ受取借用……

弘化三午年　江戸鉄炮町

三月　日　美の屋

吉右衛門㊞

薄井友三郎様

同　定兵衛様

金融関係の業務などは、友三郎・定兵衛共同経営だったのだろうか。

88・90・92　天保十五年三月「御用記」（星仲家蔵）

89　瀬谷義彦の説は『水戸歴世譚』に「哀公ノ御代御取立の郷士の者既に御聴ニ達し其命下るに及ばすして薨去……」とある説明が根拠となっている。

93　詳しくは、瀬谷義彦『水戸藩郷校の史的研究』を参照されたい。

94 『水戸藩史料』別記下

95 嘉永元年六月「覚」（星仲家蔵）に、

金三千両

右献納金弘化元辰年より追々上納分之手形此方江取置書替如此ニ候、以上

嘉永元年申六月

大曽根熊太郎㊞

宇野佐左衛門㊞

薄井七左衛門殿

とある。前掲弘化四年二月改（注63）によれば、定兵衛改七左衛門は「一金三千両上金」、三男宗七は「一金弐千五百両上金」とある。また前掲「書上ケ下書」（星仲家蔵）に、「金三千両　為御恩上金仕候。十一月御目分儀来ル十八日夕迠ニ致出府候様御達有之候条……」とある。

97 弘化四年「御用書上控」（常陸大宮市関沢賢家文書）。なお『水戸市史』中（四）では薄井定兵衛の出荷量は七〇〇箇となっているが五〇〇箇が正しい。

98 天保十年「売渡証文」（星仲家蔵）に、

亥納黒羽

一地蔵米六百俵也（印）　升改四斗弐升入

金拾両ニ付黒羽渡三拾俵（印）直

右之代金慥請取申候荷物之儀者　当十一月廿日俵数相揃無相違相渡し可申候、為念売渡一札依而如件

黒羽町

日野　文七㊞

村田治左衛門㊞

天保十亥　鈴木　義助㊞

九月　滝田万右衛門㊞
斎藤作右衛門㊞
鷲子　滝田幸右衛門㊞
薄井定兵衛殿

前書御城米俵数売渡候所相違無之候　以上
大嶋杢之允㊞

99　注85の例にみられるように友三郎・定兵衛両人（連名）から借用する形式証書も珍しくない。星仲家に残る借用証をみる限り、年代的には天保初期から嘉永期のものが多い。借用理由をみると「御上納ニ指詰リ」とか「商用金ニ指詰リ」、「此度無拠入用金ニ指詰リ」といった例が多い。もちろん引当（宛）とするのは田畑山林などが大半であるが、中には次のような例もある。

借用申金子証文之事
一金拾両也　此引宛 小羽百束 板貫百束
右者商用金ニ指詰リ前書之金子借用申処実正也……
天保十二年　借用人　文五郎㊞
丑十月　受　人　庄兵衛㊞
薄井定兵衛様

この地方の特産物である屋根葺材の小羽（木端）が担保となっているのは面白い。なお天保二年、五年の借用証のように宛名が定兵衛でなく友三郎殿となっている場合も多い。

101　前掲「書上ケ下書」及び「系纂書」

102　次のような証文が残っている（星仲家蔵）。

覚

一金六拾両

右結城様へ御届金慥ニ相受取申候、追而先様御手形御廻ニ可申上候、以上

嘉永二年

星小野衛門㊞

酉十一月六日

103　「薄井家系―地―」（星仲家蔵）、及び前掲「系纂書」他

104　前掲「系纂書」。また安政二年正月「系纂書継」（星仲家蔵）に、竹谷流銃術田土部六衛門門弟ニ而寅五月六日猪鹿四季打御免被仰付候」とあり、また以前（嘉永元四月）には友衛門・七左衛門・宗七ら兄弟三人は北条斧四郎・岡山次郎衛門らとともに馬頭村矢場での砲術訓練を見分したことなども知られている（弘化三年～嘉永三年「御用書并書上天乾」（岡山肇家蔵　前掲『史料集（一）』所収）。

105　安政三年正月「以書付奉願上候事」（星仲家蔵）に、

嘉永七寅三月十三日納

一金五拾両也

九月三日納

一金五拾両也

是ハ異船渡来ニ付御用途ニ調達被　仰付相納候分

との記録がある。

106　前掲書（注105）に、「安政二年卯十二月納、一金百両也、是ハ江戸地震ニ付御用途金被　仰付相納候分」とある。

108　慶応元年十二月「以書付奉願上候事」控（星仲家蔵）

109　慶応二年、薄井七左衛門悴宗作筆記（表題欠、星仲家蔵）

111　前掲「水府系纂」。なお再起用通知書（星仲家蔵）には、

北河原常衛門支配所

鷲子村百姓

七左衛門

右之者此度格別之儀を以郷士被　仰付物成弐百石被下置候条、其旨可申渡者也

とある。なお同家は身分復帰が決まると、さっそくそれまで支援を受けていた烏山藩士村野兵庫に、謝礼として烏山城下に所有する酒蔵及びその敷地を本宅（友衛門）ともに譲渡している（元治元年十二月廿五日「覚」星仲家蔵）。

112・121　星仲家蔵文書綴に次のような願書控がある。

私共追々被仰付難有仕合ニ奉存候此度少分ニ者御座候得共金弐百両献納仕候間御取請罷成候上何卒先年之御格式御矢倉奉行列被仰付時服御紋着用相済候様偏ニ奉願上候此役御仁恵之御判談《ママ》ヲ以急速被仰付被下置候様奉願上候、以上

慶応二寅年二月　　薄井宗七

薄井七左衛門

113　葬儀服着用届（星仲家蔵）に、

私父七左衛門久々病気之処不相叶養生一昨朔日巳中刻死去仕候ニ付定式之着服相請罷有之候、依此段御届申候以上

慶応三年

卯六月　　薄井宗作

とある。また友衛門も「私伯父七左衛門」として同文言の届書を提出している。時服着用御免はこの時点まで認められていなかったのだろうか。

115　「系纂書出」（破損多い、薄井昌司家蔵）の熊太郎（信之介）の項に、「母ハ御城下桜丁藤咲伝之允娘千代也」とある。また前掲「水府系纂」には「藤咲総《惣》三郎正受妹」とある。

117　前掲木村宏「鷲子　薄井友衛門家の盛衰」、注95・75等参照。

122　慶応四年「日記」（常陸大宮市関沢賢家文書、茨城県立歴史館蔵）。

123　前掲矢島せい子「もう一人の友衛門」では、明治四年六月二十一日会津へ行く途中で捕まったとか、また日光で詰め腹を切らせられたとかの話を紹介している。地元の伝承では会津で戦死したとも、越後で自刃したともいう。

124　薄井一族子孫の調査、及び嘉永四、五年、文久三年薄井宗七「日記」によれば、信之介・宗次郎の弟に春吉・余四吉・千代吉（薄井一族調査では千代松）・妹たけがいたともいう。

125　嘉永七年三月「御役録高年附」（薄井昌司家蔵）の末尾「系纂書継」に「悴蔀　嘉永二年乙酉十二月廿五日、元日五節句登　城不苦御達ニ罷成候」とある。

126　前記「水府系纂」に「……一男ヲ生ム友太郎某初名孫太郎」とあり、慶応三年二月に記録された友衛門（昌殷蔀）の「家録書」（星仲家文書）には

御物成弐百五拾石
代々御代官列
薄井友衛門
年卅九才
嫡子
同友太郎
年十七才

とある。友太郎の年齢は当時（慶応三年）一七歳であった。これから逆算すると、嘉永四年生まれということになる。

127　たとえば弟で海津家の養子となった武次郎（義父左元）には文久二年五両、同三年には二〇両を「勝手向不如意」「家政向改革」のために用立てている（薄井昌司家蔵「文久元年借用証文之事」、文久三年「借用申年賦証之事」）。ただ父友衛門はこれとは逆に水戸の商人から五〇両とか一〇〇両の大金を借金している（吉成英文家文書・前掲注50）。

128　たとえば「諸生九組戦役記録」（仮題、薄井昌司家蔵）によれば、五月ころ領民が次々と江戸に登り諸生隊に加入していたことが分かる。どうやらこれら志願兵を「出陣諸生」と呼び、後に加わる「加勢方諸生」と区別していたようである。

129　詳しくは宮沢正純「幕末水戸藩闘争における諸生派民兵の動向」（『茨城県立歴史館報』一二号）、美和村史編さん委員会『美和村史』を参照されたい。

130　陣将市川三左衛門率いる隊員名簿、元治元年十月「諸生名前扣帳」（大子町史料、別冊六所収）には、友衛門、蔀父子の名はない。なお、八月十九日の時点では蔀は叔父宗七らと行動をともにしていたことは、次の記録（元治元年「混雑用（日記）」関沢賢家蔵）からもはっきりする。

（八月）十九日　曇

諸生弐人外五人米舟ニ而被戻候、米舟へ薄井宗七、同蔀、佐藤善次衛門、鈴木儀衛門等、勇五郎供儀衛門、佐平同舟

なお、関山豊正（『元治元年』）によれば、八月二十二日の青柳、常盤一帯の合戦以降、友衛門、蔀父子は行動を共にしていたとみられる。

131　友衛門蔀が帰郷後の明治十年代後半、父外衛と忠太郎（友太郎）を供養した時の記録と思われる紙片に（前掲注82）父外衛「正覚院釈開応居士」とともに次のように明記されている。

明治六年

寿昌院釈注消居士　　俗名　薄井友太郎

十一月二十七日

なお墓地の供養碑には「明治六年十一月二十七日　薄井忠太郎　二十四」と刻まれている。

132　薄井昌司家蔵。なお「家族書」は「諸事心得記」（注81・83）に集綴されている。

133・153　友衛門昌殷（蔀）は転出半年前の明治十一年十二月二十一日、増山昌殷の名で、浅草駒形町三七番地内の居宅を抵当に七〇円を借金している。なお建屋は間口二間半、奥行五間半、総柿葺《こけらぶき》（坪数一三坪七合五夕、内二階三坪二合五夕）となっている。借金は海津家移転前後にはすべて返済している（利子一か月一円一六銭六厘）、証人は加藤平八。

134・147　矢嶋せい子前掲論文「鷲子薄井家のことなど」。

135　薄井昌司家蔵

136　前掲「系纂書下書」（前掲注53・54）では、文政十二年八月二十六日となっている。また慶応三年「家録書」（注126）には薄井友衛門（昌殷）三九歳とあり、逆算すると、出生は文政十二年となる。

137　自明治八年十月「大福帳」（薄井昌司家蔵）。これによれば十月十九日、「向松本とよ」に「金弐円弐分」を貸し出したのが最初である。二十日には町内小田勝に一二円を貸している。開業当初は近隣住民を対象に融資していたようである。

138　前掲「諸事心得記」

139　前掲「大福帳」に「養男魁就産金持参、金円受取口　明治十六年八月六日　金拾円返シ済」とあって、「明治十七年第十月三日離縁ニ付談金拾円也、高沢信広ヘ渡シ返金済」と付記している。

140　以下子孫一族の調査、墓誌等による。

141　嘉永四、五年「日記（表紙欠）」（「薄井昌寿宗七の日記」薄井昌司家蔵）嘉永四年八月二十八日の項に「……冨吉養子世話ニ成ル、馬頭北条氏へ」、同九月四日「冨吉縁談ニ付……」等の記述がある。

142　安政三年「関沢家日記」（常陸大宮市野口　関沢賢家蔵）四月六日の項に「馬頭北条宅番」の記述補足（末筆）に「斧四郎聟時之介也、此者薄井友衛門次男也」とある。

143　北条家の菩提寺乾徳寺（栃木県那珂川町）には登美吉（時之介）に関する記録も墓碑も残っていない。登美吉が帰還を果たせなかったため、北条家では二女テウ子に婿を村内紙問屋（煙草問屋、運送業を兼ねる）横山瀬左衛門二男平一を迎え跡を継がせたという（同寺境内に平一、テウ子の墓碑あり　子孫横山利夫氏談）。

144　北条重春墓碑（乾徳寺）に、斧四郎（重春）の遺骸は宇都宮の新田坊林寺に埋葬されたが、明治十六年この地に改葬されたとある。

145　一族子孫の調査、及び前掲注57参照。

146　薄井昌司家蔵

148　前掲「日記」（注141）

149・154　前掲「日記」に「御菓子被下候三人へ」の記述前には、御目見を許された少年名には卯之助の名はないが、「水之介」の名はある。また文久三年「日記」（薄井昌司家蔵）にも「本卯之介」の名はなく、反対に「水之介」の名は六度ほどみえる。中には「本水之介」ともある。本とはもちろん本宅（友衛門昌脩家）であろう。

150　元治元年十月「諸生名前扣」（大子町史編さん委員会編『大子町史料』別冊六所収）によれば、諸生軍八番組に薄井信之介、同宗蔵の名とともに、薄井水之介が記録されている。ただ宗蔵の別名がはっきりしない。もし宗蔵が宗作（昌豊）と同一人物とすると、八番組には本宅と中新宅、向新宅の二分家から一名ずつ加わったことになる。ただしその場合、本宅は二男の入隊となる。なお同名簿によると、九番組には信之介の名がある。

151　矢嶋せい子「もう一人の友衛門」（『茨城県史研究』三一号）、及び地元の伝承等による

152　文久元年十一月「借用金征文之事」（薄井昌司家蔵）によると薄井蔀から海津左元・海津武次郎連名で金五両を借用している。この時すでに武次郎の姓は海津となっている。ちなみに翌二年十一月には海津武次郎単独名で蔀から二〇両を借り受けている。借用理由はいずれも「勝手何不如意」、「家政改革」のためとしている。（注127参照）

155　星仲家蔵（元治元年八月十一日以降の戦役記録。ただし表題を欠く）

156　鳥羽伏見の戦の勃発した直後の慶応四（明治元）年一月十八日、宗作が諸生派藩庁（実際に西郡奉行大関族之介）から、受け取った文書には「此節京師御模様実ニ不容易、公辺之一大事」とあり、領内「異変之節」は弘道館において「号砲三声」を発するので、その際は早速「出火之節持場所」へ急行すること、「子弟之族者物而弘道館」に

相詰めて、下知を仰ぐこととあった。したがって宗作は弘道館の戦いが始まると、さっそく出陣したことであろう。なおこの通達は友衛門、宗七にも届いたものと思われる。

157 この碑は信之介昌英（向新宅）の二男明雄が昭和二十三年七月に建立したものである。なお定司は元治元年十二月十三日生まれ、新政府成立後しばらく岩波長五郎の長男定治と詐称し、東京麻布に身を隠したのち、鷲子に戻っている。その後村を出たともいわれている。

158 安政元年正月、七左衛門昌範（定兵衛）の「系纂書書継」（星仲家蔵）に「姿儀酒井市之允忰源之允妻ニ遣し候処、去九月中不縁離別ニ相成候」とあり、結婚後離縁したものと思われる。

159 星仲家蔵

160 「伺書」（下書）に、「私儀去ル明治元戊辰水戸表国難ニ付、避乱之際、別紙所有品ヲ以テ親戚御管下下野国安蘇郡戸奈良村石井五六江依願いたし置き、其後引続き潜伏罷在……」とある（薄井昌司家蔵）。なお預け置いた「所有品」は明治二年二月石井家に賊が押入り掠奪された。しかし同二年二月賊が石橋県で逮捕され盗金品（二三五円）は戻ったものの逃亡を続けていた信之介の元には返却されなかった。

161 明治十年六月三十日「始末書」（薄井昌司家蔵）に「……明治元年中私御県エ自首仕候ニ付免罪帰籍被仰付帰村仕候処、家屋敷家財者勿論田畑山林等ニ至迠一切無之難渋仕候間、元抱屋敷之内買戻し居住罷在候……」とある。

162 薄井昌司家蔵（注128参照）。同書は表紙を欠き破損ひどく判読不能箇所が多い。

163 慶応四年関沢「日記」（常陸大宮市野口　関沢賢家蔵）

164 河野弘「常陸大宮市域の天狗諸生の乱」（『大宮郷土研究』一七号）によれば、春吉は慶応四年三月に水戸を脱出し、会津に逃れ、幕府軍と合流して北陸を転戦し、再び水戸に戻り弘道館を占拠したが敗れた時に戦死したという。ただ著者はその出典を明らかにしていない。

165 余四吉、千代吉の生年月日については前掲嘉永四・五年「日記」、及び文久三年「日記」（薄井昌司家蔵）により確認した。その他については一族子孫の調査にもとづいた。

166　薄井家が砂金をもって財を成したとする説は多いが、これを裏づける史料は見当たらない上、古老の多くは地元にもそのような伝承は残っていないという。

167　前掲『美和村史』

168　前掲文政元年「目出度譲渡之帳」に「烟（煙）草仕入金貸」として、地元農民に融資していたことが記録されている。

169　前掲「諸生九組戦役記録」をみると、同組と幕府派遣の二本松軍と連携をとりながら活動していたようすが窺える。九月朔日の記述には「明日額田村ニ而二本松人数ヲ待合勢《せ》太田ニ入申哉」とあり、同三日には「石神辺賊介（助）川ニ篭……諸生共太田固メより二本松人数本体別手を引、真弓山新道通より十石坪ニ進ミ申候、大沼陣屋諸《ママ》御先手物頭戸祭久之允ハ二本松人数之一手ヲ引き石名坂通りより十石坪に進候、同夜丹羽殿人数ハ本道、久之允ハ山道、九ノ区《ママ》組諸生ハ宿道を押候約束ニ而河原子ニ移候。……」とある。石名坂から河原子方面の合戦では二本松軍は戸祭民兵隊と九ノ組諸生隊と協力して行動していたことが分かる。以後も連携行動は続く。

小論をなすに当たっては、茨城大学名誉教授瀬谷義彦先生からは種々ご指摘、ご指導賜った。深く感謝いたします。

調査を進めるに当たっては、左記の方々（機関）に大変お世話になった。厚く御礼申し上げます。

薄井昌司、薄井 久、薄井 明、渡辺 宏、和知功武、和知令子、高部孝夫、木村 宏、桒田喜代子、木村順子、大町 隆、石井聖子、高村恵美の諸氏、栃木県那珂川町乾徳寺、同町馬頭院、同町教育委員会、那須烏山市教育委員会、及び伝承等取材でご協力頂いた常陸大宮市鷲子・高部地区の皆さん、那須烏山市旧烏山町の皆さん。

（『大宮郷土研究』15・16・18号）

第五章　領内東北部を襲った災害と地域差

―近世後半期の竜巻・旱魃・冷水害―

はじめに

江戸時代の農民は、重税と労役負担に喘ぎ、常に耐乏生活を強いられていた。その暮らしに追い打ちをかけるようにして農民を苦しめたものに、しばしば農村を襲った冷水害・旱魃などの天災があった。そのたびに農村は凶作・飢饉に見舞われ、多くの餓死者を出すことさえ珍しいことではなかった。

特に享保・天明・天保の各期に見舞われた飢饉は、江戸時代では全国的規模で考えた場合、最も悲惨な状況を呈したといわれている。後世、これを「享保・天明・天保の三大飢饉」と呼ぶようになった。

水戸藩でも寛永・延宝・天和・元禄・享保・延享・寛延・宝暦・明和・天明・天保の各期に大凶作に見舞われた。中でも寛永十九年（一六四二）前後の凶作では、北部山間の村むらを中心に多数の餓死者が出たという(1)。その後の凶作では、藩の備荒貯穀策が行き届いたことなどから、領内で餓死する者はなかったとされている。しかしこれについては疑問がないわけではない（これについては後日天保飢饉を中心に検討したい）。

さて、凶作・飢饉を究明する場合、その要因や程度にはかなりの地域差があり、一律でないことに注意しなければならない。たとえば、享保の飢饉をみると、西国一帯では同十七年（一七三二）ウンカが異常繁殖したことから被害が拡大した、いわゆる蝗害であった。これに対し、水戸領の飢饉では同八年、十三年の大洪水をはじめとする数度の水害と、同十七年春先からの長雨低温による冷害などが重なったものであった。それから五〇年目の天明三年（一七八三）の飢饉は東北地方を中心とする冷害で、餓死者も同地方に集中した。しかし西日本ではそれほどの深刻さはなかった。水戸領内でも被害は平地部より、中山間・奥地ほど著しかった。

狭い領内でも、凶作は一様ではない例が多かった。本稿では領内東北部、主として日立地方における災害の地域差について、宝暦の竜巻（辰巻）や明和の旱魃、天明の冷水害を例に検討することにした。

一　宝暦の竜巻

天災の中でも竜巻や降雹は、ごく限られた狭い地域を集中的に襲うことが多い。宝暦十一年（一七六一）八月十七日、暴風雨の中、北浜筋で発生した大竜巻は、滑川・田尻両村を中心に荒れ狂った。その模様については『新修日立市史』（上）でも、被害地に近い大甕神社の記録(2)「大三箇倭文神宮社記」（以下単に「社記」）をもとに紹介したが、水戸藩士のまとめた編年史「探旧考証」や「水戸紀年」の記述とは、内容に若干の相違がある。

まず「探旧考証」には、

十七日終日、大雨戌刻比（頃）雷声一ツ其響キ肝ヲツラヌク、亥後刻ヨリ大風諸方立木中折根返リ夥シ、別テ松岡領滑川村潰家四十五軒、怪我人廿三人、半死四五人。田尻村潰家六十軒、即死人三人、斃馬一疋、是ハ所謂竜巻ナルヘシト（以下略）

とある。また「水戸紀年」には、

十七日烈風暴雨樹ヲ抜、屋ヲ倒ス、人馬多ク圧死ス、江湖水溢ル、滑川村倒屋四十五軒、田尻村六十軒、即死三人（以下略）

とある。両記録とも、藩士役人のまとめたものだけに、倒壊家屋数の滑川村四五軒、田尻村六〇軒、死者数三人といった統計的記述は一致している。ただ「水戸紀年」の記述は全くの年表形式をとっているので、事故の概要説明に終わっている。

これら両史料に対し、前掲「社記」は

宝暦十一年巳ノ秋八月十七日亥ノ刻より大雨、同子丑刻之間大雨頻ニ発リ候、村々並木沢山折申候へ共、当社山ニハ一向に風打無之候、御立山之内大木六本風折、北筋ハ滑河（川）浜、家数不残猟（漁）船共ニ辰まき同諸人手負数多御座候、岡田尻村中不残辰巻、尤家数五軒残り申候事諸人手負死人数多御座候（以下略）

と、当夜の風雨のようすや、被害地域の実情について詳しく記している。

結局、十七日は深夜（亥ノ下刻）になって雨は強くなり、風も吹き荒れるようになった。街道並木や御立山では風倒木の被害が出たが、同神社境内では大風に当たらずに済んだ。北浜筋の竜巻は、滑川村では浜筋、田尻村では丘筋を集中的に襲ったことになる。そのため滑川浜では漁船にも多大な被害を受けたのであろう。いずれにしても、当夜の竜巻被害は局地的であったとみられる。ちなみに田尻村に隣接する小木津村（日立市）の同年の年貢割付状(3)をみると、総引高、五九石余のうち、「風当り」被害額はわずかに八石七升余にすぎず、竜巻の影響はほとんど受けなかった。

なお、この日は潮来村（潮来市）でも、大竜巻に見舞われ、一三〇余軒が倒壊したことが知られている。竜巻は降雹同様、被害地域は限られるといわれている。確かに太田地方（常陸太田市）の例をみると、春先たびたび雹害に襲われている。しかし被害地域はすべてごく限られていた(4)。

実はこの年（宝暦十一年）は、春先から天候不順で、三月には太田地方の一部で、雹害にあい、収穫を前にした麦作に多大な被害をもたらした[5]。その後も五月下旬から六月にかけ、長雨が続き、天候は定まらなかった。その最中の六月二十八日には雷を伴った豪雨に見舞われ久慈川は氾濫し、沿岸の村々では多大な被害を受けた。それは「近代珍敷大水[6]」であったという。

ところが七月に入ると、今度は一転して炎天の日が続き、日立地方南部の諸村では旱魃による不作が心配された。その矢先の八月、豪雨（北浜筋では竜巻を伴う）が襲ったのである。しかも十二月になると、降雪の日も多く、久慈村（日立市）一帯でも三度ほど大雪が降り、竹木がその重みで折れたり、倒れたりする被害が続出した[7]。

二年後の宝暦十三年も、天候は春先から不安定で、麦作はかなりの減収となった[8]。その上、地方によっては稲作も八月十五日から翌朝にかけて襲った台風や、害虫の発生で不作となった。

二　明和期の旱魃

明和期に入っても、異常気候の年が続いた。明和元年（一七六四）小木津村などの常陸地方北部一帯では平年作ないし豊作だったのに対し、南部諸村では旱魃に見舞われ不作となった。地域により、豊凶の差がはっきり分かれたのである。その地域差が顕著に現われたのは、同七年（一七七〇）と翌八年の旱魃による稲の作柄である。久慈川の中下流部一帯や平野部農村では両年の旱魃で壊滅的な打撃を受けた。中流部上大賀村（常陸大宮市）の一農民の記録に「（同八年も）打続大日照リ諸作取実無之」と、八年も前年の七年に続き、諸作物の収穫はなく、飢饉状態に陥ったことを記している。藩も「旱損租入ヲ減シ」と嘆くありさまであった[9]。

ところが里川中流部の小中村（常陸太田市）の庄屋を勤めた佐川庄左衛門の回想録[10]には、明和七年の項に「前年見合も無之日照ニ御座候得共、山中筋此郷通り田畑共ニ大当り」と記されている。今まで経験したことのないような日照りが続いたが、山中郷（旧多賀郡の北西山間部）や「此通り」つまり小里郷（常陸太田市）から中里方面（日立市）にかけての、里川沿いの村々では大豊作であったというのである。さらに同回想録は翌八年以後の作柄について、「是年（八年）より、十弐三年の間相応之作毛」と記す。結局、この地方では同八年も含め、以後十二、三年間は平年作（相応之作毛）が続いたことになる。

また水戸藩に北接する天領（塙代官）宝坂村（福島県矢祭町）の一農民の覚書[11]「萬覚書」にも、七年の作柄について「当年之義ハ山間冷水懸の場所大あたり、水戸領杯ニ而ひそん（干損）おほし（多し）」とあり、翌八年の項には「山間冷水懸場所者大あたり」と、両年同じように記録している。同村の別の農民も「此年（七年）者山中冷水懸場所大あたり、場所ひろき所者ひそん（干損）多有之[12]」と、前者と同様の記録を残している。結局、水戸領では広き水田地帯では旱魃にあい大凶作となったが、山間冷水場所は大当り（豊作）に沸いたというのである。

さらに地域による豊凶をはっきりさせるために、毎年藩が各村に年貢を割り当てる「年貢割付状（免状）」で確認することにした。そこで平野部、浜方、中山間部の各地から、それぞれサンプルとして、小目（常陸太田市）、小木津（日立市）、折橋（常陸太田市）の三村を抽出し取り上げることにした。それは三村が年貢割付状が比較的そろって保存されている上、村高の中で田・畑の割合がほぼ等しいことにある。

藩は毎年、収穫前に各村の作柄を査定（干枯小検見）して、天災などによる被害がはっきりすれば、その分年貢徴収高から除外する引高の措置をとった。したがって、割付状に示された引高の多少によって、各年の作況を判断することができる。なお、引高の中には、道路・水路溜池敷、稗蔵敷地などの公共用地も含まれるが、これ

表５－１　年貢引高一覧（石未満切り捨て）

年代 / 村名（引高）	享保	明和									天明
	17年	1	2	3	4	5	6	7	8	9	3
小目（1519石）	135	301	303	413	346	426	371	297	351	135	339
小木津（1848石）	?	36	137	225	159	221	193	195	475	185	461
折橋（719石）	196	152	?	?	?	33	33	?	42	?	241
主な被災理由	冷立		付荒 旱枯	旱枯 冷立 風当	付荒 旱枯	付荒 旱枯	付荒 風当	旱枯	旱枯 無水	付荒 風当	冷立

「常陸太田市史」上「新修日立市史」上、および里美村史編さん会作成資料による。

主な被災理由は、小木津村の場合をあげた。明和元年は６月中旬大雨があり、夏寒冷であった。


は各村とも多くてわずか数石程度なので、無視することにした。

不作とされた年の三村の引高を示したのが表5－1である。なお、参考のために享保・天明冷害飢饉年の引高も掲げることにした。

これによれば、平野部の小目村では、享保・天明の冷害の年より、旱魃（干枯）に襲われた明和期の被害のほうが甚大であったことが分かる。これに対し、折橋村は旱魃の続いた明和期（五・六・八年）には、その影響をあまり受けることなく、平年作ないし豊作の年が多かった。反面同村は天明三年の冷害には、全村高の三分の一を超える二四一石が引高の対象とされた。この二村の例から、日立地方の被害傾向も南部諸村は小目村に類似し(13)、中里・深荻地区などの山間の村々は折橋村により近かったものと推定される。

一方、浜方の小木津村は小目・折橋両村の中間型であったとみてよい。ただ明和八年の干枯被害が著しかったのは、五月初めから降雨なく、空梅雨だったことが大きく影響したものとみられている。同村には旱魃対策として、藩政初期すでに横久保溜池が構築され、寛保元年（一七四一）には一の堰も完備されたが(14)、同年は空梅雨で貯水量も少なく、その機能も十分に果たせなかったものとみられる。それを裏付けるように、割付状によれば、同年の年貢引高の大半が「無水不作」（二七〇石程）によるもので、「旱枯」（一四〇石）のほぼ二倍に当たっていた。結局、耕作条件の悪い水田（悪所分、各免分）では、田植時から水不足で生育は不良となった（無水不作）。

他方水に恵まれた良田の本郷分も、夏までは順調に生育したものの、その後の炎天猛暑続きで旱魃となり、枯死が相次いだのである（旱枯）。浜方では石名坂、南高野以北一帯の畑作主体の村々では、大豆・粟・稗などの雑穀や紅花・夏作野菜に被害が及んだものの、稲作地帯ほど大きな打撃はなかったものと思われるが、その詳しいことは分からない。

翌明和九年（安永元）も雨不足で、稲は空穂（付荒《つけあれ》）が多く、不作に陥るなど、農村の疲弊はいっそう募り、生活苦から立ち直る間もなく、天明の飢饉を迎えることになった。

三　天明の冷害と洪水

安永から天明と改元された年は七月に台風の襲来もあったが、水戸領としてはそれほどの被害に見舞われることもなく、おおむね平穏に過ぎた。翌二年になると、関東地方では四月二十一日に、七月に入ると十四、五日と、相次いで大地震が発生した。農民は天変地異に襲われないかと、何かと不安に陥った。その心配が消えぬ四日後の十九日には大雨大風に襲われ、八月十日には「近年覚無大嵐」に遭った。結局この年の農作物は不作だった(15)。

十二月には菜の花も咲き、三月を思わせるような陽気が続いた。ところが翌三年になると、春先から天候は不順で寒冷雨天の日が多く、五月になっても綿入れを着用するほどであった。六、七月になっても気温は上がらず、低温続きの毎日であったところ、七月七日から九日にかけ浅間山が噴火し、関東一円は降灰に襲われた。七日午前十時ごろ日立地方はどんよりとした雲に覆われ、火山灰に交じって火山毛も降ってきたという(16)。

その後も天候は回復せず、「冷寒陰雨」の日が続き、稲は生育悪く出穂も遅れ、畑作物も実が熟さず、大凶作となった。深荻・入四間地方を含む山中郷一帯は稲の収穫は皆無に近く、次年の種籾に事欠くありさまであった(17)。しかし小目や小木津の被害は明和八年の旱魃害をやや下回る程度であった（表5－2）。また中山間地の小里郷でも平地部では豊作年の半作、平年作の六、七割程度の収穫だったらしい。総じて平野部では山間地ほどの被害にならずに済んだ。

翌四年も正月に地震が発生したことや、春先寒冷な日が続いたことで、今年も災害に見舞われるのではないかと心配されたが、天候もそれほどの崩れはなかった。ただ夏の雨不足や秋の台風の影響を受けて、一部の村では不作となったが、日立地方では概ね平年作程度の収穫であったらしい(18)。しかし次の五年には梅雨を過ぎると、雨が少なく稲の生育が心配された。八月になると、今度は一転して低温雨天の日が多くなった。そのため小木津村のように、多くの村々では「無水不作」「冷立」による減収となった（表5－2）。

年を超え六年になると、春先から雨天低温の日が続き、夏のころになると、稲をはじめとする大・小豆等諸雑穀の冷害凶作は

表5－2　小木津村の天明・寛政期引高変遷

年　代	引高	被災理由
天明1年	99	付荒
2	38	
3	461	冷立による付荒
4	38	
5	311	無水不作、冷立
6	330	冷立（水押皆無）
7	38	
8	45	水押
天明9 寛政1	241	旱枯、無水不作
2	39	
3	132	
4～文化14	39	これより文化14年まで26年間不変。
文政1～3	33	文政1年より33石、同4年426石。
4	426	

「小木津村年貢割付状」日立市内、小貫忠之氏蔵より作成

決定的となり、農民の不安は募った。五月五日以降断続的に降り続いた雨は、六月になると、「相続」くありさまとなった[19]。時折洪水となって村々を襲い、各地に甚大な被害をもたらした。前掲の小中村庄左衛門の回想録は、「五月五日より雨天、廿日方迄打続……夫より六月始迄雷雨日々有之、晴天無御座……」と記している。七月になると、一時晴天の日もあったが、その後の天候は荒れる日が多くなった。ある会瀬村農民の記録[20]によると、日立地方では十一日から降り始めた雨は、十二日申の刻（午後四時ごろ）から次第に強くなり、大雨となったという。大雨は十六日まで続いた。ついに十六日正午ごろには各河川が氾濫し、堤防の決壊が相次いだ。また陸水（野水）も各地で充満し、床上浸水等の被害も広がった。この内容とは若干異なるが、前掲庄左衛門の回想録には「七月十三日より大雨十七日迄、中にも十六日前代未聞の洪水、田畑道橋大破し……」とある。

里川の堤防が堅盤村（常陸太田市）地内で決壊し、濁流が大橋村方面に襲いかかり、民家を押し流した。屋根に乗って救助を求めた住民が願いかなわず、犠牲になったことなどについては『新修日立市史』（上）でも紹介した。当日の日立地方南部における大雨洪水の猛威の様を、前掲の「大甕社記」は後代のためとして、詳しく書き留めている。やや長文になるが、その大要を示しておこう。

当村（久慈村）の場合、南町は明神まで水がついた。新宿は残らず満水、藤山下まで水がつく。床上に水が上がること五尺六尺、または三尺、二尺、いずれもその場に滞流し、南町から新宿町にかけては、舟にて往来した。次第に増水し、水嵩は高くなり、逃げ遅れた者は溺死しなければよいがと、まことに薄氷を踏むがごとき危険なありさまであった。

不思議（不審）なことが起こった。川口は泉福寺下にあったはずが、離山向北河原下に当たるところで、十六日夜九ツ時（一二時ごろ）一度に高砂（堤か）が押し切られたため、この辺りが川口の状態に成り変わってしまった。その広さは二〇〇軒（間の誤りか）と推定された。ところが（幸運にも）充満した水が急に引いたためか、水死者は一人も出なかった。

いっぽう留・北河原・児島・竹河原・茂宮の村々では、一時的にせよ川口が変わったことで救われ、幸いにも男女とも溺死人は出なかった。まさに「神慮」というべきであろう。しかし右の村々では三尺五尺、八、九尺の高さにまで水に浸ったので、飼馬に犠牲が出て一三頭が流死してしまった。

大橋村では坂下の大甕神社領地分まで水が上がった。その水の高さは三尺四尺あるいは七、八尺に達した。そんな状況下、七軒が流失、六人が溺死（入水とある）した。なんとも哀れなのは金蔵夫婦とその老父であった。金蔵夫婦は困窮のあまり、老父と息子を大橋村の自宅に残し、太田の町（常陸太田市）に出て、奉公人として働いていた。夫婦は実家の洪水被害を心配して村に戻ろうと太田を出たが、道路が満々と冠水し通行できず、やむなくコースを代え、片根通りを経由して、やっとの思いで自宅に着いた。ところが老父、息子はすでに危険を感じ、自宅を離れ避難していた（息子は大沼村）。老父は夫婦の帰宅を知らされ自宅に戻った。

三人は再会を喜んだが、なんと悲運にも、濁流が突然村に押し寄せたのである。三人は自宅の屋根に上がって溺死を避けようとしたが、家もろとも大海に流され、海底の藻屑と消えた。田中内村では死者は出なかった。茂宮では二人口水（入水の誤りとすると前説明と不一致）。対岸の石神船戸（東海村）では饅頭屋など三軒が流された。（以下略）

このほか「社記」は米崎（那珂市）叶山の中ほどまで水がついたことや、額田（同市）大池土手が崩落したこと、久慈川堤防が数十か所で決壊したことなどについても記録している。石名坂下平地部の被害惨状は目を覆うばかりで、「坂下之義ハ紙上ニ尽難」と記している。

そのようなわけで、天明六年七月の大洪水は、特に久慈川やその支流の里川・茂宮川などの下流部南部諸村に壊滅的打撃を与えたのである。河川から離れた高台の地でも、降りたまった陸水の排水が思うように進まず、農作物は水腐（冠水害）・根腐の被害にあう始末であった。(21) 幸いにして、こうした水害から免れた小木津などの村でも、低温の日が続いたことから、「冷立」被害に見舞われた。

翌七年も麦の収穫期に雨天が続いたので、大久保・金沢などの坂上郷畑作地帯では多大な被害を蒙ったものとみられる。その二年後天明九年（寛政元年）には、四月ごろから以降雨が少なく、天水場では田植さえできなかったといわれている。(22) ともかく天明期は冷水害に悩まされることが多く、その点連年旱魃に見舞われた明和期とは対照的であった。その後領内東北部は文政四年（一八二一）の大旱魃を経て、冷害の続く天保飢饉を迎えることになる。

おわりに

以上、限られた史料からではあったが、江戸時代後半期、領内東北部を襲い多くの被害をもたらした天災の中から、宝暦の竜巻、明和期の旱魃、天明期の霖雨洪水についてみてきた。いずれの天災も、及ぼした被害は地域によって、程度にかなり差のあることがはっきりした。

特に宝暦の竜巻は同一村でも滑川村では海岸沿いが、田尻村では山沿い丘集落が集中して被害を蒙った。被害はまことに局地的なものであった。また灌漑施設が整わず、土木技術も未熟だったため、旱魃の年は久慈川中下流沿い平地部稲作に多大な被害をもたらした。反対に湧水に恵まれた山間部の稲作は水温の上昇によって、豊作となった。ところが山間部では霖雨低温が続くと、その影響をまともに受け、稲は実らず空穂の「付荒」被害が拡大した。一方豪雨洪水に遭遇すると、護岸の不備もあり、平地部ほどその被害は大きかった。

総じて日立地方を含む水戸藩領の北部一帯の山間地では、冷害による打撃が大きく、南部平野部（日立地方の場合、石名坂以南）では旱魃・洪水の被害を受けることが多かった、といえる。さて、畑作中心の大久保・油縄子・金沢・森山・下孫などの坂上郷では、稲作地帯のような、極端な豊凶に苦しむことはなかったらしい。これについては今後の検討課題としたい。

ともかく災害に地域差の顕著だった年は、食糧不足のため窮地に陥る農民がある一方で、それほどの被害を受けなかった農民や商人の中には、穀物相場を操作し、法外な利益を上げるものも少なくなかったらしい。そのため被害地貧民は一段と困窮した。また豊作年の穀物相場の操作も、稲作中心の中小農民をいっそう窮地に追いやった。その傾向は凶作の続いた後の豊作年ほど顕著であった。豊作を理由に米価下落が操作されることで、稲作農家の収入は予期したようには増えなかった。前年まで続いた不作のため借財も募り、困窮に喘いでいた農民は、この豊作を機に返済しようと考えたものの、それが叶わずいっそう苦境に陥った例も少なくなかった[23]。まさに「豊作貧乏」による中小農民の没落である。

このほか日立地方を襲った天災には、延宝四年（一六七六、一説に同五年）と寛政五年（一七九三）の大津波がある。ただし前者（延宝津波）の場合、どの程度の津波が日立地方を襲ったのか、詳しいことは分からない。なお寛政五年津波については平成元年七月五日発行の「日立市報」で紹介した。

天災とは別に農民没落の原因の一つとなったものに、しばしば発生した火災がある。しかしその詳しい記録はあまり残っていない。現在知られている古い事例では寛永年間、介（助）川村で一五五軒を焼き尽くしたという大火がある。[24]前掲『大甕社記』によれば、明和二年（一七六五）暮四日河原子村で、寛政二年（一七九〇）暮水木村で発生したことが知られる。河原子大火は十二月四日に発生したもので、その焼失被害は「本屋百五十軒余、棟数三百軒余焼失」とある。また水木村大火については「十四日朝丑ノ上刻より卯上刻迄水木村出火」と説明した上で、「至極大火」にて、焼失被害は「屋敷二百軒余」と記録している。いずれも村にとって歴史的大火であったことには間違いないが、特に水木大火では、村の大半が焼き尽くされたものとみられる。もちろん本屋（居宅屋敷）付属の納屋や作業場などを含めると、焼失棟数は四〇〇前後（本屋の約二倍）に及んだものとみられる。

文化八年（一八一一）閏二月には、川尻村で「三百軒やける」という大火があったとされているが、確かなことは分かっていない。[25]ただ同村の戸数は一五〇戸と推定されるから、焼失三百軒とは納屋・作業場などを含んだ総棟数なのかも知れない。なお、大久保村では天和二年（一六八二）と宝暦十年（一七六〇）に大火に見舞われたという。[26]

いずれにしても木造草（萱）葺き屋根の上、防火・消火体制の不十分だった当時、ひとたび失火すると、類焼拡大は免れなかった。

以上江戸時代後半期の災害について、日立地方を中心にごく限られた史料で概観したが、周知のように天保期には連年の如く襲った霖雨冷温の異常気象によって、疲弊する農村は壊滅的な打撃を受けた。これについては後日稿を改めて、検証したいと思う。

もちろん水戸藩では前半期にもたびたび大凶作・飢饉に見舞われ、ときには多数の餓死者さえ出している。しかしその実態については不明な部分が多い。今後は水戸藩領全般にわたって、異常気象の歴史や凶作・被害の実態について、[27]調査検証する必要があろう。

注

1　寛永二十年二月に記録した藩領北部久慈川中流部、同川支流浅川、山田川流域の惨状（作付状況は寛永十九年）
一、下年数村にて田方五拾弐石いまた作人仕付不申候……
一、上年数・中年数・宮河内・諸沢・田野・小野村ニて申分、只今迄あまり申候田地を割渡作人仕付不申候処、
請取候者死申候間、其田地ニ可仕損耗御座候……
一、花房村・かし村・小倉・あか土村・しほ原村・辰口・右断……
一、久米・大方・薬屋・大里・竹合・太方《ママ》・高垣・大平・柳沢・玉造・和田・たなや・松平・国安・和久・町や
（町田の誤りか）・中染・東染・西染・上下高倉・何も田地あらし申間敷候、然共夫食無之候間、死人おほく御
座候、以来ハ不被存候……
一、小里ノ小中村ニ絶百姓ノ跡百五拾石御座候ヲ入付申候、残七拾五石ほと何共作人無之由
「寛永文書」（茨城県立図書館蔵）

＊寛永十九年の凶作により餓死者が続出し、作人（農民）が減り、耕作放棄地が増えた様子が分かる。

2・6・7・22　大貫幸男編『大三箇倭文神宮社記』

3　「小木津村年貢割付状」（日立市、小貫氏蔵）

4　常陸太田市史編さん委員会『常陸太田市史』上

5・8　天明四年「年号留」（常陸大宮市、河野蔵）

9　『水戸紀年』（『茨城県史料』近世政治編一所収）

10・17　明和七〜文政十年「諸作変年書留帳」（『里美村史史料集』一所収）

11・15　古市源蔵『萬覚帳』（矢祭町史編さん委員会『源蔵・郡蔵日記』所収）

12　古市郡蔵『我一生見聞知覚書』（前掲『源蔵・郡蔵日記』所収）

13　「農政要略」（常陸太田市　吉成氏所蔵文書の「北郡御郡方寛永文書物目録」に、寛永十一年の旱魃に際し、その

被害を藩に報告し「日枯小検見」実施を願い出た記録がある。その村の中に大橋・久慈・宮田の村名がみえる。山間部の村から提出された記録はない。また十五年の「日枯小検見願」の提出も、土木内・大橋・石神外宿・石神内宿・石神白方・落合・川島・粟原など久慈川下流一帯の村々であった。

14　日高村郷土史刊行会『日高郷土誌』によれば、横久根溜池構築は寛永十九年（一六四二）としている。

16・20　享和二年「永代覚日記」（常陸太田市　豊田家蔵）

18　たとえば、小木津村の同年の引高はわずかに三八石余であった（当時同村では道代・稗蔵敷などの公共用地のほかに川欠・砂置地などを含めると、豊凶に関わらず，引高は最低限三〇石程度であった）。

19　前掲「萬覚帳」及び「年号留」など

21　前掲「大三箇倭文神宮社記」及び「永代覚日記」など

23　前掲「常陸太田市史」上には、その具体例（耕地所持面積が水田に偏る農民ほど没落している）が示されている。

24　前掲「農政要略」

25　前掲「萬覚帳」によったが、これは伝聞をもとに記録したもので、戸数等の記載に疑問がないわけではない。「水府志料」（『茨城県史料』近世地誌編）によれば、文化二年ごろの戸数は河原子村二七三戸、水木村二四〇戸となっている。

26　文政八年「岡部盤竜子故事物語」に「先年ノ大火事宝暦十年迄ニ七十八年ニナル（七十八年前は天和二年）、上ハ向宿橋迄、下ハ横丁橋迄也」「一、下横丁ヨリ下ノ火事ハ宝暦十年十月廿四日ノ夜」とある（当時の同村の戸数は二四〇戸と推定されるから、村の大半が焼失したことになる。こ納屋や作業場などを含めると棟数は四〇〇前後に達していたものと思われる。水府志料二四五戸）。

27　水戸領でも古くから何度も大凶作に見舞われているが、特に寛永・延宝・享保の惨状は酷かったといわれている。文政三年「天明飢饉草稿」（常陸大宮市　栗田家蔵、同市歴史民俗資料館『常陸大宮市近世史料集』一所収）では、近来の飢饉について「寛永十八辛巳年凶作飢饉、延宝三乙卯年同飢饉なり、……其後享保十七壬子飢饉、……又其後天明三癸卯年ニ至り陽レ陰変化して四ヶ年の大飢饉……」と記している。なお、元禄期における領内の気象についは、山口秀男の綿密な検証がある（「『日乗上人日記』の天気記録」郷土ひたち文化研究会『郷土ひたち』二一号）。

第六章　天保七年の冷害と餓死の記録

―日立地方を中心に―

はじめに

茨城県北部（旧水戸藩領）農村で生まれ育った筆者は、旱魃の年など農民の間でよく、「日照りに餓死なし」との諺を耳にした。灌漑施設が充実した現在では、この俚諺を知るものは少なくなった。古老の語るところによれば、当地方では日照りの夏に備え、毎年これに強い粟・稗などの雑穀を仕付けていたという。そのため旱魃の年でも、食糧が皆無となるような最悪の状況は免れるという意から、この諺が生まれたらしい。またかつては春先から夏にかけ降雨が少なく、稲の不作が予想されると、粟や稗などの雑穀に作付転換する例が多かった。もっとも稲の生育に必要な水を何とか確保できる北部山間地や、灌漑施設の整った地方では、日照りの年ほど豊作になる例が多いのも事実である（第五章参照）。

この俚諺について、かつて筆者の亡母（明治二十九年生まれ）は「この諺は旱魃の夏は悲観するには及ばない、という限定した意味だけではない、ことばの裏には冷夏の年こそ要注意という、意が込められているのだ」と、解説してくれた。むしろ「日照りに餓死なし」の後に続けて「冷夏に餓死あり」と続けるべきであると語っていた。事実、春先や夏に冷涼な日が多いと、農民はその秋の食糧難を心配し、貯穀に努めるべく互いに忠告し合ったという。

確かに、久慈川支流の山田川・浅川・里川の中・上流部や多賀山中で多数の餓死者を出した寛永飢饉も、実は霖雨、冷夏によるものであった(1)。反対に明和期には、旱魃が相次いでも、北部山間部ではその都度、平年作ないしは豊作にわいたことが知られている(2)。

ところで天保期、連年のように襲った凶作はすべて冷害によるものであった。農村各地に伝存する天保期農民の書き残した記録や古文書の中には、藩政史上例をみないような凄惨な飢饉状況を綴ったものも少なくない。農村はまさに寛永飢饉再来を思わせるような飢餓の窮地に陥った。当時北郡庁（太田組）の下役人だった加藤寛斎（善兵衛）は、坂上郷（常陸地方）、同海岸地方、松岡郷（高萩地方）の凶作の様子と、農民の窮状を次のように書き残している。(3)

四ケ年以前巳年（天保四年）も田方冷立近代之凶作と伝ふ、農民此年甚窮須、又当申（同七年）ニ至りて大凶作、天明三の凶作とハ事替りて大不作也、坂上郷浜付之村松岡郷田渡之所アエ（不熟米）サヘもなし、貧民及飢候也

これによると、天保四年の冷害（冷立）も近代稀なる凶作であったが、同七年はそれを凌ぐ大凶作であった。それどころか飢饉をもたらした天明三年の不作をはるかに超えるものであった。ただ寛斎は入四間・深荻地方（日立市）や君田（高萩市）、若栗（同市）一帯の、いわゆる山中郷の視察はしていなかったのか、彼の記録はこの地方の実情には触れていない。後述するように、山中郷では餓死者が出るほどの惨憺たる状況であった。にもかかわらず、寛斎は山中郷の実情を把握していなかったのだろうか。

もっとも、村方から郡庁に提出される、実情報告を伴った各種書類をみると、極度の飢餓状態に遭遇しても、藩の「御救」「御仁恵」によって、その危機を脱することができたと記している例の多いことに気付く。こうしたこともあってか、農村事情を頻繁に視察した筈の寛斎でさえ、正確な窮状把握は難しかったのかも知れない（後述）。もちろん藩もこうした現場担当役人の報告や村方からの提出書類などを根拠に、天保飢饉では一人の犠牲者もなかったと認識していたのであろう。その上で藩は、この窮地を自ら推進した救済策で見事に乗り切った

と誇っていたことも確かである。

いずれにしても藩政史上、稀といわれるような大凶作が次々と襲った天保期農村の惨状を知れば知るほど、藩庁の記録や村方の公式文書にみえる「飢人無之」などの文言をそのまま信じてよいものか、疑問はいっそう深まる。

幸い『新修日立市史』編さん過程で、この疑問を解く記録がいくつか発見された。小論ではそれらの史料を中心とし、天保七年（一八三六）の気候や、作柄状況を紹介した上で、長年伝えられてきた「餓死者皆無」は史実に反していたことを明らかにする。

一　作況指数と郡吏の作柄査定

当時の稲の作柄は地域間に著しい格差があったから、不作の年といっても、全領一律に判断できるものではなかった(4)。さらに注意しなければならないのは、稲の作柄は年により、豊凶の差があまりにも大きかったことである。つまり耐寒性品種の改良が進んでいなかったため、低温日が続くと、収穫は極端に減少したといえる。そのため作況指数で考えた場合、五〇を下る凶作年は決して珍しいことではなかったらしい。当時の農民はたびたび窮地に立たされていたことになる。

それでは実際、年により収穫にどの程度の差があったのだろうか。幸い宮田村（日立市）の年貢納付高（俵数）が、天保二年から同十三年まで明らかにされているので、これにより同村の作況指数を試算してみた。それが表6－1である。

これによれば、寛斎が「アエ」さえ採れなかったと驚愕し、嘆いた天保七年（一八三六）は記録通り、無収穫に近い指数（一四）であった。農民にとって不幸だったのは、四年の大凶作、同六年の不作、七年の大凶作、同九年の大凶作と収穫減が相次いだことである。しかもいずれの年も冷害によるものであったから、他の雑穀、野菜類も一様に不作のうえ、穀物の蓄えもない農民の食糧不足は毎年深刻であった。特にほとんど米の採れなかった七年の農村の疲弊は想像を絶するものであった。後述するように、山間農村部になると、秋の収穫「皆無」の地域もあって、その悲惨さは宮田村どころではなかった。

寛斎は七年八月中旬、山田川上流部高倉郷（常陸太田市）から、久慈川上・中流部山方方面（常陸大宮市）を視察し、諸沢・田野両村（常陸大宮市）の作柄を査定し、秋の収穫を次のように予測した（表6－2）。

表6－1　天保期・宮田村の稲作作況指数（年貢納付量より試算）

年　代	作況指数	年貢納付量（俵）
		俵　斗
天保２年	114	984．3
3	111	961．2
＊　4	37	318．1
5	114	990．1
＊　6	77	662．1
＊　7	14	127．0
8	84	732．2
＊　9	34	269．1
10	107	925．4
11	90	781．1
12	86	745．1
13	91	785．3

＊4、6、7、9年を除いた8か年の平均納付量は863俵2斗3升2合。
863俵2斗を100として試算した。
天保14年「滑川村より石名坂迄御収納辻田畠取実産業等相絆書上帳」（日立市内、佐藤家文書）

これによれば、同じ稲作でも早稲と晩稲では収穫に著しい差が出たことが分かる。寛斎は早稲を八月十二日の時点で、諸沢が五分作（半作・中作）、田野が三分作と予測した。晩稲は両村とも「無毛」（収穫皆無）、中稲はそれぞれ二分、一分と判断した。また寛斎は山沢の水田では中・晩稲とも出穂が極めて悪かったと記録している。ところが査定した翌日（十三日）夕方から、大風が吹き荒れた。これにより実入り

表6－2　加藤寛斎の作柄査定（「寛斎君漫筆録抄（下）」による）

作物＼村落		諸沢村	田野村
田方	早稲	5分	3分
	中稲	2〃	1〃
	晩稲	0〃（無毛）	0〃（無毛）
	粟（あわ）	2〃	2〃
	稗（ひえ）	3〃	3〃
	大豆	6	3〃
畠方	小豆	5	2〃
	大角豆（ささげ）	0（無毛）	0〃（無毛）
	荏（え）	0（無毛）	――
	綿	0（無毛）	0
	胡麻（ごま）	0（無毛）	0
	芋（いも）	7	6
	大根	5	3
	楮（こうぞ）	3	3
	煙草（たばこ）	3	4
	蒟蒻（こんにゃく）	5	5
	茶	――	0
その他の被害		田方3分水押	田方3分水押
		畠方2分水押	畠方5分水押

他に「諸沢村」の項に、「中稲弐分位ハ山沢出穂無之分」

「晩稲五分位、是ハ右同断」

「田野村」の項に、「中稲弐分是ハ山沢末出穂不仕候分」

「晩稲五分　是ハ右同断」

両村に「せんさいるい（前裁類）無御座候」とある。

を直前にした穂を揉み落とし、被害をさらに大きくした。したがって、実際の収穫は各村とも予測をかなり下回り、中稲まで皆無同然となったものと思われる。

　さて、稲以外の稗・粟・豆類はわずかではあるが収穫できた。寛斎はさらに続けて、領内総じて「粟稗中作より悪し、所ニより稗宜候所もあり」と書き留めている。また大豆・小豆は諸沢では半作以上の作柄だったのに対し、奥地の田野では三分作以下であったことになる。ただ前菜類（野菜・青物）は根腐れなどにより、両村とも収穫できなかった。両村の状況から判断して、山岳地から離れた平地畑作地帯では、雑穀などの収穫により最低限度の食糧確保が可能だったのではあるまいか。

　ちなみに金沢（日立市）、下孫（同）の村々では水田が全耕地の一割に満たない典型的な畑作地帯のため、麦・粟・稗・豆類などの雑穀や芋類の作付に力が入れられていた。したがって、この地方では稲不作でも、何とか飢餓を脱することができたものと思われる。ただ大久保村では、煙草・紅花・木綿などの商品作物の栽培が、他の村々より進んでいただけに、食糧不足は深刻だったものと思われる。(5)

　日立地方でも田野村と同じような山間地の深荻、入四間などのいわゆる山中郷では、雑穀も半作（収穫半減）以下の作柄とみられている。その上、同年は台風の襲来も多く、糧《かて》として期待された栗や柿まで実りを前に落ち、腐るありさまであった。(6)また八月、良作と予想した豆類も、地方によっては台風後一転して不作になったという。

　収穫の秋を迎えた農民は、ますます窮地に追い込まれていった。寛斎も「御領内貧民共夫食（食糧）無、及飢候」と嘆いている。しかし彼は反面「暮より役所ニ掛り、相立相廻候村々相糺、難儀のものへハ稗壱俵弐俵ツツ一村三拾俵より速ニ被下候故、飢餓無之事」と記し、役所（係）の実情視察のもとに「御救稗」を支給し、飢人を救った（餓死者を出さなかった）と、誇りにしていたのである。

二　天候不順の記録

中深荻村呉坪（日立市）の一農民は、天保期の天候や世相を克明に書き留めていた。記録は題して「伝聞秘録袋」[7]とある。この農民は当時の社会に、自分の記録内容が漏れた時の反響や支障を憂慮し、極秘に書き留めていたのである。しかし反面、「いつの日か時が来たら内容を公開し、役人の姿勢や民政を進めるに当たっての参考にしてほしい」との願いを込めて書き留めたふしもある。

たとえば、長期にわたって山横目職に就いていた、ある指導者の公金着服事件を詳述し、これに、

惜まるるうち　ちり（散り）てこそ　世の中の
花も花なり　人も人なり

との歌を添えている。役職も花同様、散り際、すなわち退任時機があるので、この判断を誤らないようにとの忠告である。つまり長期在任が汚職につながった事例から、今後役職に就く者への心得を示したのである。

まずはこの秘録袋をもとに、天保七年の天候や凶作の様子を概観することにする。

前年（天保六年）は十月初めごろより雨量は少なく、暖気をもようし、霜月に入ってからも同様で、降雪も少々であった。雨はなく厳寒に入ったかと思うと、それは一時的で再び暖冬に戻った。日向では菜の花が咲きそろい、人々は「暮能き冬（暖冬）」は、来秋の作物が「不作」になる予兆だと心配し合った。しかし皆「凶作打続候事ハ有間敷」と、連年凶作が相次ぐことはよもやあるまいと楽観し、気持ちを入れ替え、励まし合い、精を出すことにした。

年を越え七年の正月を迎えたが、雪は少なかったものの余寒は長く続いた。二十八日は朝から雨が降り出し、

四つころ（一〇時）から吹き出した風は次第に激しくなり、大風となった。夜遅くなって、ようやく風も雨もやんだ。以後三月下旬まで降雨なく、各地では井戸水が枯れた。三月十八日（八十八夜）、十九日になってようやく雨が降った。

四月五日から七日は気温が上がり、大暑同然となったが、八日から天候は急変し、冷温、雨天、曇りがちの日が続くようになった。四月二十三日早稲苗を植えたが、五月になっても晴天の日はなく、毎日雨が降り「冷気打続」くありさまで、生育の遅れが心配された。野良に出るのも袷綿入れを着用するほどの寒さだったと、「秘録袋」は綴っている。

しかも五月十日は早朝から雨が降り出し、次第に激しさを増し「大雨」の状態となったところに、大風も加わった。その上「冷気甚敷手足こごえ」る状況で、田植を始めたものの、中止せざるを得なかった。この日は偶然にも「巳の凶作」（天保四年）に襲った台風日と同じだった。以後一時的に暑気も戻ったものの長続きせず、低温雨天、「半照り」の日が続いた。土用中でも重ね服で生活する日が多かった。ただ山中郷では麦は平年並、小麦は「半毛」（五分作）程度の作柄であった。ところが「西南郷ハ麦大当り、小麦も中上之当り」であった。

土用中になってようやく栗の花が咲き、立秋（六月二十四日）の翌日、竹の子（筍）が出たので、これを食べた。土用十日前には入四間、中深荻上の山中では、秋の彼岸ごろに採れる茸（千本しめじ）が姿を見せるようになった。七月一日暑さが戻ったものの、三日夜半から低温となり、五日朝から大雨に見舞われ、大洪水となった。各地で耕地や民家が次々と流され、甚大な被害を受けた。

十八日は台風が常陸地方を直撃した。「奇（希）代之台風」と記録されたように、それは凄まじい勢力であった。農作物に与えた被害も大きかったが、不幸だったのは海で数多くの犠牲者が出たことである。大洗方面から大津（北茨城市）、平潟（同）にかけての海では難破船が続出（数艘）、溺死人は一五〇人を数えたという。

その後も天候不順、秋冷の日が続いた。八月一日は大暴風が襲来、各地の河川が氾濫し、流死者が相ついだ。これらの災難にさらに追い打ちをかけるように、十三日、十六日と矢継ぎ早に大風雨に見舞われ、気温も上がらなかった。そんな中、入四間では不運にも火災が発生し、二一軒の民家が焼失した。

九月二日の朝は大霜となり、九日重陽の節句には薄氷が張り、「誠ニ霜月時分」の寒さであった。各農家では収穫を始めたものの「古今無類之大凶作」で、山中郷に至っては田畑作物ともに稔りは見られなかった。その後も一時的には温暖な日もあったが寒冷日が多く、十二月に入ると、雪の降る日が続いた。一日暮六つには初雪が降り、四日夜から五日にかけては大雪となり、赤根入笹目（日立市）辺りでは三尺（九〇センチメートル）の積雪となった。二十三日は大風をともない「時雨雪」が降り、寒さも厳しかった。さらに二十七日から翌日にかけての雪は一尺（三〇センチ）ほど積もった。そして迎えた天保八年の正月三が日（三日八つ半まで）は、昨年とは反対に温暖であった。しかしその後寒気がもどり、余寒も長引いた。

結局、七年は春先から暮に至るまで、一年間天候不順が続いたことになる。春の到来は遅れ、夏はなく、一挙に秋になったものの、短期間のうちに冬がおとずれ、しかも雪の多い厳寒であった。前年の暮（太陽暦一月）が「暮能き《くらし》」陽気（暖冬）は、翌年の「秋凶作」となると、古くから伝えられてきたことばが現実となったのである。

三　凶作の実情と餓死者

以上みてきたように、天保七年は年間を通して低温寒冷であった。そのため特に山間部では田畑を問わず、すべての作物が不作であった。「秘録袋」の筆者家の収穫をみると、中山間（深荻地区）でありながら、稲作は無毛（無収穫）、大豆は二升蒔きで一斗八升、以下稗二升蒔きで三斗五升、芋一升蒔きで四俵、蕎麦は無毛、粟は二升蒔きで三升であった。深荻地方もすべての作柄で、前述の田野村（常陸大宮市）とほぼ同様の傾向を示していたことになる。

いずれにしても山間奥地ほど、冷害による不作は深刻で、秋以降、農民は日ごとに食糧難に追い込まれていった。「秘録袋」の筆者は山中郷の鶏が十二月初めごろから、翌年二月下旬までの間、時（刻）を告げる声をあげなくなったことに気付き、驚いている。これについて筆者は、山中郷（高萩市）では「田畠穀物壱粒も手取無之」と記した上で、「大能、君田、柳沢辺之鶏餓死致候由」と、伝聞した情報を書き加えている。家畜が餓死したことは、山中郷ではいよいよ農民自身の食糧も底をつき、逼迫窮地に陥っていたとみられる。

麦作の収穫を前にした、五、六月の穀物端境期になると、山間奥地では老齢者、病弱者が実際に餓死していたのである。「秘録袋」では、地元の餓死者を次のように書き留めている。

菅坪幸三郎、利三郎親又武次衛門夫婦共ニ老年俄死（餓死）致候、悦子坪かく免伝次衛門、倅藤三郎艱難ニ而五月始より太田在ヲ乞食致候由、何連ニも暮兼、六月廿日方帰宅致病気付七月朔日ニ俄死候、且、伝次兵衛七拾七才、女房七拾弐才、藤三郎病身者故、伝次兵衛夫婦之者へ飢人御扶持被下候ニ付、此度凶作ニも則御救稗等御願不申、藤三郎壱人へ夫食拝借相済居候、仲々以飢人扶持男へ稗壱升、女へ六合宛御手当ニてハ不行届、其段願出候共、兼帯庄や不取受御願不申、伝次兵衛女房七月四日ニ相果、伝次兵衛儀ハ六日夕之内ニ親子三人俄死致候、都合中深荻村ニて八人俄死仕候、東河内上村源七卜申者四月中俄死致候（以下略）

これによれば、中深荻村で八人、東河内村で一人の餓死が出たことになる。哀れなのは伝次兵衛一家である。同家はわずか六日の間に、親子三人が相次いで死去し断絶したのである。このような不幸を招く要因となったのは、兼帯庄屋が御救稗拝借の申請手続きを怠るなど、村役人としての自覚、責任感が欠如していたからだと、「秘録袋」の筆者はみている。その後も菅村の農民が食糧の蕨根掘に出掛けたまま死亡した例もあったという。

これらの飢え死について、筆者は兼帯庄屋を「取扱不宜」と批判した上で、餓死の事実が「御上」(藩)に知られたなら、「其分ニ而不相済事」と、事の重大さを問題視している。しかもこの兼帯庄屋は住民を保護監視する横目(山横目役)をも兼任していながら、餓死の事実を隠し「病気体」と偽り処理していたことは許されるものではないと非難している。

ところがその一方でこの筆者は、兼帯庄屋を憎んでここに記録したのではなく、「向後村役人相勤候者心得」として、ここに書き留めたと断っている。さらに「他見致間敷」と付記し、記録の慎重な取り扱いを自分に言い聞かせていたのである。つまり、筆者は今後村役人に就く者への心得を示すために書き残したもので、現兼帯庄屋の職務怠慢、不作為を暴くことには否定的だったとみられる。筆者は現兼帯庄屋が処分されることを望まず、記録の漏洩には特段の注意を払っていたようにも思われる。

いずれにしても、村中から餓死者が出ることは村役人の責任が問われる問題であった。そのため餓死者の多くはこのように、死因を病死(病気体)として、村役人によって処理報告されていたらしい。そのため餓死者の実態把握には限界がある。しかしこの「秘録袋」のように、農民が個人的な記録として残した覚書や日記をみると、餓死者の出たことが分かる場合も少なくない。

日立地方から遠く離れた八溝山麓黒沢上郷(大子町)に住むある農民も、天保七年の飢饉に関する伝聞を集め、覚書にして残している。その中に「水戸領きみた田畠皆無、老人九人計りくひ懸りして死ス」との記述がある。(8) 内容は多賀郡山中郷君田地方（高萩市）の老人死亡の話であるが、ここでも死因はすべて餓死ではなく、首つり自殺（首懸り）としている。ただこの記述は遠方からの噂によったものと考えられるので、確かな情報を得て書き留めたのかどうかは分からない。

なお、この覚書では自分の地元でも「がし死有之処」として、数か所の地名を挙げ、あちこちで餓死者が出たことを伝えている。この場合、身近だったこともあって、餓死の事実がはっきりと分かった上で、記録に留めたのかもしれない。いずれにしても多賀山中君田地方の老人九人の死亡はすべてが自殺だったのか、餓死も含まれていたのかはともかくとして、「田畠皆無」（無収穫）が起因となって起こった変事であったことは間違いない。

一方同覚書は「上野宮ちゃけし（蛇穴）田野草大野上郷槇野地のかみこうや皆無」と記し、秋作収穫皆無の地域が八溝山川沿いの所々にあったことを伝えている。特に上野宮村では天保七年には早くから食糧危機に見舞われていたらしく、蛇穴集落辺りの鶏は「申（七年）二月頃より酉（八年）五月迄、更ニたまこをなさす（卵を生まず）、をんとりときをつくらす（雄鶏刻を作らず）」と書き残している。

さらに葛・蕨・大根・山芋をはじめとする糧（米麦以外の代用食）ばかり食し、栄養失調で村民が死亡した例や、蛇穴の農民が大豆や麦の実るのを待ちかねていたように、畑に入って「しし（猪）のくいたるこどく」食い漁った様子も綴っている。また天保八年二、三月から「やく病流行」し、死亡者が相次いだと記録している。これもどうやら栄養不足によるものだったらしい。

なお、同覚書は水戸領に近接する棚倉藩の山間地でも、自殺者・餓死者が相次いだことや、食を求めて村を去る者が続出し、村の存続が危ぶまれた地域もあったことを伝えている。

さて天保七年暮れから八年にかけ、黒羽・棚倉・会津など近接、東北諸藩の飢民が水戸藩領内に救いを求めて次々とやってきたことは、旧水戸領では古くから伝えられてきた。「秘録袋」は「流民共幾百人共不知入込」と記している。その対策として藩は急遽、大久保・川尻・石滝（高萩市）・徳田（常陸太田市）・常福寺（同市）・馬場馬淵坂（同市）・太田木崎（同市）・額田（那珂市）・田彦（ひたちなか市）・石神（東海村）などに「御救小屋」を建て、飢民に粥を与え救済に当たった。しかし空腹、栄養不良の流民の中には、御救小屋までたどり着くこと叶わず、路上に屍をさらす者も少なくなかった。

馬場馬淵坂上（常陸太田市）にあった御救小屋の周辺では、坂上（御救小屋）までたどり着くこと叶わず、力尽きて死亡する者が続出したという。同小屋の管理（見置）に当たった山横目加役日座善介（後兵衛門、天神林村庄屋兼務）は、

……諸国ゟ流民沢山入込、太田馬場へ御救小屋ヲ御掛被遊……、病人死人多分申暮ゟ酉八月迄流民共死人八拾余、何連も見分ニ罷、夫々申付土葬為致、上ノ御物入夥敷、我等も清め等ニ物入有之候……

と、書き残している。[9] 結局死骸は藩が用意した棺にて土葬された。そのため藩の出費も少なくなかった。また小屋の管理に預かる役人も、死体の検分や、穢れを払う酒（清め）も購入しなければならなかったという。

他領からの流民の数は日ごとに増えたようで、「秘録袋」の記す「所々道中筋伏死之者不知其数」という状況は決して誇張ではなかった。路上の死者（行倒れ人）は、その土地の役人や住人、僧侶によって無縁墓地などに埋葬されたが、発見されなかった死体は無残にも野犬の餌になったという。反対に病死の馬や犬などの家畜には流民がこれに群がり、「尻尾迄」食い漁った。また「犬猫等見当り次第取殺」して食べる流民もあった。さながら地獄絵をみるような光景であった。

やがて他藩の飢民の間に、「水戸領へ立入候得は死す事無之」[10]といった噂が広まった。そのためか水戸領に入

り込む流民の数はいっそう増え続けた。流民の中には栄養失調のため、腹が膨れる者もあった。これを見た街道筋の住民は「悪食」「毒穀類食」が原因と考えていた。ともかく水戸藩領でも山間部を中心に餓死者は出たが、その数は近隣・東北諸藩と比べると、かなり少なかったことは間違いない。

四　まとめと今後の課題

巳年累年稀なる出穂最中之大嵐ニ而、田畠共ニ丸不熟仕候ニ付、夫食拝借奉願上漸経営相凌……引続申年之大凶荒前代未聞之事……何連ニも身命取続可申手段無之……其頃村方惣人別四百四拾四人余有之、其内老若病身等之者弐百人余御座候処、唯壱人茂餓死仕候ものも無御座、一統身命取続安居候事誠ニ以　御上之　御仁澤難有与可奉申上候……

これは天保七年の飢饉で餓死者八名を出した中深荻村が安政二年（一八五五）、郡奉行所宛てに提出した献金に対する願書の一部である。[11] 結局この願書では、巳年（天保四年）以来、度重なる凶作にあっても夫食拝借の恩恵に預かり、生活、経営も維持でき、一人の餓死者もなかったと強調し、感謝の意を表したことになる。

また天保九年（一八三八）、幕府巡見使（衆）一行が奥州地方の視察を終え水戸領に入り、太田地方を通過する際、一行の案内役に当たった地元村役人が携帯した心得帳の中に次のような条項がある。[12]

右（天保七凶作）ニ付、御領民御救方儀被尋候ハヽ、打続御損耗夥敷候得共、金穀ヲ以厚く御救在之、御領

民共飢渇ヲ凌、身命取続、莫大成御救被下候段、面々承知之通有体ニ相答可申事

これによれば、天保七年飢饉の際の領内状況について、一行から質問されたら、藩の「御救」政策の徹底によって、領民は飢渇をみごとに凌ぐことができたと、答えるように指示されていたことが分かる。

いずれの史料をみても、天保七年大凶作の非常時を藩の救済策で、領民は「身命取続」き、安居できたと強調している。ところが前述したように表面化しなかったものの、実際には餓死者や自殺者が出ていたのである。藩の方針や対策が行き届いていたといっても、飢民が餓死するか、助かるかは結局、現地支配にあずかる村役人の「世話」や「扱い」によるものであると、「秘録袋」は断じている。

現に中深荻村では、十月下旬村民七十余名が寄合を開いて、各組頭の協力を得ながら、庄屋（兼帯）を通し、藩に稗の拝借を願い出ることにした。寄合まで開いたことについて、「秘録袋」は八月初めから「数度小人共願出候得共、済口無之」と記している。つまりこのたび難渋人のとった行動は、村役人に対し今まで数度も拝借を願い出たものの、一向に埒が明かなかった（村役人の不作為）ため、というのである。またこの時の行動は、同時に前述の兼帯庄屋に対する責任追及をも狙ったものであった。

もちろん一連の動きが表面化すれば、当然兼帯庄屋処分問題にまで発展することは予想された。しかし小菅村（常陸太田市）山横目、常福寺村庄屋など近隣村役人の協力や、適切な取り計らいなどもあって、一時的には粥の施しや一日分として「麦米弐壱合宛」の支給がなされた。それに続いて十一月二日、中深荻村では、霜月・師走分の夫食稗一四八俵の拝借が叶うことになった。そのためもあって兼帯庄屋責任追及の動きは、表面的にはこれ以上発展・拡大せずに済んだ。ところが実は夫食稗支給直前の十一月一日、蕨掘に出掛けた「菅村（坪か）百姓利三郎」が倒れ死んでいるのが発見された。これを知った村人の間では皆「村役人等閑故餓死」したと、村役人

の不作為を詰り、不満をあらわに語り合っていたという。

さて、水戸藩では、いかなる凶作・飢饉に遭遇しても、藩の備荒貯穀・飢民救済策が徹底していたことで、農民は皆「取続き」が叶い、餓死者は一人もなかった、と伝えられてきた。また、そのことは公式文書や村の願書などにも記録されていたことでもあり、間違いないと信じられてきた。ところが今まで知られることのなかった水戸藩天保期農村の実状が、ごく限られた史料からであったが、今回ある程度明らかになり、それら（救済策の徹底、餓死なし）の伝承や記録の信憑性が問われることになった。

それは個人の日記や覚書・秘録、書簡類などの発掘調査、検証作業が今まで十分に進んでいなかったことにもよろう。一方、個人の記録とは別の地方文書の中には、村役人の汚職、富農・商人の不当な高利貸・悪徳商法の事実を窺わせる文言も少なくない。特に村役人の中には、連年の凶作に喘ぐ農民をよそに、自分の地位や立場を利用した不正・不当行為、汚職も目立つようになった[13]。

中でも藩の支援として村に届けられた金穀の横領、備荒貯穀の不正貸与の例は少なくなかったらしい。また富農・商人の中には農民の窮状につけこみ、穀物の買い占め、売り惜しみ、法外な利息を取っての高利貸しに走る者も目立ってきた。目に余る一連の行為も、表面化しない限り、記録として残らないことが多い。村役人の不作為になると、なおさら記録する村民は少ない。

村政を預かる者や富者の貧民を顧みない姿勢・行為は、一般村民の顰蹙を買うようになり、対立を生む要因ともなった。天保期は凶作が相次いだことで、農村社会の変貌はいっそう加速したようにも思われる。今後は、村役人、富農層の行動にも注目し、変貌する天保期農村の姿を、個人の残した記録の発掘調査を進めながら考察したいと思う。

注

1 「寛永文書」（茨城県立図書館蔵）

2 この例については、第五章でも紹介したが、明和七年の作柄について、水戸領に近接する宝坂村（福島県矢祭町）の農民は「当年之義ハ山間冷水の場所大あたり、水戸領杯ひそん（干損）おほし」（矢祭町史編さん委員会『源蔵・郡蔵日記』）と、また小中村（常陸太田市）の農民の記録「諸作変年書留帳（里美村史史料集）」でも「前年見合も無之日照ニ御座候共、山中筋此通り田畑共ニ大当り」と記し、共に山間・山中の地域で「大当り」（豊作）だったとしている。なお行方地方大和地区（行方市麻生町）の農民の記録「年代記」（山口東家旧蔵・神奈川大学常民研蔵）によれば、明和七年の収穫について「此年村方之内田方六拾ケ所之内二拾五ケ所旱枯……青沼、四鹿大満作……」とあって、霞ケ浦東岸の地域では、平坦部の村と台地谷津田の多い村では豊凶差は極端であった。

3・6 「寛斎君漫筆抄」（水戸彰考館蔵）

4 もっとも、天保七年「御事御達御用留」（日立市　樫村宏吉氏蔵）には、「ケ様之大凶作ハ稀成、山中、浜方之如ク世上一統皆無之場所多候」と、被害程度に山中、浜方といった地域的な別はなく、収穫皆無の場所は多かった、とある。

5 日立市史編さん委員会『新修日立市史』上

7 日立市　会沢克保氏蔵

8・10 「天保飢饉の模様記録」仮称（大子町　金沢嘉則氏蔵、『大子町史』資料編上所収）

9 「庄屋代記帳」（享和元年ゟ慶応元年）常陸太田市　日座家蔵。なお記録者の日座善介は「大凶荒ニ付殊ノ外辛労相勤」たことにより、二度にわたって藩から褒美が与えられた。この他太田木崎御救小屋周辺でも行倒れはあったが、その数は馬場馬淵ほどではなかった。詳しくは常陸太田市史編さん委員会『常陸太田市史』上を参照されたい。

11 「乍恐以書附奉願上候事」（会沢克保氏蔵）

12　天保九年「通シ案内之者心得帳」（常陸太田市市役所蔵）

13　「秘録袋」にも「一、西河内中村庄屋九衛門、此者村内金御利下用水御普請御扶持米等年々不相渡、都合金高五拾両余取込候ニ付、村掛合ニ相成……」とあって、天保八年ごろ西河内中村（常陸太田市）では、庄屋の不正行為、横領が村民に糾弾され、争いになっていたことを記している。しかしその後庄屋九衛門は懲戒罷免の処分を受けた。「秘録袋」はさらに「右之類所々有之」と、同様の事件はこのころ各地で起こっていたことを付け加えている。天保初年鷲子村（常陸大宮市）庄屋友衛門も横領を繰り返していたとして村民に訴えられている（『美和村史』）。なお友衛門は紙・煙草問屋も営み、高利貸しも行っていた。しかし貸方は「非道」、督促は「手荒」だとして叱押込の処分を受けていた（第四章「金献郷士　薄井友衛門家の系譜をめぐって」）。

第七章　北浦地方の災害と農村の窮乏化

一　相次ぐ天災と猪・鹿の害

しばしば農村を襲った干水害は、窮乏生活を続けていた農民にいっそうの打撃を与え、とくに北浦地方では長雨が続いたり、大雨が降ると、北浦周辺低地は、浸水・冠水害に見舞われ、その一方で日照りが続くと、台地上の耕地はもちろん溜池灌漑に依存する水田では「日（干）損場」と化したのである。

支配関係が大きく変わった元禄十一年（一六九八）、次木村が新領主に提出した村の状況報告書「常陸国行方郡武田内次木村指出帳[1]」には、まず畑地（台地）の土地柄を「赤野土砂少々」と説明したあと、

一　当村火損、年ニより九反歩ほど御座候

一　水損場八反五畝歩ほど川添ニ御座候

と記している。ここにみえる「火損」とは、日（干）損のことで、武田川沿いから離れた溜池依存の水田九反歩は、旱魃害をうけやすいというのであろう。川沿地八反五畝歩は、水損場、つまり冠水害の常習地であったことを示したものである。大雨・霖雨によって増水すると、北浦の水位が上昇し、武田川の水が逆流、あるいは滞留し、陸水の放流も妨げられ、川沿い水田に溢れ入ったのである。そのため作物は水に沈み、いわゆる「水腐」「根腐」の被害をうけることが多かった。

一方、山田川中流の村でも、これは同じようであった。元禄十二年に書かれた「中根村下帳[2]」は、「土地は野土で、下田五反歩ほどは年により旱損、下田一町八反余歩は年により水損」と記述している。水損面積一町八反余歩は、同村にとって上田面積（一町九反歩）に相当する広さであった。下流の村、湖岸の村になると、水損場も日損場もさらに拡大した。

北浦地方における水損、日損のすさまじかった話は、長い間語りつがれてきたものの、記録となるとあまり残っていない。断片的な史料によって被害状況を考えてみよう。

金仙寺「過去帳」の、文化九年（一八一二）の欄に七月八日の洪水について、「鳴井（成井）河岸水上り、山田橋拾六尺渡シ、天明六丙午の水に弐尺程少シ」との書き入れがある。これによれば北浦は満水状態となり、水は成井河岸を乗り越えて沿岸の平地に溢れ出た、というのであろう。溢れた水はさらに一六尺ある山田橋をのみ込んだ、というのであろうか。あるいはそこまで溢水が達したというのであろうか。いずれにしても同年の洪水は、二六年前の天明六年（一七八六）のそれに二尺ほど及ばなかったということになる。収穫を前にした稲作は多大な被害をうけたことは間違いない。実は享保八年（一七二三）にも、関東地方は豪雨に見舞われているから、同じような被害をうけたことであろう。

文化九年の洪水から二四年後の天保七年（一八三六）は、冷夏の年で、多くの餓死者が出たことで知られているが、北浦地方では長雨にたたられ、甚大な被害をうけている。北浦地方では七月十八日に大雨が降り、八月に入っても雨は降り続いた。しかも一日、四日、十六日は大雨であった。七月から八月まで、馬渡通りは通行不能に陥った。しかも八月一日には「北浦、西浦（霞ヶ浦）共ニ」各所の土手が決壊したという(3)。湖岸沿い低地一帯は、長期間渺々たる水面と化していた。

一方、北浦地方の農民は相次ぐ干魃によっても打撃をうけていたのである。とくに明和期には三年、七年、八年と連年のように干魃の被害にあっている。

明和三年（一七六六）の干魃についての記録は見当たらないが、小幡村の「年貢割付」(4)から推測するところ、痛烈な打撃をうけたことは間違いない。同村では当時二町五反歩ほどの新田（水田）が存在したが、この年なんと、七割近い一町四反歩が荒地として認定されたのである。また割付状からは日枯、悪作、無苗などによって年貢免除（不作損毛引）をうけた本田が九三石、出田（古い時代の新田）が六二石にも及んでいたことが読みとれる。同村はこの年、極度の食糧不足に陥ったに違いない。なお荒地は以後再び耕作されることはなかった。

明和七年の行方地方の干魃について、大和村（行方市）の一農民は天候と収穫量の実態をまとめ、「年代記」(5)としてくわしく記録している。その一部概要を紹介しておこう。

四月一日に雨が降り、六月から八月半ばまでの一〇二日の間旱天であった。もっとも六月晦日ほこりしめし程度の「時雨」があった。七四、五日目にもちょっと降ったが田畑のためには効果はなかった。収穫量は小豆、ささげが蒔いた種程度、稗は平年の一歩半（一割半）、大豆が二割、胡麻が五分、荏は一切取実なし。ただ場所によっては六、七割の収穫はあった。

これによると食糧不足のさい、頼みとする稗でさえ、平年作の一割五分程度の収穫に終ったことになる。記録はこのあと、稲の作柄について記している。同書は北浦地方については触れていないが、白浜村（行方市）のある組では、二五〇石のうち九割を超える二二〇石分が引高（不作損毛引）となった。その反面、水の確保がかなった村では「大満作」であったとも書き加えている。

ともかく北浦地方の農民にとって食糧不足は深刻であった。内宿村では、冬を真近に控えた十一月、食糧不足の窮状を述べて、稗一一六俵の拝借願いを代官所に願い出ることになった。願書では「当年之旱魃ニ而畠作旱枯ニ罷成、夫食（農民の食糧）等一向手取不申」と強調している。ただ願いがどの程度かなったかは史料を欠き分からない。翌明和八年も「大旱魃」で、田畑とも悪作で、その状況は「前代未聞」だったと前掲の「年代記」は記している。

一方、前掲の願書等[6]によると、北浦地方では「風損」に見舞われることも多かった。中でも元禄十四年（一七〇一）夏に襲った大風は田畑作物（とくに畑）に未曾有の被害をもたらし、多くの農民が食糧不足に陥ったことで知られている。

こうした気象異変による凶作とは別に、猪、鹿による作物被害も深刻であった。しかしその被害は、総じて山間地を開いた新田地に多かった。たとえば宝暦六年（一七五六）両宿村の「年貢割付状[7]」によれば、当新下畠では九町八反余歩のうち二町二反余歩が、当新下々畠では三町四反余歩のうち七反余歩が「猪鹿荒引」として年貢免除地に指定されたのである。これに対し古くからある上田畠（本高）には、この猪鹿損毛免除地は、まったくなかったのである。

被害はとくに新田畠の中でも、最も新しく開発された「当新」に集中していたといえよう。それは猪・鹿が増えていたのも一因かも知れないが、開発によって餌場《えさば》や棲息場所を奪われたことが最大の要因とみるべきであろう。ちなみに隣接する内宿村の六三年前の元禄六年「年貢割付状[8]」には「猪鹿荒引」記載はみられなかった。後年になるにしたがい獣害が増えたことはたしかである。

もちろん各村では猪・鹿の駆除対策を進めていたことはいうまでもない。地方によっては、特定農民（猟師）が、村役人責任のもとに領主から鉄砲を拝借し、狩猟期間中、猪・鹿の捕獲に当たっていた。猟師は狩猟期間が終了すると、射止めた猪・鹿の頭数を報告してこれを返却した。弘化二年（一八四五）小幡村の鉄砲返却証文[9]が現在残っている。

それによると、鉄砲を預かった清兵衛は、二月一日から十二月十五日までの狩猟期間中に、鹿五疋（頭）、猪三疋を射止めている。こうした駆除対策が功を奏したのか、開発地の荒地化が進み、猪・鹿の棲息場所が拡大したのか、幕末には獣害は減少したようである。先にみた両宿村の幕末期（文久二年と推定）「年貢割付状[10]」では、

「猪鹿荒引」は皆無に近く、わずかに「当新屋敷」二反余歩のうち五歩にすぎなかった。

しかし場所によっては農民にとって、獣害はやはり不安であった。小貫地区に伝存する「永荒地再発場書」（区有）によると、嘉永五年（一八五二）、小貫村では荒地を再開発したものの、その後に不安を残すことになった。そのため村では書上書の中で、「野末猪鹿」の出没地なので、末々までの作付けは「難計」と記している。同村では猪、鹿除去徹底の不可能を承知のうえで再開発に踏み切ったことになろうか。

二　天明・天保の大凶作

一般に享保・天明・天保の飢饉は江戸時代の三大飢饉と呼ばれている。このうち享保の飢饉は、西国を中心とした虫害（蝗災）がもたらした凶作であった。これに対し天明・天保のそれは、東日本・北日本を襲った長雨と冷害によるものであった。

天明期に入ると連年のように天候不順に見舞われた。天明二年（一七八二）は海が荒れ難破する船が続出し、七月には江戸で大地震が起こったかと思うと、各地では大雨、洪水が相次いだ。翌三年になると、春から雨がちの日が続き、大雨にたたられる日も多かった。小幡陣屋の「御用之日記」[11]をみると、三月だけでも三度も大雨が降ったことが分かる。

それからというもの、寒冷な日が続き、五月下旬ころからは雨天の日も多くなった。七月に入ってまもなく浅間山が噴火し、関東一円に降灰をもたらした。「御用之日記」は、七月五日の天候を「朝砂降、五ツ時（午前八時）より晴天」、六日を「砂降、終日ふる」、七日を「砂降ル」と記している。

また両宿村のある農民は、後日の回想録「信興、年代記」に「砂の降った話しは、昔から聞いたことはない。そのため人びとは驚き、五穀は実るまじと、みな驚き嘆いた」と書き留めている。[12]不幸にも人びとの予想したように中旬以降、雨や曇りの日が多く、二十日には大雨が降り、八月二日には台風が襲来した。台風が去っても毎日のように雨は降り続き、気温は上がらなかった。天候不順のまま秋をむかえた。やはり作物は冷害や冠水害のため「田畑共凶作」であった。小幡陣屋には各村の名主が、凶作見分願やら大豆納、小物成納付の減免、全免を求めて相次いで訪ねるようになった。年貢を納められず手錠をかけられる名主もいるなど、農民の生活は極度に追いつめられていた。

凶作による飢饉状態は、翌天明四年になってもしばらく続いた。前記の「信興、年代記」は、「七月まできまきん、七月よりほふねん（豊年）」と記している。やっと農民に立ち直る機会がおとずれたかと思ったところ、今度は天明六年の大凶作に見舞われることになったのである。

天明六年は春先から天候が定まらず、小幡陣屋の前掲「御用之日記」は、三月六日に大雪、十四日に小雪が降ったことを記している。また、「風吹寒し」とか「北風寒し」との記述も目立って多い。しかも北風は六月下旬までしばしば吹いている。

一方、雨も五月下旬から多くなり、降らない日は曇りがちで、晴天は少なかった。雨の降り続く寒い夏をむかえた。そして七月、有史以来といわれる大洪水に見舞われることになった。同日記は、「十二日晴天、夜五ツ時より雨降、同十三日夜之内より大雨降、同十四日終日大雨降、同十六日大雨、夜之内雷強シ」と記し、さらに十七日も大雨が降り、雷も時々鳴り、十八日雨は「止ん」だと続けている。

結局北浦地方では十二日夜から十七日まで、間断なく降り続いたことになる。とくに十六日の大雨によって北浦地方は甚大なる被害をうけた。日記は「川通百年ニも無覚」満水状態になったことを記し、「各所で土砂崩落が続出、その数を知らず、死人も出た、前代未聞の珍事なり」と続けている。その後も天候は荒れ二十八日、三十日にも大雨が降り、陣屋には各地から「水腐」被害の報告がもたらされ、その現地見分も相次いで実施された。八月に入ると大風、とくに北風の吹き荒れる日が多くなった。

異常気象の年は、今まで何度となくあったが天明六年のそれはとくにひどかった。米価は各地で高騰し、食を求めてさまよう流民も増え続けた。十月十八日の夜、小幡村の路上で若い男の行倒れがみつかった。明朝見分を行ったところ、男は岩城小名浜（福島県いわき市）の出身で、親兄弟もない病弱な無宿者であることが分かった（前掲「御用之日記」）。天明三年の凶作以来、食糧不足は深刻で東北地方を中心に多くの餓死者を出したのである。ところがそれから四十数年後に襲った「天保の大凶作」は、北浦地方にとって天明期のそれをしのぐ惨状であった。

天保四年（一八三三）は春になっても気温は上がらず、雨が多く、晴れる日は少なかった。夏をむかえても冷涼な毎日で、冷害による凶作はもはや決定的となった。しかし農民はわずかな収穫に望みをかけていた。ところが八月一日、北浦地方は大暴風雨に見舞われ、作物ばかりでなく、建物、竹木にまで被害が及び、農民の生活をいっそう苦しめた。

金上村の農民は、「天保四年春より北風繁吹、其上八月朔日大風雨ニ而竹木、家八軒吹たおれ」と書き留めている[13]。また小幡陣屋の記録[14]には、「当月朔日九つ半時より雨降、辰巳風吹出候処、忽大風罷成、八つ時頃より至而烈敷罷成居家三軒、其外馬屋、物置、雪隠等数多吹倒誠以大変」と記している。これはある村（粗毛村か）から陣屋に届けられた被害緊急報告の一部である。台風は午後襲来し、風は午後三時（八ツ）ころ一段と烈しく吹き荒れ、建物まで倒壊させたというのである。このほか社寺の大木まで吹き倒れたことを記している。

金上村農民（前述）の別の記録「万事記禄帳[15]」には、倒壊家屋の名前が記されている。それによると、金上村八名（別書は九名、半潰一名）、穴瀬村四名、帆津倉村二名となっている。なお同記録は、被害者に対し藩から一軒（一名）につき、三分から一両の救済金（御助）が贈られたことを記している。

さらに困ったことは、米相場が「八月大風より大上ケ」となったことである。同記録によれば五月ころの相場は、一両に一石位であったものが、台風後は「七斗より五斗五升位」に、「九月十月霜月は四斗四升位迄」に騰貴したという。十二月にはやや戻り、五斗位になった。それでも五月ころの二倍値であった。小幡陣屋記録（前掲日記）は、「大悪作」につき、十一月は四斗一、二升、その後四斗五升位であったと記している。さらに同記録は世の中は「米価高直（値）ニ付窮民」の難儀、困窮は危機的状態に追いやられ、各地では一揆や騒動が相次いだと記している。

それから三年後の天保七年、いわゆる「申年の大凶作」に見舞われたのである。同年の天候不順と凶作の実態は、次に記すように老人でさえ経験したことのない異状ぶりであった。

ここでこれまでに取り上げた農民の記録（「万事記禄帳」「天保七丙申不世并記」など）によって、そのようすを概観しておこう。

春先きは温暖であったが、三月頃から雨天の日が多くなり、薄暑をすぎると寒冷な北風が吹きつけ、苗は育たず、かさね着をして農作業を続けた。毎日のように雨が降り、あるいは霧が降り、北風の寒さは冬にもまさり、晴天の日は十日に一日も稀であった。土用に入っても北風は吹き、雨天が続いた。穀物相場は日ごとに高騰した。土用をすぎても天候は相変らず不順で、七月十八日の大風雨のあと八月一日にも大風雨となり、北浦西浦ともに各所の土手が切れた。三日後にはまたも大雨（四日）、十六日にも大雨にたたられた。北浦馬渡の通りは七月から八月まで寸断され不通の状態であった。稲の成長は遅れ大凶作であった。十一、十二月頃の米価は一両に二斗七升位まではね上がった。

結局、北浦地方にとって天保七年の凶作は、天明、天保四年のそれを上回る有史以来の「大変」であった。米価ばかりでなくすべての物価が高騰した。そして翌天保八年、九年、十四年と連年のように凶作・異作が農村を襲った。農民の生活はますます追いつめられていったのである。

三　天明期の世相と奥村弥八郎自刃

天明二年（一七八二）以降数年の間、人びとは地震・噴火・長雨・冷害・洪水・凶作と相次ぐ天変地異に心落ちつかず、不安な日々を送っていた。やがて村むらの中にはすさんだ空気さえ漂うようになった。北浦地方でもそれは例外ではなかった。小幡陣屋の前掲「御用之日記」をみると、変わりゆく世相の一面が読みとれるのである。天明三年も前半は、社会不安を反映した記事としては、行戸村や小幡村で起こった欠落（失踪）程度の事件であった。しかし凶作が決定的となった後半になると、年貢減免を求める動きや、他人宅へ食糧を求めて「踏込」む記事も目立つようになった。

一方で博奕に関連して逮捕される者もあるなど、治安の乱れも目立つようになった。人びとの批判の目はいきおい幕政の実権をにぎっていた老中の田沼意次や、その子で若年寄であった田沼意知に向いていった。町人の経済力を利用して財源確保をはかる田沼政治は、たしかに賄賂が横行し、綱紀の乱れる要因ともなった。北浦地方でも田沼政治を批判する声はあったらしく、「御用之日記」の筆者小幡村の根本英辰は、同年をしめくくるように、日記の最後に「田沼が蔵に金留り……上よし下難儀の御事を以金あつめに集給へ、米上りニ上り給え、銭さかりにさかり給え……」と付記していたのである。もちろんこれは当時の人びとが噂していたことばであろう。

翌天明四年になると、食糧不足は深刻化し、北浦地方も何かと殺伐とした雰囲気さえ感じられるようになった。五月には武田村（郷）の農民が抜身（鞘《さや》から抜き放った刀）を持って子どもを追い廻し暴れたとか、九月には乱心者が他家（寡婦宅）に侵入したとか、物騒な記事が多くなった。翌五年になっても「手錠申し付け」や「不埒者糺明」に関する記録は一向に減らなかった。

そして天明六年「丙午」の春をむかえた。四月には小幡村の清七が「身持不埒」につき叱置きの処分をうけたと思ったら、その夜同村の政右衛門が役所（小幡陣屋）で雑言を吐き手錠申し付けとなった。二十一日には五町田（新宿か）の「若イ者」が徒党を企てたとして、五人組判頭《はんがしら》（五人組筆頭）、村役人らとともに陣屋に召喚された。翌日には荒宿村の「若イ者」が農作業時期を前に「てうさん（逃散）同様」の行動を計画していたことが知られ、関係者は出頭を命じられた。北浦地方でも緊迫した状況は日ごとに強まっていった。年貢、小物成を納められない農民は、作柄の見分と減免（引方）を求めた。

江戸からは、用人が下り、各村をめぐって検見を続けた。不作の惨状を知った役人にとっても、疲労困憊している農民のことを考えると、年貢率決定は頭の痛いところであった。

用人奥村弥八郎が江戸への帰路、再び小幡陣屋に戻って自刃したのも、農民に重い負担をかけることに悩んだ末のことである、といわれている。しかしこれを決定付ける史料は現在のところ見当たらない。地元に残る伝承を『行方郡郷土史』、『北浦史資料考』などによってまとめておこう。

旗本新庄氏の用人奥村弥八郎（安速）は、天明六年の凶作にさいし、検見役を担当し小幡陣屋に下り、各所の作柄を見分した。たまたま試みに一穂を抜いて今の寄居橋から余戸川に投げたところ、籾の大半が沈んだ。しかし農民の困窮の様子を察して独断で免租とし、ただちに金をととのえて領主に納めようと考えた。そこでさっそく隣村その他諸方を奔走して調達の努力をしたが、予期したようには金は集まらなかった。窮地に立った弥八郎は、久世大和守に遺言書を託して、江戸に上ろうとしたが、途中下総神崎（神崎町）から陣屋に戻った。ここで弥八郎は申し訳のため自刃した。なお遺言状には駿河久能山の金を借りて領主に納めてほしいとの願いが書き綴られていたという。時に天明六年十一月十二日であった。法名は「一刀了識居士」で、小幡観音寺境内地蔵堂側に葬られた。享年三五歳であった。

ところで前掲「御用之日記」の十一月十二日の記述には、「朝五ツ時過、閑所へ御出被成候所、隙取候ニ付、平八（弥八郎）罷越候得ハ切腹被致候由申聞候ニ付、早速罷越見届候所相違無之」とあって、切腹の事実を記している。事実を確認するとただちに人を走らせ代官に報告（代官の出張先は不詳）した。それよりすぐさま江戸に飛脚を送って知らせた。

飛脚は翌十三日夜五ツ半時（九時）、江戸屋敷に着き、家老にも面会し「奥村様御書置（遺書）弐通差上」げて、詳細を伝えた。

そこで弥八郎の事前の行動を「御用日記」によってみておこう。天明六年九月二十七日弥八郎（平八とある）は江戸を出立したが、予定した翌日には到着せず、結局、二十九日朝五ツ時（午前八時ころ）に延びた。午後はさっそく検見を実施する予定であったが、「御草臥」につき延期となった。三十日から粗毛・荒宿・八木蒔・羽原・青沼・宇崎・四鹿各村の「水腐」の状況を見分し、十月二十日に行戸村、二十二日から二十四日にかけ小幡村の検見を行っている。それから筑波地方の見分を終って小幡村に戻った。

閏十月六日、平八は鹿島詣に出かけ、当日のうちに戻った。いよいよ江戸帰りを間近にした十一日、一つの問題が起こった。それは前日（十日）、五町田村（荒宿か）の惣百姓らが、「八人当時渇命」状態に追い込まれているとして、米の給付を願い出たのである。そこで米半俵支給を申し渡し、出舟の準備をした。ところが他村から「脇村々」でも状況は同じであるとして異議の申し出があった。五町田にかぎった給付は公正さを欠くとして他村から批判されたのであろう。

結局平八は途中より引き返し、牛堀から陸路五町田に戻った。到着したのは夜の九ツ時（一二時ころ）であった。聞くところ五町田への米支給は見送られていたのである。平八の最大の苦悩は、むしろこの点にあったのかも知れない。いずれにしても平八の自刃一件は、北浦地方の農民にとっても大きな驚きであった。地元では「平八こそ農民の犠牲者」であるとして、その死を悼み、悲しんだという。亡き骸は近くの観音寺境内墓地に埋葬された。同寺の過去帳は、天明六年十一月十二日の日付で「一刀了識居士　新庄勝三郎殿御用人奥村弥八郎こと」と記している。

その後、陣屋跡地に屋敷を構えることになった宮内家は、平八の霊を祀って氏神として祠を建てた。その神を一刀様という。さらに明治十九年（一八八六）、小幡村の有志が相はかって、村内字大穴の地に「奥村弥八郎君祭祀田」を設けることになった。その記念に建立した碑が墓地の側に立っている。碑には、

一田反別一反四畝〇九歩
　外畦畔反別十八歩
宝測反別一反五畝二拾二歩
　外畦畔反別二拾歩
奉寄進斯水田者小幡村有志者也
于時明治十九年十一月十二日

とある。しかし太平洋戦争後、この土地所有は民間に移っている。

四　村の窮乏と人口減少

農民の生活は、厳しい年貢諸税の負担に加え、農業生産力の低下、貨幣経済の進展とが相まって時代が下るにしたがいいっそう苦しいものとなった。このため人口は減少し、耕地の荒廃が目立ち、貧富の差も拡大し、農村は大きく変容した。宝暦・明和期（一七五一〜七二）に入って農村の様相はますます悪化し、天明の凶作で一段と深刻さの度を増した。

小幡村には、寛文十一年（一六七一）から、文化元年（一八〇四）までの畑地荒廃を記録した「常陸国行方郡小幡村畑地詰帳」(16)が残っている。これには畑が荒廃した場合、各筆とも面積表示の傍らに「荒、永荒、半納、永納」と次のように注記されている。

たうの下（塔の下）　　　　　　　　　　　三郎右衛門
　下畑　拾歩
　　元禄六酉永荒

このような注記筆数を集計することによって、年代ごとに荒廃地（生産性低下地）に変わった面積がある程度把握できる。荒地、半納などの注記面積がもっとも多かったのは宝暦二年（一七五二）の三町三反余歩、次いで明和八年（一七七一）の三町二反歩弱であった。それ以後の調査ではすべて一町歩を割っている。実は文化元年までの一三三年間の荒廃面積は一八町余歩となっているが、そのうちの六割以上は、寛保二年（一七四二）以後のものである。ただ荒地の内容は寛保のそれは永納分（生産性が極端に低下したため、わずかの銭納とした）が多く、宝暦のそれは半納分が多かった（表7－1）。

いずれにしても一八世紀前半から進んでいた農村の疲弊は、宝暦ごろから一気に速まり、明和の干魃で、農民の生活は破局寸前に追い込まれたのである。それは明和七年内宿村の農民が夫食救済願いの中で「壱年増し相衰」ると嘆き、最低必要量の夫食も穫れず「難儀至極」に達していると訴えていることでも分かる(17)。農村の回復力はたしかに衰えていた。それを示すように小幡村の年貢割付状をみると、明和七年に荒廃した耕地の多くが再開発されることなく、長い間放置状態のままにされていたのである（前述）。

表７－１　小幡村荒畑地面積

年代	西暦	面積
元禄６年	1693	２町４反６畝歩
15年	1702	１町５反２畝歩
正徳４年	1714	１反５畝歩
享保２年	1717	７反歩
11年	1726	２町８反８畝歩
寛保２年	1742	２町５反７畝歩
宝暦２年	1752	３町３反４畝歩
明和８年	1771	３町１反６畝歩
天明元年	1781	８反８畝歩
４年	1784	８反１畝歩
文化元年	1804	６反１畝歩
計		18町４反５畝歩

＊畝未満切捨。寛文11年～安政３年「常陸国行方郡小幡村畑地詰帳」（宮内勝也氏蔵）より作成。

麻生藩では安永四年（一七七五）三月、役人による領内の巡見が計画されていた。ところが北高岡村では、「兼而困窮之村方」につきとの理由でこれを断ったのである(18)。役人の来村ともなればなにかと村の出費も多く、これに堪えられなかったのであろう。食糧保有の少ない農民にとって夏作物収穫前（春先）の生活はやはり厳しかった。

前掲の「御用之日記」などをみると、夏作を収穫する前の春先、扶食（食糧）に窮し、借米をしたものの、その年凶作に見舞われたりして返米（金）できず欠落（失踪、出奔）したり、奉公に出る者も少なくなかったことが分かる。天明期になると、北浦地方でも欠落が増える傾向にあったことは「御用之日記」などからも伺える。

そこで村として問題になるのは、欠落した者が残した田畑の耕作である。もちろん親類や五人組仲間が、これを引きうけ、責任をもって耕作することにはなっていたが、それにも限界はあった。

天明三年（一七八三）江戸屋敷に奉公に出た内宿村の七蔵は、翌年の夏出奔し、ゆくえをくらましてしまった。ところが七蔵分の田畠耕作を義務付けられた仲間らは、「殊ニ困窮之組、親類之者共ニ而甚難儀」と、その不可能を訴えていたのである。当時欠落や潰百姓の増加にともない、耕作者不在の、いわゆる「手余地」もますます増えていった(19)。

前掲の小幡村の地詰帳をみると、「潰百姓文吉持、村弁納高」とか、「五人組割持」といった傍記も目立つのである。ともかく村ではこのようにして共同で耕作したり、他の五人組にも協力を得るなどして、手余地分の年貢納付義務を果たしていたのである。

しかし村の人口が減少すると、それもかなわなくなった。幕末（文久二年と推定）の「内宿村御年貢可納取附之事(20)」によると、完全に耕作を放棄した田地は本郷下田で九畝余歩、古新下田で五反六畝歩弱、当新下田で四反六畝歩弱もあり、合わせて一町一反歩を超え、すべて「手余荒地引」と指定され、年貢免除地となったのである。

その一方で、減免措置理由として「潰人分、村担ニ付取下リ」との説明を付記した耕地も目立って多かった。同年の内宿村では「村担」はなんと九町八反歩にまで達していたのである。その上、荒地の再開発は進まず、多くが松林に転換していたことは前述したとおりである。

結局粗悪地を限度まで開発したものの、生産性は上がらず、天災のたびごとに甚大な被害をうけ、荒廃は著しく進行したのである。加えて潰人の増加と「家数」（人口）減少がこれにいっそう拍車をかけ、古くからの本郷良田畑にまで広く荒廃は拡大したという[21]。

とくに北関東では、一七世紀に著しい増加を示した人口は、一八世紀はじめごろから減少と停滞を繰り返し、一八世紀末の寛政期には最低を記録したといわれている。

北浦地方でも近世初期の人口は、年々増加の一途をたどったらしい。ただこれを示すたしかな史料は残っていない。幸い繁昌村の金仙寺（曹洞宗）には、寛永十三年（一六三六）から記録された過去帳が残っているのでこれによって推定してみよう。そこでまず年間の死亡者数を合計し、それをもとに人口増減を類推してみた。ただし一年別変化では人数も少なく偶然性も多分に考えられるので、重要な時期をはさんで三〇年ごとに区切って考えることにした。

その結果、死亡者数は、

寛永十三年（一六三六）～寛文五年（一六六五）　三九五人（男一八三、女二一二）　年平均一三・二人
寛文六年（一六六六）～元禄八年（一六九五）　五八九人（男三〇三、女二八六）　年平均一九・六人
享保十五年（一七三〇）～宝暦九年（一七五九）　六五七人（男三五七、女三〇〇）　年平均二一・九人
天明元年（一七八一）～文化七年（一八一〇）　四七六人（男二五三、女二二三）　年平均一五・九人
天保元年（一八三〇）～安政六年（一八五九）　四三四人（男二一三、女二二一）　年平均一四・五人

となっている。これによれば初期（寛永から元禄期）には、明らかに人口増加を反映するように死亡者の数は急増している。全国的には享保期を最高に以後減少、停滞したといわれているが、同寺の場合いちおうそれを裏付ける傾向を示している。享保期をすぎた元文四年（一七三九）ごろから、死亡者数が減少期に入ったのも事実である（享保期前後は、二七人くらい。以後は二〇人を割った）。

表7－2　次木村の戸口の変遷

	家数				人口				
	総数	百姓	無足	水呑	総数	男	女	出家	道心
	戸	戸	戸	戸	人	人	人	人	人
元禄11年（1698）	55	39	10	6	276	150	120	4	1
寛政元年（1789）	32				151	75	76		

＊元禄11年「常陸国行方郡武田内次木村指出帳」（額賀敏家蔵）、寛政元年「常州御領銘細帳写」（宮内庸雄家蔵）より作成。元禄11年の人口は指出帳記載にしたがった。

さて享保期以後の傾向をほかの平福寺（吉川）、円満寺（山田）、観音寺（小幡）、自性寺（内宿）、円通寺（次木）の合計と比べてみよう。まず享保十五年以降三〇年間の五か寺の死亡者は三四二二人（男一八八一、女一五四一）にのぼったが、天明元年から文化七年には二四一七人（男一三〇五、女一一一二）と著しい減少を示していたのである。いずれにしてもこれらの集計結果は宝暦・天明・寛政期にかけ、北浦地方の人口が急減したことの表われとみるべきであろう。

それは現在知られている次木村の元禄十一年と寛政元年（一七八九）の戸数と人口を比較すると、いっそうはっきりする（表7－2参照）。

次木村では元禄から寛政までの九一年間に、戸数・人口とも四割以上減少したことになる。どうやら近くの内宿村ではこれを上回る減少であった。同村が元禄十一年代官所に提出した書類写[22]によると、当時九六戸（百姓六七、無足一九、水呑一〇）を数えた家族は、寛政元年には四七戸と五割以上も減少していたのである[23]。北浦地方では一八世紀末の寛政期ごろになると、小幡村の農民が指摘するように、潰人の「田地相続」（耕作続行）は村として「致兼《いたしかね》」ると嘆くほど「家数」も減って、危機的局面をむかえていたのである。

しかし村では「文政度、御上之御思召」があって、建て直しの途が開けたというのである。たしかに各領主は、文政・天保期にかけ農村復興策に力を入れ、再開発地の年貢減免や救済米（金）の貸与など、積極的にこれを推し進めていたのも事実である。

表7－3　武田郷9か村の戸口の変遷

村名	寛政元年（1789）					文政8年（1825）			明治5年（1872）	
	戸数	人数	男	女	馬数	戸数	人数	馬数	戸数	人数
長野江	戸 26	人 118	人 59	人 59	匹 12	戸 29	人 121	匹 18	戸 32	人 202
穴瀬	15	55	27	28	2	17	78	9	23	128
金上	22	79	41	38	6	22	103	8	24	129
帆津倉	39	177	95	82	10	37	179	10	36	217
成田	33	132	70	62	11	37	168	18	35	160
内宿	47	194	92	102	20	36	158	19	59	275
両宿	38	160	92	68	26	43	221	26	55	300
次木	32	151	75	76	17				43	245
小貫	51	214	127	87	27	29	139	20	65	392
計	303	1280	678	602	131				372	2048

＊寛政元年「常州御領銘細帳写」、文政８年「常州御領三郡村高銘細牒写」（ともに宮内庸雄家蔵）、明治５年「行方郡村高家数人員録」（富田美智子家蔵）より作成。

こうした復興策が功を奏したのか、文政期も後半になると、人口は少しずつ復活のきざしを示すようになった。それを表7－3によってみてみよう。

これによると、武田郷では寛政元年から文政八年（一八二五）までの三六年間に戸数にはあまり変動がなかったものの、人口は平均して一割余増えたことになる（ただし次木、小貫両村を除く）。さらに注目したいのは、馬数が二割を超える顕著な増加を示したことである。馬を所持できる余裕のある農民が増えたことを意味している。

日本の人口は一九世紀前後から漸次増え続け、幕末期にはいっそう加速したといわれている。北浦地方でもそれは例外でなかったことを表7－3は示している。

なお人口成長期に入ると、男子より女子の数が多くなる傾向を示したことは前述したとおりである。一七世紀前半、中盤の人口増加期にも過去帳に表された死亡者数は、明らかに女子の割合が男子のそれを上回っていたのである。

五　深刻化する馬不足と北浦地方

江戸時代の農業経営にとって、牛馬は厩肥生産、農耕、運搬の用途としてきわめて重要であった。とくに北浦地方では、古くから馬を飼う農家が多かったと伝えられている。そこで元禄十一年（一六九八）の「常陸国行方郡武田内次木村指出帳」（前掲）、同十二年の「中根村下帳」（前掲）によってこれをたしかめてみよう。まず当時の戸数と馬数を村ごとにまとめてみると、

・次木村　五五戸　四三疋（頭）
・中根村　四四戸　三四疋（頭）

となっている。

これによれば次木村の飼養率は七八パーセント、中根村は七七パーセントであったことになる。ちなみに水戸藩領の馬産地大中村（常陸太田市）における正徳三年（一七一三）の本百姓の飼養率は六七パーセントである[24]。北浦地方農村の馬飼養率は、伝えられるように高かったことは間違いない。盛んな馬の生産を反映し、盆・暮の市が開かれた両宿村には、「馬町御役所」が開設された。武田郷の中心地である同村では少なくとも年一度、馬市が開かれたのであろう。

明暦元年（一六五五）、延宝七年（一六七九）の山絵図[25]には、小貫から半原（鉾田市）地方にかけて、広大な柴草原を囲むように土手が描かれている。しかも小貫村地内をめぐる土手の一地点に、馬の出入口を思わせる「大木戸」との明記がある。地元では「猪除け土手」と呼んでいるが、土手内には耕地（一部開拓地）はほとんど描かれてない。したがって作物を守る猪除け土手との見方には疑問が残る。むしろ古い牧場跡にふさわしい土手で

ある。馬産の盛んな時代、放牧し繁殖をはかっていた名残りを感じさせるものがある。

ところが北浦地方の馬産も、農村疲弊が進むにしたがい、衰退の一途をたどった。老弱馬を若駒に買い替えるための資金難に陥る農民もしだいに増えていた。

延享四年（一七四七）四月内宿村の農民七名は、近年打ち続く悪作（不作、凶作）によって「殊之外困窮」が募っている実情を訴え、馬購入資金（馬代金、馬代足目金）一一両を拝借したい旨、「両宿村馬町御役所」に願い出ている。[26] 仲間七名の内、一名の借入額は二両永二〇〇文と多額だったが、ほかの六名は一両二分以下であった。もっとも以前から七名は拝借金を「馬代足目金」にして馬を購入していたのである。

ところが毎日の食糧に事欠く農民の中には馬を手離す者も増え、各村とも飼養頭数はしだいに減っていった。元禄十一年四三頭を数えた次木村は、寛政元年（一七八九）になると、半数以下の一七頭（戸数三二）にまで減少したのである。[27] 寛政元年時の次木村を除く武田郷各村の馬数と戸数をみると、次のようである（括弧内は戸数）。

長野江村一二頭（二六）、穴瀬村二頭（一五）、金上村六頭（二二）、帆津倉村一〇頭（三九）、成田村一一頭（三三）、内宿村二〇頭（四七）、両宿村二六頭（三八）、小貫村二七頭（五二）

これによれば、飼養率は両宿村でこそ六八パーセントを超えたものの、湖岸部の穴瀬・金上・帆津倉の各村では三〇パーセントを割っていたことが分かる。なお全体的な飼養率は四三パーセントであった。北浦地方の農村窮乏は寛政期から文政期はじめにかけ、破局寸前に陥っていたことは前述したとおりである。馬の飼養数もこれに沿うように激減していたのである。寛政期の馬の減少は、府中藩領行方・鹿島郡でも深刻な問題となっていた。

寛政十一年、同藩領の勧農掛金子孫左衛門は、馬を購入できない窮民のため、里子馬制度の導入を提案している。[28] 提案ではまず一五〇両ほどの資金を集めて馬を五〇頭（雌四五、雄五）購入し、これを窮民に渡し与えるというのである。もちろんそれは繁殖期になると、雄（胤）馬を「御つけ」て交尾させ、「出生の子馬男女共御引上（取上）」げて販売し利益をあげる計画でもあった。

さてこの提案書で、金子孫左衛門は、馬不足と農村疲弊化の関係を大要次のように述べている。

> 去る卯午両年（天明三年、同六年）の大凶作以来、打ち続く不作に百姓は困窮し、絶前（潰）は五〇〇軒にも達し、人も馬も甚だしく減少し、手余地（耕作放棄地）は増大の一途をたどっている。農家にとって、田畠高平均一五石につき馬一頭を所持しなければ、耕作は行き届かない。領内郷村一八か村は、高七一六〇石余もあるので、馬数は四七〇から四八〇頭必要である。ところが現在二一四頭しかいない。
>
> 村高九九〇石余の繁昌村の飼養頭数は、以前なら五〇頭を数えたが、今では二九頭に減ってしまった。しかも「皆老馬弱馬」である。
>
> 馬を所持しない農民は、稲麦の耕作にあたり「田畑たすけ」（肥料・厩肥）も不足し、付送り等も肩にて荷い（背負い）、田方馬しろ（馬による代掻《しろかき》可能地）も手しろ（人手による代掻）にしなければならない。馬代掻ならいかに堅い耕地でも、一日に三反歩も掻くことができる。手しろなら六、七人ほどの手間がかかり、しかも「土粉馴《つちこなれ》」も悪く、雑草も生え易く、作柄の実法《みのり》も悪い。

これによれば北浦地方の農業経営は、持高一五石（一町数反歩）に馬一頭所持することが理想だったことになる。馬を持たないと、労力をかけても厩肥（糞）がとれないため、十分な施肥もできない。しかも徹底した代掻きもできないから、収量減となり、馬を持てない農民はますます貧窮化すると強調したのである。

その上で孫左衛門は、郷村での馬の飼養頭数拡大策を提案している。孫左衛門の計算によると、一頭の馬を持てば、五反歩持ちの農民も、八反歩の生産力を上げることが可能になるという。加えて郷村では馬の飼料として麦や稗などの穀物にかえ、草藁で済ますことができるので、その（飼料代）失費が少ない。しかも年間馬一頭で三両位の厩肥生産が可能である。精農家なら四～五両は生産できる。肥料も十分に施せるので収穫も増え、「御検見引」（検見による不作地年貢免除）もなくなり領主側の収入も安定するとの見通しをたて、里子馬制度を導入するよう求めたのである。

府中藩ではこの提案にどのように応じたかはっきりしない。また里子馬制度が実現されても予期したように出産したかどうかも分からない。いずれにしても馬産奨励、飼養拡大の推進は、農村復興の一策として注目されるようになっていたのである。なお当時の農民は肥料不足を補うために、干鰯《ほしか》など、高価な肥料を購入していたという。しかしその量はわずかだったので施肥は田植え後の水田（実田）にまで行きわたらず、苗代だけにかぎることが多かった。

さて、その後、府中藩内での馬飼養数は、少しずつ増加の傾向を示すようになった。たとえば吉川村の飼養馬数は寛政元年（一七八九）二七頭だったが、三二年後の文政四年には三一頭となり、以後天保四年（一八三三）三五頭、安政四年（一八五七）には三八頭と着実に増加している。(29)

こうした傾向は他領でも同じで、守山藩領の内宿村では寛政元年には二〇頭だったが、八〇年後の明治二年（一八六九）には倍以上の四四頭となり、実に九割近い飼養率となった。穴瀬村・成田村では寛政元年から文政八年までの三六年間に、前者が二頭から九頭に、後者が一一頭から一八頭に増え、急速な回復ぶりを示していた（表7－3）。農村復興の動きに連動するように多くの村では馬数もたしかに増加を示していたのである。

注

1　行方市　額賀敏蔵　※以下、所蔵者旧北浦町内の場合、市名略す
2　中根区有文書
3・15　「天保七丙申不世併記」（北浦町教育委員会旧蔵）
4　北浦町教育委員会
5　「年代記」（神奈川大学日本常民文化研究会蔵）
6・19　「乍恐以書付奉願上候事」　斎藤尚也旧蔵
7・10　「御年貢可納割付之事」　宮内庸雄蔵
8　斎藤尚也旧蔵
9　「差上申一札之事」　富田美智子蔵
11　根本智夫氏蔵
12　「信興年代記」　宮内庸雄蔵
13　「天保四年書記申置事」　小林幹明蔵
14　天保二～同五年「御公儀様・御地頭様御触書写諸日記」　行方市　奥村仁蔵
15　「万事記録帳」　小林幹明蔵
16　宮内勝也蔵
17　明和七年「乍恐以書付奉願上候事」　斎藤尚也旧蔵
18　『麻生町史』資料編「麻生日記諸抜Ｉ」
20　成田区有
21・24　「乍恐以書付奉願上候事」　富田美智子蔵
22　清水継夫蔵

23　前掲「常州御領銘細帳写」による。ただ帆津倉村では他村ほど極端な減少はみられず、元禄十四年四〇戸だった戸数は、寛政元年には一戸減の三九戸だった。
24　里美村史編さん委員会『里美村史』
25　両山絵図とも小貫欠区有
26　延享四年「拝借仕馬代金年賦証文之事」斎藤尚也旧蔵
27　前掲寛政七年「常州御領銘細帳写」宮内庸雄蔵
28　「窮民御救御益筋目論見口上書書上」鉾田市　鬼沢長平蔵
29　「宗旨人別帳」吉川区有

第八章　行方地方の和算の普及と化蘇沼稲荷社算額

一　和算と算家の来遊

中国伝来の数学知識をもとに日本独自の数学に発展させた、いわゆる「和算」は寛永四年（一六二七）、吉田光由の著した「塵劫記」をもって、その出発点とされている。一七世紀後半には関孝和が「点竄術」と呼ばれる代数計算の基礎を確立したことで、和算の水準は飛躍的に高まった。以後、孝和の門弟らの努力によって和算はいっそう発展し、ここに「関流」が形成された。

一方、一八世紀後半になると、これとは別に「最上流」が起こった。流祖の会田安明は関流に対抗し、論争を挑んだ。両派の激しい争いは多くの人々に、和算に対する興味と関心をもたせる契機となった。その上、両派が優れた門人の養成に力を入れたこともあって、和算は急速に地方各地に広まった。

和算の地方普及は、実力のある和算家（算家）が各地を巡って積極的に門弟育成をはかったことで、いっそう進んだ。特に一八世紀末の寛政期から一九世紀前半の文化・文政期にかけ、算家の遊歴は活発になった。常陸・下総には越後水原（新潟県水原町）の人で、関流算家長谷川寛の高弟である山口和（坎山）がしばしば来遊し、和算の指南に当たっている[(1)]。

和の最初の遊歴は、文化十四年（一八一七）のことである。同年四月九日、江戸を出立した和は、取手（取手市）に入り筑波方面を回った後、真鍋（土浦市）、玉造（行方市）、五町田新宿（同）に来ている。和はその後、鹿島から下総方面を遊歴し、五月一日には江戸に戻っている。和の遊歴記録は「道中日記」[(2)]に詳しい。

同日記によれば、和はこの後、常陸地方に四度ほど来遊している。しかし北浦西岸の村々（旧北浦町）には一度も足を踏み入れていない。この地方には門弟が不在の上、有力な経済的支援者もいなかったのであろう。もっとも交通上の不便さもあったかも知れない。いずれにしても和は玉造や鹿島を回ったものの、一か所に二日以上滞在し、門弟を集めて指南したようすはなく、素通りした感が強い。

実はそのころ、行方郡内には最上流の浸透がはかられていたらしい。和は前掲の「道中日記」末尾に「算者控」を載せているが、その冒頭部分に最上流算家として、上戸村（潮来市）の明間半兵衛晴方、同村坂本嘉七方程、宇崎村（行方市）半兵衛らの名が記されている。しかし北浦地方の人名は見当たらない。

さて幕末になると、上毛沢度村（群馬県三条町）出身の関流算家剣持章行が、上州、武州ばかりでなく利根川下流域にも数多くの門人を育て遊歴を繰り返した。剣持の門人帳を見ると鹿島郡に多く、その数は二七名に及び、次いで河内郡が九名となっている。[3]

ところが北浦地方には関・最上流とは別に、秘伝を旨とする「三谷城算術」が、一部農民の間に広がっていたのである。両宿村の宮内忠策もその学習者の一人で、師匠の中江柳介一正（望月門人とある）から、その奥義を授けられている。忠策は学習の成果が認められ、嘉永七年（安政と改元）正月、修了書を授与された。[4]しかしその証書には、口伝内容について「外見他言可為無用事」と明記され、他者への伝授を固く禁じられていたのである。そのためもあってか三谷城算術は北浦地方に浸透した形跡はない。

二　化蘇沼稲荷社の算額

さて和算が発展普及するに及んで、算家の間には、難問を解くと、それを板に書いて神社仏閣に奉納するならわしが盛んになった。この板の額を「算額」と呼んだが、古くは数学上達の願いがかない、その記念に奉納したものであった。しかしそうした動機も次第に薄れ、のちには算家の業績発表や流派の宣伝をねらう意図でこれを掲げるようになった。したがって、その効果を十分考慮に入れ、人の多く集まる神社や仏閣の目立つ場所を選んでこれを掛けた。また問題も人の関心を引くような図形題が多かった。

北浦地方には内宿村の化蘇沼稲荷神社に、慶応三年（一八六七）八月十五日（陰暦）奉納の算額（縦三七センチ、横一〇六センチ）が現存している。同神社は地元武田郷九か村をはじめ、近郷近在からも広く信仰を集め、正月・祭日には多くの参詣者で賑わったという。したがって同神社は宣伝効果上からも、最適の奉掲場所であった。額には鳥栖村（鉾田市）七人の算家が提示した問題とその答え、及び術（文）が付記されている。術（文）には答えの算出法、あるいは答えを根にもつ方程式の導出法などが記されている。

それではまずその全内容を紹介しておこう。

奉

関流
塙元吉満幹門人撰
鬼沢嘉七栄寿訂正

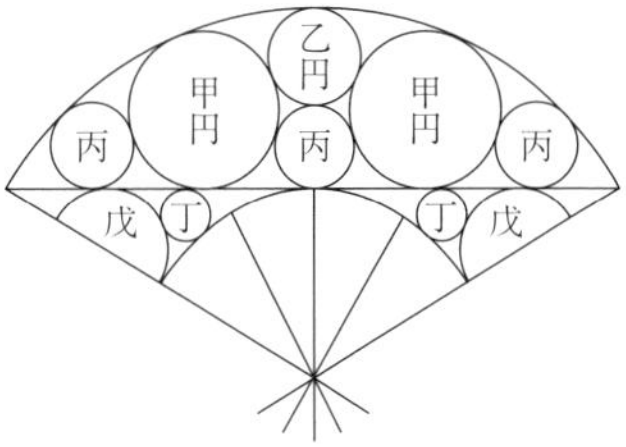

今有如図扇形内容隔一線軒円十個戊者半円
只言乙円径二寸問丁円径如何
答曰丁円径一寸
術曰置乙円径半之得丁円径合問
鳥栖邑　鬼沢　泰和

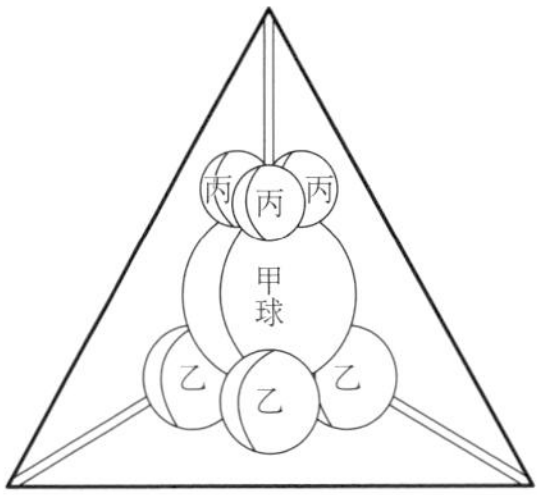

今有如図三角四等面内容甲球一個乙球三個丙球三個只言甲球径若干問乙丙径和如何
乃甲球者切三面乙球者切各二面及甲球与隣球丙球者切各一面及甲球与隣球也
答曰如左
術曰以甲球径為乙丙径和合問
同　新堀　東輔　定知

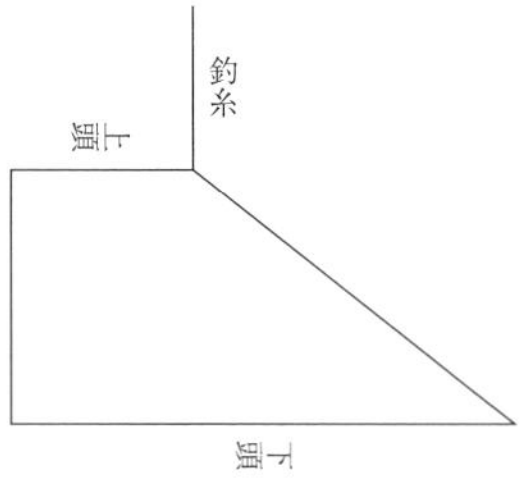

今有如図半梯欲付糸釣垂之則要上下頭水平只言
下頭八寸二分問上頭如何

答曰上頭三寸○○有奇

術曰三個開平方内減一個余乗下頭半之
得上頭合問

同　鬼沢　兼五郎　為正

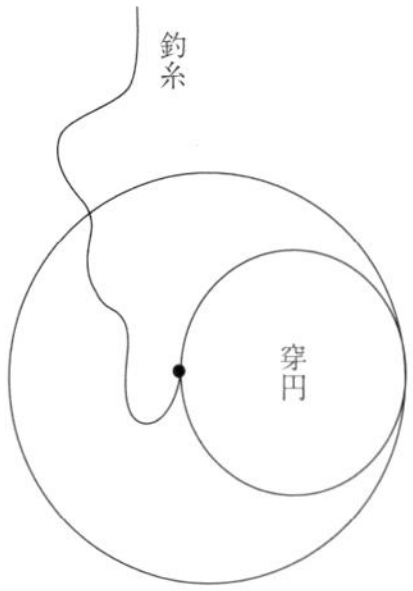

今有如図円端穿小円欲付糸釣垂之正平只言
円径八寸一分問穿小円径如何

答曰穿小円径五寸○○有奇

術曰置五個開平方内減一個余乗円径半之
得穿円径合問

同　同　豊作　幹親

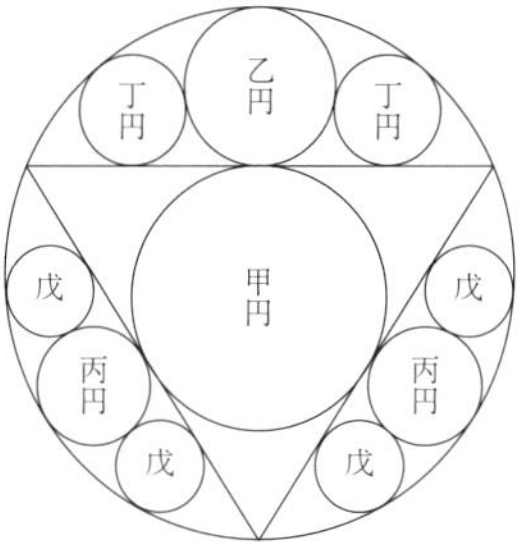

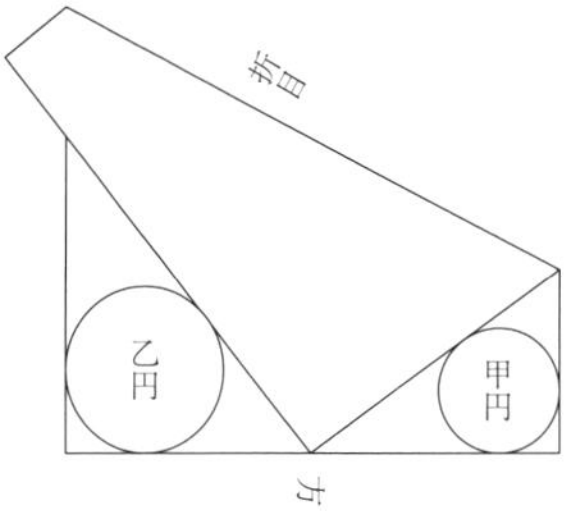

今有如図円内容圭形及軒円十個只言戊円
径十三寸一分欲使甲円最多問丁円径如何
答曰丁円径二十〇寸〇有奇
術曰置二十個開平方以減六個余乗戊円径
得丁円径合問
同　烟田　算造　嗣幹

今有如図折方内容甲乙円只言方面六寸
要使甲円至多問乙円径如何
答曰乙円径二寸
術曰置方三除之得乙円径合問
同　新堀　太良作　貞親

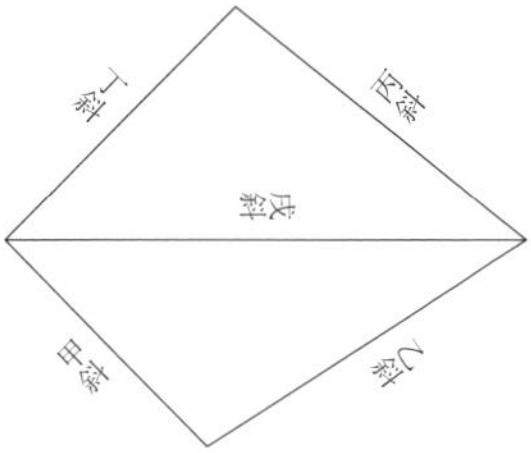

今有如図四不同斜只言甲斜乙斜丙斜丁斜
各若干欲使積最多問得戊斜術
答曰如左
術曰斜字略之甲乙相乗名天丙丁相乗名地乗甲冪
乙冪和名人丙冪丁冪和乗天加人以地和
除之開平方得戊斜合問
同　烟田　要　成幹

上

慶応三丁卯年秋八月望

これをみると、単に図形の線分や面積を求める問題ばかりでなく、第三問や四問のように力学的条件と関連付けて作問した例もあって面白い。それではこれらの問（第一～六問）と術（第七問は術を問う）について、現代風に書き換えて示しておこう[5]。

○第一問

問　いま図の如く、扇形内に一線を隔て幹（干）円一〇個（戊は半円）を容れてある。ただし乙円径は二寸である。丁円径いかんと問う。

答　丁円径一寸

術　乙円径を置き、これを折半し、丁円径を得て問うところに合う。

（乙円形）÷2＝丁円径（答）

2寸÷2＝1寸（丁円径）

＊幹円＝軒は幹の字の誤り、幹円は干円、すなわち十干（甲乙丙……）名の円

＊只言（只云う、ただいう）＝これ以下が与えられた条件。次に記す条件は「又云……」

○第二問

問　いま図の如く、三角四等面内に甲球一個、乙球三個、丙球三個を容れてある。ただし甲球径は与えられている。乙丙径の和いかんと問う。

すなわち（乃）甲球は三つの面に接（切）し、乙球は二つの面及び甲球と（与）隣球に接し、丙球は各一つの面及び甲球と隣球に接している。

答　左の如し

術　甲球径を以て乙丙径の和となし、問うところに合う。

甲球径＝（乙球径）＋（丙球径）（答）

＊三角四等面＝正四面体、正三角形四枚で組み立てた立体、蕎麦の実の形に似ていることか

ら、「そば形」と呼ばれた。
*若干＝具体的な数値ではないが、与えられているとする量。
*切＝接の意味で、接すること。

○第三問

問　いま図の如く、半梯に糸を付け、吊って垂らしたい、すなわち上頭（上底）と下頭（下底）は水平になることを要する。ただし下頭は八・二寸である。上頭いかんと問う。

答　上頭三・〇〇……寸

術　三を置き平方に開き、そのうち一を減じ、余りに下頭を乗じ、これを折半し、上頭を得て問うところに合う。

$(\sqrt{3}-1)\times$（下頭）$\div 2=$ 上頭（答）

$(1.732\cdots-1)\times 8.2$ 寸 $\div 2=3.001\cdots$ 寸

*半梯＝梯ははしごの形（）で等脚台形、半梯はその半分（）

*有奇＝以下有効数字の続くこと、端数のあること。

○第四問

問　いま図の如く、円の端に小円を穿ち（切り抜き）糸を付け、釣って垂らし（残りの部分）水平にしたい。ただし円径は八・一寸である。穿つ小円径いかんと問う。

答　穿小円径五・〇〇……寸

術　五を置き平方に開き、そのうち一を減じ、余りを円径に乗じ、これを折半し、穿つ小円径を得て問うところに合う。

円径×$(\sqrt{5}-1)\div 2$＝穿小円径（答）

8.1寸×$(2.236\cdots-1)\div 2$＝5.0060…寸

○第五問

問　いま図の如く、円内に二等辺三角形（圭）及び幹円一〇個を容れてある。ただし戊円径は一三・一寸である。甲円径を最大にしたい。丁円径いかんと問う。

答　丁円径二〇・〇……寸

術　二〇を置き、平方に開き、その値を以て六から減じ、余りに戊円径乗じ、丁円径を得て問うところに合う。

$(6-\sqrt{20})$×(戊円径)＝丁円径（答）

$(6-4.47\cdots)\times 13.1$寸＝20.015…寸

＊圭＝二等辺三角形

＊軒円＝問一参照

＊烟＝煙と同字、別体、原文では烔となっているが囙は因の俗字

○第六問

問　いま図の如く、正方形（方）を折り、その内に甲乙円を容れてある。ただし正方形の一辺（方面）は六

寸である。甲円径を最大（至多）にすることを要する。乙円径いかんと問う。

答　乙円径二寸

術　方面を置き、三で除し、乙円径を得て問うところに合う。

（方面）÷3＝乙円径（答）

6寸÷3＝2寸

＊方＝正方形のこと、長いのは長方形

＊方面＝方の一辺、その長さ、したがって術文中の「方」は「方面」が正しい。

○第七問

問　いま図の如く、等しい辺のない四辺形（四不同斜）がある。ただし甲乙丙丁の各辺は与えられている。面積を最大にしたい。戊の辺を得る術を問う。

答　左の如し

術　辺（斜）の字は略す。甲と乙を相乗じ天と名付ける。丙と丁を相乗じ地と名付ける。甲冪乙冪の和を乗じ人と名付ける。丙冪丁冪の和に天を乗じ、人を加え、天地の和でこれを除し、平方に開き、戊斜を得て問うところに合う。

$\text{甲} \times \text{乙} = \text{天} \quad \text{丙} \times \text{丁} = \text{地}$

$\text{地} \times (\text{甲}^2 + \text{乙}^2) = \text{人}$

$\sqrt{\{(\text{丙}^2 + \text{丁}^2) \times \text{天} + \text{人}\} \div (\text{天} + \text{地})} = \text{戊}$

＊斜＝線分のこと、多角形の辺、円の弦など

＊四不同斜＝等しい辺がない四辺形
＊冪《べき》＝自乗、二乗のこと

これをみると、いずれもかなり考え抜かれた問題である。しかしまだ積分に当たる円理を用いないと曲線の長さとか、その囲む面積を求めるような高度な問題までにはいたっていない。それでも算盤だけで算術を学んでいた当時の人々にとっては、数式と算木を使って、これだけの問題を解いた算家に、一種の畏敬の念を抱いたに違いない。ただ七人すべてがそれぞれ自分の実力で解決したものかどうかは分からない。

注

1　松崎利雄『茨城の算額』
2　新潟県水原町立博物館蔵
3　高橋大人『和算家剣持章行と旅日記』
4　認定書には、次のようにあるが、各項目の内容については今のところ不明である。
　○位術。
○同位同員・○同位異員・○異位同員・○異位異員・○帰除元名・○因乗元名・○法実商名
　合
○帰除則同位之上一位也・　○因乗則一位之下同位也
　右口伝
　○定率
○三方角　○径方　○円方

方ヲ自半方ヲ自シ　方ヲ自シ倍シ　周ニ径ヲ因シ四帰ス
方自ヨリ減シ、平方ス　平方ス

○錐方
方ヲ再自従径錐
形シ六分ニテ四方
六面之三倍ニテ全
正方ナリ

○円周
径ヲ自シ半円矢ヲ自
六ヲ因径自ニ和シテ
平方ス

○玉方
正円率七ハ五ヲ
四倍シ六帰スル
為玉率ナリ

右口伝

右条々雖為真術従執心令伝者外見他言可為無用事

嘉永七寅　正月日
三谷城算術　望月門人
中江柳介
一正　□○（印）
宮内忠策殿
用方

5　以下、松崎利雄氏の御教示による。
北浦町史編さん委員会『北浦町史』

第九章　水戸藩連枝守山・府中藩農家の家族構成と結婚・出産

——両宿・吉川村の例——

一　宗門人別改帳からみた家族形態

幕府は寛永十四年（一六三七）に起こった島原の乱を機に、キリスト教禁止を徹底させるために、諸藩にまで「宗門（旨）人別帳」（以下単に人別帳）を作らせた。人別帳には家族ごとにひとりひとりの所属宗旨が明記され、戸主と各人の続柄、年齢なども付記されているので、戸籍簿の役割も果たした。

現在北浦地方で人別帳の伝存が確認されているのは、水戸藩連枝守山藩領両宿村の五冊と、同じく連枝府中藩領吉川村の七冊、及び旗本新庄氏知行地小畑村（ただし村の一部四〇戸分）、同知行地行戸村（村の一部一三戸分）各一冊のみである[1]。しかしいずれも後期から幕末維新期にかけてのものである。本稿では両宿・吉川両村の人別改帳を中心に、家族構成や、結婚・出産の実態について詳しくみてみよう[2]。

まず両宿・吉川村の人別帳によって、両村の戸数と男女別構成の変遷表を作成すると次のようになる（表9―1）。

周知のように江戸時代のわが国の人口は寛政四年（一七九四）ごろ最低を記録したが、しかしその後は漸次回復の傾向を示した。両村の場合この表でみる限り、その波のおとずれはやや遅れ、最低になるのは一九世紀前半、文政期の初めごろと推定される。それ以後天保期になると、徐々にではあるが確かに増加に転じていたことがうかがえる。

こうした変化の中で注目されるのは、人口減少期の男女別構成である。両村とも男性に比し、女性の数が少ない。ところが幕末からの人口増加期に入ると、反対に女性比が高くなっていることに気付く。ちなみに府中藩領繁昌村（行方市）金仙寺過去帳から推計した江戸時代初期の人口増加期には、女性の数は男性より多かった（後

表９－１　両宿村と吉川村の戸数と男女別構成の変化

	和暦（西暦）	男	女	対男性比	計	戸数	1戸平均
両宿村	寛政７年（1795）	人 117	人 92	78.6	人 209	戸 41	人 5.1
	文政５年（1822）	113	95	84.1	208	41	5.1
	弘化３年（1846）	146	139	95.2	285	44	6.5
	元治元年（1864）	150	164	106.5	314	47	6.7
	明治２年（1869）	153	154	100.7	307	50	6.1
吉川村	寛政９年（1797）	180	160	88.9	340	71	4.8
	文政４年（1821）	177	159	88.1	336	70	4.8
	天保４年（1833）	177	169	95.5	346	73	4.7
	安政４年（1857）	174	182	104.6	356	69	5.2

＊各村宗門人別帳（内田文孝、平山功雄両氏蔵、吉川区有文書）より作成。

述）。

さて人別改帳はそれを作成する時点で、生存している住民を記帳したものであるから、前年の調査（作成）後に出生し、翌年の改帳作成直前までに死亡した乳児は含まれていない。その上、出生児を秘密裏に圧殺する、いわゆる「間引」の風習が広まっていたから、満一歳未満乳児数の正確な把握はいっそう困難であった。間引の記録はもちろん残っていない。しかし北浦地方でも「口減らし」と称して、赤子に蒲団をかぶせて窒息死させたことや、取り上げ婆さん（産婆）が縊殺した、という話は今なお語り伝えられている。

その対象となるのは女児が多かったという。また双子もいずれか一人がその対象となった。なお間引は生活苦に喘ぐ農民ばかりでなく、富農層の間にまで広まっていた。江戸時代中期以降、北浦地方に限らず、各地で女性の数が減少しているが、その主因として間引風習の広がりが指摘されている。

一方、妊婦自身が、針やほうずきを使って堕胎する「子おろし」の風習も各地に広まり、いたるところで行われていた。地元古老も、北浦地方でもそれは例外ではなかったという。さらに古老は、この子おろしが失敗し妊婦が死亡する例も少なくなかったと語る。これもまた女性人口の減少をもたらした一因と指摘する話も今なお伝わっている。一方、粗食、産後の肥立ちの悪さ、衛生思想の乏しさから、妊婦の死を早めた例も多かったと語る古老もいる。

さて、疫病や麻疹の流行によって、短期間に多数の乳幼児、児童が犠牲になったことから、人口増加が阻まれる例もあった。たとえば享和二年（一八〇二）、北浦地方六か寺（吉川村平福寺・繁昌村金仙寺・山田村円満寺・繁昌村観音寺・内宿村自性寺・次木村円通寺）の過去帳をみると、童子・童女と記された戒名があまりにも多いことに気付くのである。

同年の六か寺総計死亡者数は一六七名を数えるが、その四〇パーセントを超える六七名は童子（二九）、童女（三九）であった。金仙寺過去帳は、享和二、三年「痘瘡ニ而早世如斯嗚呼愁傷々々」と記している。また水戸藩の記録にも同二年は「風疾大ニ流行ス、世俗コレヲ於七風（風邪）ト云」とある。[3]

また一八世紀後半、常陸北部大久保村（日立市）の医師の記録によれば、[4]「当邑大疫夭逝行ハ元禄九年、元文元年迄四十年」とあって、大久保村では長年疫病に苦しんだことを記している。実は北浦地方の各寺の過去帳もこれを裏づけるように、元禄九年（一六九六）の四か寺（平福・金仙・観音・円通寺）の死亡者数は五五名であるが、うち童子・童女は一七名（死亡者総数の三一パーセント）であった。

以後正徳元年（同四四パーセント）、享保元年（同三六パーセント）、同六年（同三三パーセント）にも幼少年（戒名に童子・童女）の死亡者は多かった。全体的に享保期後半から、死亡者数は増加の傾向を示している。それは大久保村より二年遅れの元文三年（一七三八）ごろまで続いたが、その後減少に転じた。しかしそれもつかの間、寛保三年（一七四三）より四年間ほど、死亡者数は再び増え続けたのである。

実は享保期における死亡者数の増加傾向は、各地で問題となっていた。そこで幕府は事態を重くみ「右当時（享保十八年）諸国国々時疫流行致し……又ハかろき者共雑食の毒にあたり」と、天領・私領を問わず、各村々に

対症療法薬の製法、施薬法などを印刷（板行）し与えたのである。(5)

天明四年（一七八四）にも、疫病流行のきざしがみえると、幕府はさっそく享保期に倣い、薬の製法や施薬法を印刷し、各村に配布している。確かに六か寺の死亡者総数は寛延元年（一七四八）以降、九〇名から一二〇名前後で推移していたが、天明四年には一六四名にも達することになった。いずれにしても当時の人口構成をみる場合、流行病の発生と関連付けて考える必要もあろう。

そこで年齢別人口構成について、両宿村を例に検討することにした。同村の人口は寛政期から文政期にかけ、減少・停滞の傾向を示していたが、天保・弘化期ごろより急増に転じたことはすでにみた。表9－1をみて人口の最も少なかった文政五年（一八二二）と、それより五割増しとなった四二年後の元治元年（一八六四）の年齢別構成を示すと図9－1、2のようになる。

これにより文政・元治の人口構成を比較すると、それぞれの時代状況が反映されていることが分かる。文政では一〇歳以下の幼少年は男性二五人に対し、女性は極端に少なく一三人である。全体的に女性のピラミッドは、人口減少期の特色である壺型に近い形状であった。一方、人口増加期の元治元年のそれは、若年層ほど多く、標準型ピラミッドに近づいている。一〇歳以下の女性は男性（二四人）の一・五倍、三六名である。なお、文政五年時、四一歳から四五歳の者が少ないのは四六年前の安永五年ごろ、常陸では麻疹が流行したので、それと関係があるのかも知れない。(6)

さて人口の変動は家族構成や、家族形態の上からも検討する必要がある。江戸時代初期の繁昌村金仙寺過去帳をみると、戒名の下に「森戸ノ源兵衛下人」とか、「吉川姉崎与兵衛家中」「森戸又兵衛浪人」などとの注記の多い点に気づく。このうち家中の身分についてははっきりしないが、他の下人や浪人の記載は、家族の中に隷属する非血縁者が含まれていたことを示している。

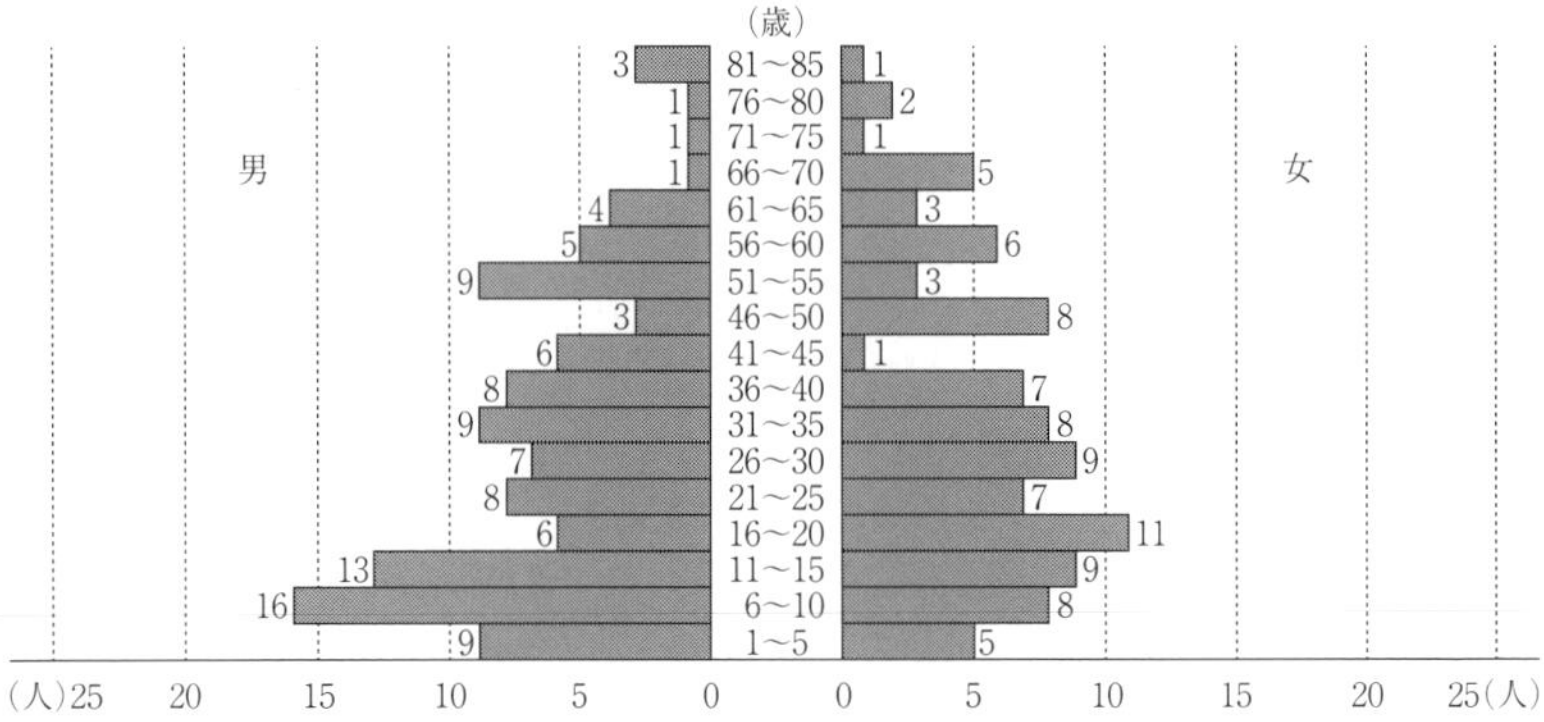

図９－１　文政５年（1822）両宿村年齢別人口構成（文政５年「両宿村宗門人別御改帳」内田文孝家蔵より作成）

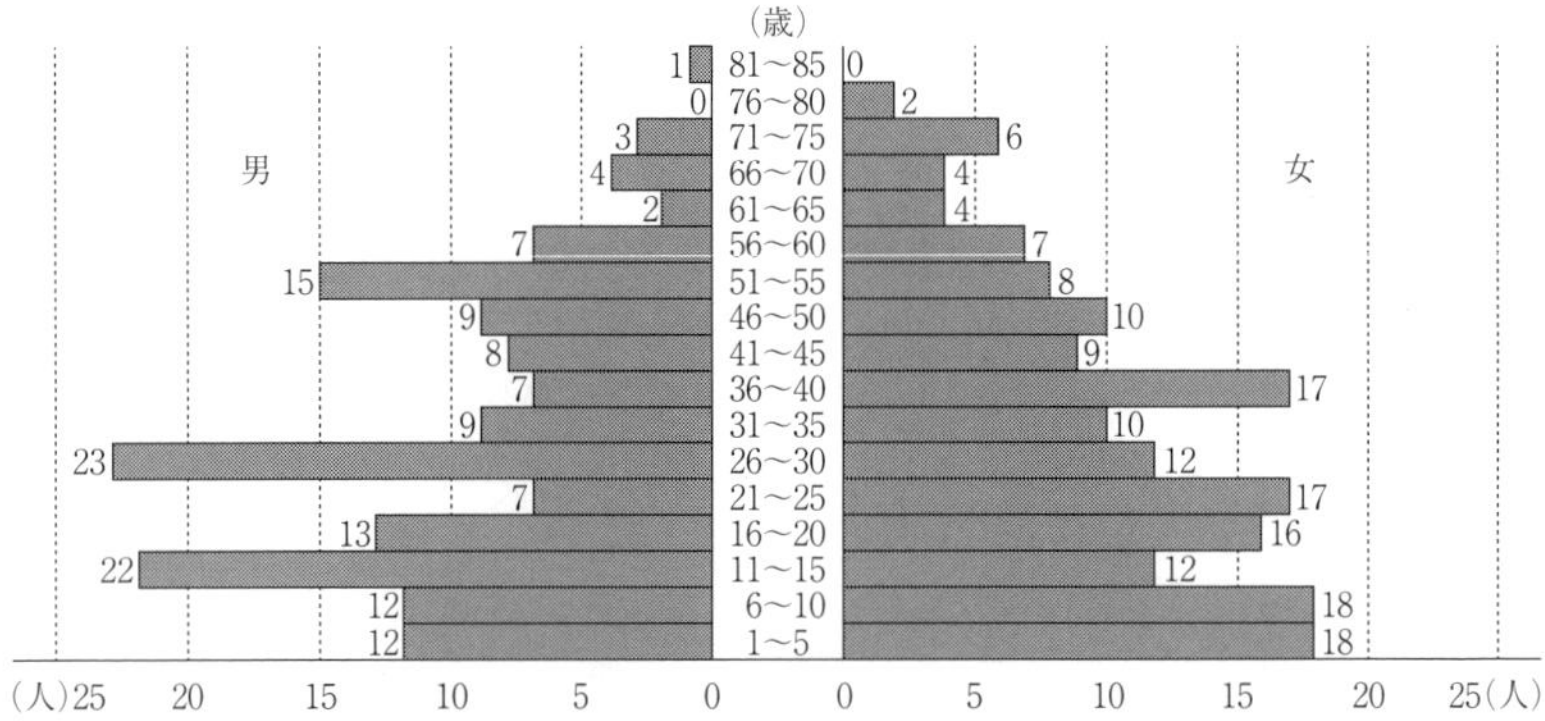

図９－２　元治元年（1864）両宿村年齢別人口構成（元治元年「両宿村宗門人別御改帳」内田文孝家蔵より作成）

ところがやがて新田開発が進み、生産力が上昇するのにともない、隷属民が少しずつ自立したためか、下人・浪人の記載は一七世紀も後半になると、ほとんどみられなくなった。家族形態もしだいに直系家族、単婚小家族が主流となっていったことの表われと判断される。さきの宗門人別改帳によれば、寛政七年（一七九五）の両宿村では下人を抱えるのは四一軒中九軒であったが、六〇年後の安政四年（一八五七）には六七軒中五軒と減っている。

それでは隷属民を除いた血縁家族の形態について、人別帳によって検討してみよう。まず家族形態を親と子どもで形成される単婚小家族（核家族）と親と既婚の子との二世代同居、あるいはこれに祖父母または孫夫婦を加えた三世代同居の直系重世代家族、それに弟夫婦や叔父・甥夫婦が同居する傍系・複合家族とに大別して考えることにした。なおこのほかに独居、非親族家族を加えてまとめると、表9－2のようになる。

これによると直系重世代家族が、両村とも常に全体の半数以上を超えていたことが分かる。次いで単婚小家族が多い。しかしこれは親夫婦、子ども夫婦が別居したわけでなく、後述するように短命だったため世代が重なりえなかった、あるいは重なっても短期間だったことによるものであろう。いずれにしても基本的には直系重世代家族構成が理想とされた時代であったことには変わりはない。なお古い時代に多かった複合家族も、わずかではあるが幕末まで残っていたことは注目されよう。

一方、家族構成をみると、富裕層ほど家族人員は多かったことが分かった。この点については後に検討しよう。

表9－2　両宿村と吉川村の家族形態

類型		両宿村										吉川村							
		寛政7年		文政5年		弘化3年		元治元年		明治2年		寛政9年		文政4年		天保4年		安政4年	
		戸数	割合	戸数	割合	戸数	割合	戸数	割合	戸数	割合	戸数	割合	戸数	割合	戸数	割合	戸数	割合
単婚小家族		戸 7	% 17.1	戸 6	% 14.6	戸 8	% 18.6	戸 7	% 14.9	戸 9	% 18.8	戸 16	% 22.9	戸 22	% 32.4	戸 16	% 22.5	戸 20	% 29.9
直系重世代家族	二世代	22		21		20		25		21		32		30		29		29	
	三世代	5		6		8		10		14		8		7		13		8	
	計	27	65.8	27	65.8	28	65.1	35	74.5	35	72.9	40	57.1	37	54.4	42	59.2	37	55.2
傍系同族複合		5	12.2	4	9.8	6	14.0	5	10.6	4	8.3	6	8.6	4	5.9	5	7.0	6	8.9
独居等		2	4.9	4	9.8	1	2.3	0	0.0	0	0.0	8	11.4	5	7.3	8	11.3	4	6.0
計		41	100.0	41	100.0	43	100.0	47	100.0	48	100.0	70	100.0	68	100.0	71	100.0	67	100.0

＊各村宗門人別帳（内田文孝、平山功雄両家蔵、吉川区有文書）より作成。

二　女性の地位と結婚

男性中心の江戸時代、農村女性が社会的に表だって、活躍することはまず考えられなかった。そのためか、当地方でも女性の活動を記録した文献はほとんど見当たらなかった。ただ元禄十一年（一六九八）「武田内次木村差出帳」[7]の「作之間稼」（農間余業）を記録した項に、

一　女稼、作之間ニ薪取、着類ノ木綿糸取少々おり申候

一　男之稼、耕作之間落葉取、馬草刈申候

とあって、女性の稼ぎを男性より先に記述しているのは注目される。同村の女性は耕作の合間（農閑期）に、燃料（薪）確保に当たるほか、木綿糸紡ぎや、わずかではあるが織物をする、というのである。

また元禄十二年府中藩領「中根村下書」[8]も、男性より先に「女稼作之間薪取申候」と記している。ちなみに男性は「薪、馬草取」とある。これらの記述の仕方からも、当時この地方では家庭内において、女性が労働力としてきわめて重要視されていたことがよみとれる。日常的な育児・炊事・洗濯・裁縫、そして夫父母の介護などが、女性に課せられた当然の義務であった。

さて当時の下人や家抱《けほう》など、隷属農民の中には生涯を独身で過ごす者も少なくなかった。ところが、隷属農民の自立化が進むと、結婚する割合（有配偶率）もしだいに高まったと考えられている。それでも双方の意思で簡単に結婚を決めるとなると、種々障害も多かった。もちろん一般農民でも他領（他知行地）住民との結婚となると、なおさら手続きも容易でなかった。

旗本新庄氏支配地小幡陣屋の記録にも、いくつか手続きの例が散見できる。しかしひな形に基づいて作成され

ることになっているので、いずれの形式、内容とも大同小異である。いずれの手続き文書にも共通している点を挙げると、双方「内談」の上で縁組が成立すると、男性方は親類の代表とともに、女性方村役人に、誰の娘誰を「貰請」たい旨を伝え、「縁談相整」うよう協力と許可を願うことになっている。これを認めた女性側村役人は、その旨を添え書きして返書している。(9)

この手続きが済むと、人別送り状と受取状を村役人同士交換することになる。これによって結婚は正式に成立する。

これに対し、当時の離婚については夫側の専権による「追い出し離婚」が一般的とされてきた。しかし妻の「飛び出し離婚」もかなり多かったらしい。(10)

小幡陣屋の安政四年(一八五七)「御用日記」(11)、四月二日の項に半原村(鉾田市)から「名主清三郎、行戸村孫重」らが、行戸村勇七の縁談問題で陣屋を訪れたことが記されている。要件について翌三日の記事に「行戸勇七後妻別所村(東下村)伊衛門娘うめ又々欠込居申候」とある。どうやら行戸村勇七の後妻うめが、離婚を目的に半原村に逃げ込んだ(欠込・駆込)ため、問題となっていたらしい。

村役人らは復縁させようと説得したが、その甲斐なく結局「不整」となり、出走(失踪)してしまった。その後、この一件についての記述はなく、詳しいことは分からない。

三　貧富の差と結婚・出産年齢

ここまでみてきて人口構成や家族構成は、結婚年齢と大きくかかわっていたのである。しかし結婚年齢を正確

表９－３　両宿村と吉川村の第一子出産時の夫婦の年齢および持高別出産年齢

	和　暦	夫	婦	５石以上		５石未満		妻平均差
				夫	妻Ａ	夫	妻Ｂ	Ｂ－Ａ
		歳	歳	歳	歳	歳	歳	歳
両宿村	寛政７年	27.4	20.9					
	文政５年	26.4	20.9	23.7	19.7	30.0	22.6	2.9
	弘化３年	24.7	20.8	24.4	18.4	25.1	21.0	2.6
	元治１年	24.4	20.6	22.5	19.5	27.7	21.4	1.9
	明治２年	23.5	20.8	23.5	20.8	23.5	20.7	0.1
吉川村	寛政９年	26.2	22.2					
	文政４年	24.7	20.9					
	天保４年	23.3	20.3					
	安政４年	24.8	20.9					

＊各村宗門人別帳（内田文孝、平山功雄両家蔵、吉川区有文書）より作成。

表９－４　両宿村と吉川村の一夫婦当りの子ども数の変遷

	和　暦	子ども数	持高別子ども数		
			５石以上Ａ	５石未満Ｂ	平均差Ａ－Ｂ
		人	人	人	人
両宿村	寛政７年	1.9			
	文政５年	2.1	2.5	1.6	0.9
	弘化３年	2.6	3.0	2.2	0.8
	元治１年	2.6	3.0	2.3	0.7
	明治２年	2.4	2.5	2.3	0.2
吉川村	寛政９年	2.1			
	文政４年	2.3			
	天保４年	2.6			
	安政４年	2.3			

＊各村宗門人別帳（内田文孝、平山功雄両家蔵、吉川区有文書）より作成。

に把握する史料は見当たらないので、前述の宗門人別改帳によって、第一子誕生時の夫と妻の年齢から推定することにした。両宿・吉川村の第一子誕生時の夫婦の年齢をまとめると、表9－3のようになる。

これによると、第一子誕生年齢は夫の場合、両村とも年により二三歳から二七歳前後とばらつきがあるが、妻の場合一部を除き、ほぼ二〇・九前後と一定していたことが分かる。総じて両村の夫婦の年齢開差は四歳から六歳ぐらい、夫が年上と考えてよさそうである。これからみるかぎり、女性の結婚年齢は第一子出産一年前の一九歳から二〇歳ということになる。ただ人別帳では死産や一歳未満乳児死は記録されないことや、出産不可能な一五歳以下の早婚者もあるので、実際の女性結婚年齢は、これより一～二歳若年と考える必要があろう。

さらに注目したいのは、貧富の差と結婚（出産）年齢との関係である。各人（戸）の持高を付記した両宿村の場合をみると、妻の第一子出産年齢は明治二年の例を除けば、五石以上の上・中農民層は一九歳前後である。ところが零細農民と考えられる五石未満層では二一歳を超えていたことに気づく。そこには二歳前後の開きがある。夫についても同じような傾向を示している。なお妻の場合の持高は生家ではなく、婚家の石高によったものなので、この点考慮する必要はあろう。

結局富農層ほど早婚型で、貧困層ほど晩婚型だったということができる。しかし時代が下るに従い、貧富差による結婚年齢の開きは縮小したようである。貧困家庭の女性は家族労働力としての比重が高く、生家を離れがたかったのではなかろうか。ともかく女性の結婚年齢は、生家の経済状況に左右されていたことは間違いない。

その上、各戸の経済力は生涯の出産数とも深い関わりがあったとみられるのである。まず人別帳によって、一夫婦の子ども数の変遷を表9－4によってみると、この地方の農村が極度に疲弊し、人口が最低を記録していたと推定される寛政期から文政期にかけては、両宿・吉川両村とも一夫婦あたりの子ども数は、二人前後と少なかった。しかしやがてこの地方にも復興の兆しがみえるようになると、子どもは増えて、一夫婦二・五人前後になったことが分かる。しかも両宿村の子ども数は、特に五石未満層で増えていることがはっきりとしている。もちろんそれはこの層の女性の結婚年齢が早まったことの反映でもあった。

女性の出産可能年齢には限界があるから、早婚の傾向が進めば子ども数が増えるのも当然のことであった。当時幼少年者の死亡率が高かったことを考えると、少子貧困家庭ほど、後継者が絶える確率が高かった。ともかく絶家（潰百姓）は子どもの数とのかかわりで考えることも必要があろう。

両村の人別帳で気づくことは、出生間隔が長いことである。第二子誕生は、第一子のそれより四年から六年遅れが一般的であった。第三子以降の出生もほぼ同様であった。一年違いの、いわゆる年子はほとんどみられなかった。それは後述するように、流産・死産及び乳児の死亡率が高かったことに加え、間引の悪習も続いていたからであろう。早死は母乳不足、栄養の劣悪さ、衛生思想の貧困などが関係していたことはいうまでもない。それは同時に懐妊率の低下にもつながっていたのであろう。

さて吉川村寛政九年（一七九七）の人別帳には、第一子と末子（二子）との年齢開差が二四年以上という例がある（二例）。ちなみに最高開差二五歳となった母親の出産例をみると、一九歳で第一子を、四三歳で第五子（末子）を生んでいる。（注、これは組頭文左衛門四七歳、妻四五歳夫婦の例である。二人の間には、二六歳の男子〈第一子〉を頭に、五人の子どもがいた。末子〈男〉は二歳で、この間に五歳の男子、十代の娘二人がいる。結局二歳の末子は四三歳時出産ということになる。また開差二四歳の例は夫婦ともに七五歳で、第一子五七、二子〈末子〉三三歳、いずれも男子である。他の人別帳にはこれ以上の高齢出産は見られない。同村では二〇年程度の開差例は、決して珍しいものではなかった。ただこれらの中には再婚（後妻）の例も含まれていたかも知れない。いずれにしても出産最終年齢は四〇歳前後と推定され（前掲吉川村の人別帳では、最高齢出産年齢は、寛政九年四三歳、文政四年・四〇歳、天保四年四一歳、安政四年三六歳）、全体的には「長期にわたる少数出産」の傾向だったといえよう。そのため、末子より孫が年上となる例（叔父・叔母が甥・姪より年下）も珍しいことではなかった。

しかも平均寿命も短かったから、末子の成長を見届けないまま、他界する親は多かった。当時の寿命については確かなことは分からない。参考のために明治前半期の旧府中藩領中根地区について「埋葬認可証(12)」から平均寿命を推定すると、男四〇歳、女四七歳前後である。江戸時代の当地方ではこれより低かったと考えられる。

同認可証も明治後半期（明治三十四年以降一〇年間）になると、死産（胎児・胎児一〇か月とある）についてはかなり正確に記録されるようになった。それによると、一〇年間の全死亡者九四名中、死産はなんと四割を超える三九名（男一四、女一九、無記入六）を占めていたのである。その上、満一歳未満の乳児死亡者は一二名に上っている。両者を合わせると五割五分に達し、まさに多産多死型の時代であった。しかも母親が出産と同日、ないしは一年以内に死去する例も多かったらしい。出産は女性にとって危険を伴うものであった。

ちなみに明治三十四年以降一〇年間に、二五人の女性が死産を経験している。中には五度も流産をした女性もあった。三度の経験者は二人、二度は六人となっている。人口減少期の江戸時代、とりわけ一九世紀前後の寛政から文政期の死産率はこれをはるかに上回ったことは想像に難くない。ただ疑問なのは流産死は男子より女子が多いことと、性別を記載しなかった例が六人もあったことである。これは間引とは関係なかったのだろうか。明治期になっても江戸時代と同じような間引の風習が残っていたとの話は、いまなお古老の間で語り伝えられている。

さて、無事に出産したものの、幼少年期を健康に育てることはこれまた難しかった。男子を失った家庭では、残った娘に家督を相続させ、婿養子をとる例は多かった。しかし行方地方では従来から年少の弟を差し置いて、姉が相続する姉家督相続（初生子相続）が多かったといわれてきた。そこで、前掲の両宿・吉川両村の人別帳によって、当時の姉家督相続の実態をみてみよう。

両宿村の寛政七年（一七九五）の相続一八例のうち、女子相続は三例にすぎなかったが、弘化三年（一八四六）には一四例中半数の七例と多い。もちろんこの女子相続の中には、第二子以下がすべて女子だった家庭や、第二子が生まれない家庭も含まれている。そのため、姉家督になるとこれより少なくなり、前者が二例、後者が四例となっている。吉川村での女子相続は寛政九年二二例中三例であったが、安政四年（一八五七）には三三例中一五例となり半数に近い。うち姉家督は前者が二例、後者が七例となっている。姉が相続する場合、両村とも弟との年齢開差は六歳以上がほとんどであった。

出産や子育ての不安な時代、女性たちは観音講や地蔵講を結成して、安産、健康成長を祈願した。あわせて不幸にして亡くなった産婦や子どもの冥福を祈った。北浦地方各地には、女性たちの建てた子安観音、地蔵尊、十九夜供養塔が数多く建っている[13]。中でも注目されるのは、文化十年（一八一三）と天保十四年（一八四三）山田地区中山女人講が同地内根朝日台に建てた観音菩薩の石仏である。ともに「およね」「おすみ」などの講員の名前が刻まれている。当時女性名を石仏に残すことは極めて珍しかった[14]。

北浦地方では女性の集う三夜講（二十三夜講）、十九夜講がとくに盛んであったという[15]。これらの集いについて、地元では単なる観月的なものではなく「妊娠・出産・育児への祈願が中心となっていることは当然として、さらに社会面での女性の地位向上、社会参加についての話し合いが行われていた」と、みる向きも多いのである[16]。

注

1　文久四年『常陸国行方郡小畑村宗門御改帳』、文久四年『常陸国行方郡行戸村新百姓宗門御改帳』

2　両宿村の場合、寛政七年（一七九五）「宗門人別御改帳」（下書き、行方市内田文孝家蔵）、吉川村は寛政九年「常陸

国行方郡吉川村宗門人別面附御改帳」（行方市平山功雄家蔵　※以下所蔵者が旧北浦町の場合、市名略す）
3・6　『水戸紀年』（茨城県史編さん委員会『茨城県史料』近世政治編一所収）
4　「岡部盤竜子故事物語」（文政八年写）郷土ひたち文化研究会『郷土ひたちシリーズ』六号所収
5　根本智夫家蔵、天明四年「御用之日記」
7　額賀敏家蔵
8・12　中根区有
9　詳しくは潮来町史編さん委員会『潮来町史』を参照されたい。
10　高木侃『三くだり半』
11　行方市　奥村仁氏蔵
13　北浦村『北浦村の石仏・石塔』
14　藤田稔「茨城県における石仏と石塔」（『茨城の民俗』八号所収）
15・16　辺田光雄「北浦町の石仏調査からの考察」Ⅲ（『郷土北浦』二一号）

第一〇章　磯出大祭礼

―山田郷国安区の記録―

一　山田里と国安

平成十五年三月、七二年に一度の東西金砂神社磯出大祭礼が、延べ九十数万人の見物客を集め、盛大に執行された。祭礼にかかわる集落の活動記録をここに紹介する。

水府村国安区（大字）は、久慈川支流山田川の中流部に開けた戸数一〇〇戸ほどの山里である。かつては「水府煙草《たばこ》」の産地として知られていたが、今では生産者は皆無となり、専業農家もわずか数戸を残すのみとなった。

大祭礼の渡御行列では、両社とも山田川沿いの道を下るので、当然国安地区も通過することになる。国安は古くから「山田里《やまだのさと》」「山田郷」の一部とされ、中世には佐竹本宗家に反抗した山入氏のお膝元で、その居城跡は西の山なみにひときわ高くそびえている。

山田里（郷）は、中央部を南流する山田川の水に恵まれたこともあって、常陸風土記の時代から開発が進み、生産力も高まって、中世には山入氏繁栄を支える地となった。里に恩恵を与えてきた山田川の水は、東・西金砂山からの湧き水が合流することによって、水量はいっそう豊かになるのだと、住民は長い間信じてきた。またしばらく前まで住民の多くは、流域の肥沃な土地こそ両山の賜物であると信じて疑わなかった。

特に国安区を中心とした地域の人々は、山田川によって形成された有り難い平坦な土地は、できるだけ耕地として有効活用しようと考え、自らは山に入り込んだ谷間やその入口、山の中腹、麓に家屋敷を構えてきた。そのためこの地一帯を総括し、「山入《やまいり》」の地と呼んだこともあったという。古い集落は、竜ケ口、水上《みずかみ》（別に山根）、戸屋（山入城跡中腹）、原山《はらやま》、岩本と呼ばれる平地を避けた地域にあったのも確かである。また国安に近接する松平や和久の各区（大字）も、近世末期の絵図『常陸国北郡里程間数之記』（国立国会図書館蔵）をみると、農地に適した川沿いの平地には、人家はあまり描かれていない。特に山田里（郷）の中心地とされてきた松平（村）の集落は北沢・白金沢・牛込といった山の入に形成されていた。松平を山田入と呼んだ時代もあったらしい。また松平一帯を山田郷と呼ぶ地域民は近年まで少なくなかったという。

二　タブー視された結婚などの祝事

両金砂神社は、山田川流域の住民にとって、農耕をはじめ暮らし全般を支えてくれる尊い山である。年配者の間では、今でも東金砂神社を「お東（様）」、西金砂神社を「お西（様）」と呼ぶ者も少なくないのである。昭和二十年ごろまでは、秋の祭礼になると、いくつかの集落では、その年の収穫米で特大のお供餅（鏡餅）をつくり、若者が二人組となって竹棒に吊してこれを担ぎ、かけ声をあげながら神社まで運び奉納したのである。この行事は古い時代の両社に対する厚い信仰心の一つとして語り伝えられてきた。

農業を営む住民が少なくなった現在でも、山田川流域では、中高年を中心に、両社への尊崇の念は冷めてはいない。そのよい例が子や孫の結婚式、住宅の新改築などの個人慶事を禁制する伝統的慣例が今回も守られていたのである。個人慶事を控えていたり、予定していた住民も多かったが、その大半は少なくとも大祭礼前の数か月間（平成十四年秋ごろから）は、開催・実施に踏み切らなかった。そのため今年は大祭礼終了を待ちわびていたように結婚式が相つぎ、建築関係者も一転して大忙しとなった。

つまり、すべての祝い事のうち、両社の大祭礼が最も崇高な行事である、との考えに基づくものである。したがって個人の慶事を大祭礼前に優先させるなど、不謹慎極まりないというのであろう。この慣例を破ると、「バチ（罰）が当たってロクなことがない（不幸を招く）」との会話が、祭礼前とり交わされていたのをよく耳にした。しかし、ある古老は、「個人慶事先送りの慣例は、農民が皆、生活に窮していた貧しい時代に生まれたものだ」と前置きして、次のように解説してくれた。

多額の経費を要する大小祭礼執行に当たって、神社側（祭礼実行委員会）としては、その多くを氏子及び関係地域住民からの浄財に頼らざるを得ない。その氏子や住民が祭礼前に結婚式や新改築で多額の金を支出したのでは、神社側に納める寄付金、奉賛金に影響が出るのは必定。そこでこんな禁忌が生まれたのだ。

ともかくこの解説の真偽のほどは分からないが、説得力があると評価するむきは多い。確かに昭和不況最中の前回（昭和六年）の大祭礼も盛大に執り行われたし、景気低迷続く中で計画された今回も、規模縮小や経費節減を口にする者はいなかった。反対に「七二年に一度の祭礼に、あまりケチると、金砂様にバチが当たる」との声がむしろ支配的であった。

三　行列通過と世話人の任務

大祭礼はその霊験あらたかなる東・西金砂の御神体が山を下って（御出社）、水木浜（日立市）まで渡御する祭事である。通過する地域にとっては、それこそ渡御する行列を慎んで迎え、丁重に送らねばならない世紀の大事《おおごと》である。

両神社とも、御出社二日後には山田郷を通過することになっている。山田郷は北から和久、国安、松平、棚谷、和田、東連地と続き（以上旧水府村）、南の芦間（旧金砂郷町）までの七区（大字・旧村）からなっている。このうち和田区内西沢の地で、両社とも神事を執行し、田楽舞を奉納する。和田祭場でのこれら祭典一切は、和田区が中心となって七区共催で進めることになっている。このためもあって、祭事にかかわる行事については、一部を除いて七区で歩調を合わせて行うことが多かった。したがって各区には、和田区をはじめ他区と連絡調整しながら、区内を統括し関係行事を推進する責任者が必要となる。その責任者を「大世話人《おおぜわにん》」と呼んだ。

大世話人の人数は区内の戸数や地形の状況などによってまちまちではあるが、大半は三〜六名であった。ただ近年宅地化が進んでいる松平区では戸数も三〇〇を超え、その数も一〇名で際立って多い。なお大世話人は、渡御行列の通過に当たっては案内役を担当する責務がある。大世話人の下にあって、使い走りや雑務に当たるのが「小世話人《こぜわにん》」である。いずれの区でも小世話人は大世話人一人に二人ぐらいの割合で、区内若者（四十二歳厄歳《やくどし》前）から選んだようだ。しかし若年層の減少が急速に進んでいる現状から、各区とも年齢厳守を主張する者はいなかったという。

さて国安区の場合、大世話人は古くから、小祭礼同様六つの小集落（一集落は十数戸から二十数戸からなる）より、一名を選ぶならわしとなっている。選出については特別の規定はないが、住民の考えは概ね次のような基準（暗黙の了解事項）で一致していた。

一、各集落の年長者で、定年退職をした者（六〇歳以上、該当者がいなければ五〇歳代）。
二、六年に一度執行される西金砂小祭礼で、かつて大世話人に就いた者は除く。
三、その他、日常生活上問題のない者、犯罪歴のない者など。

以前は、このほかに人望や家柄・職業が重視されたというが、今回これを口にする者はいなかった（表向き）。小世話人については、若者不足からあまり年齢は問題とせず、特段の基準はないに等しかった。

区では、祭礼二年前の平成十三年五月十三日、国安農村集落センターにおいて区長召集による区民総会（各戸代表会議）を開き、大小世話人を選んだ。総会では、まず区長が両社からの通達事項（大祭礼の日程、行列規模等の計画、奉賛金募集要請など）を出席者に伝達した。その後、各小集落ごとに集まり、大小世話人を話し合いで決めた。ただ前述した基準に該当する適任者が複数いる集落では、選考委員などを立て若干手間どったが、それ以外の集落では、日頃の雑談や他の非公式会合などでも話し合いが進んでおり、わずかの時間で決まった。六集落から選出された大小世話人の顔ぶれをみると、結果的にはほぼ前述の基準に沿ったものであった。大世話人六人はすべて六〇歳代で、心配された小世話人の年齢も幸い厄歳《やくどし》前の若者で占めることができた。

総会後、さっそく大世話人会を開き、主任、副主任、会計二名、記録二名を決めた。結局最年長者が主任となり、以下年齢順でそれぞれの分担に就くことになった。

ところが、国安では早々と大小世話人が決まったものの、実際に任務につくのは、翌十四年の秋以降であった。その間の両社大祭礼実行委員会との打ち合せや他区との取り決めなどは、すべて正副区長が進めていたのである。これについては政教分離の原則から、当然各区とも祭礼統括者の代表大世話人（主任）が当たるべきで、一般区政と一線を画す配慮が足りなかったとの批判も少なくなかった。

なお、国安区には、鎮守（日吉神社）や竜田社（雹除）の祭礼を取りしきる氏子総代がおかれている。その数は大世話人と同様六名で、各集落の代表である。総代は大小祭礼に関わる任務はなく、顧問的立場を貫いた。区には別に薬師様の田植祭を担当する「年番世話人」という係がある。これは従来、厄歳前の男子から選んだが、若者不足から近年その規定は取りはずされた（全一二名）。なお、年番世話人は竜田社の祭礼係も務めることになっている。このほか、世襲制による特定の姓を代表する「祭事係」というのがある。しかし、これは家柄重視の前近代的な役職だとの声もあって、昭和四十年代以後活動していない。今では、その存在すら知る人は少なくなった。

四　奉賛金

世話人が選出されてまもなく、両社大祭礼実行委員会から各区長あてに奉賛金要請額（目標額）が提示された。和田区ではさっそく（八月）、正副区長はじめ大小世話人らによる関係者会議を開き、提示案をもとに各戸への要請基準額を決めた。国安区でもその直後（八月二十四日）、同じ目的で正副区長、大世話人、氏子総代合同会議を開いた。しかし、すでに国安をはじめ他六区の区長、代表大世話人による話し合いが行われ、各区とも和田区案に従うことが内定していたのである。したがって国安区の合同会議開催は、事後承認を得て、奉賛金徴収を大世話人に依頼することを目的としたものであった。

その基準案に従って、東・西両社（実行委員会）にそれぞれ、

区長二万円（両社合せ計四万円）、副区長一万八〇〇〇円（三万六〇〇〇円）、区長経験者一万五〇〇〇円（三万円）、大世話人一万五〇〇〇円（三万円）、氏子総代一万三〇〇〇円（二万六〇〇〇円）、一般一万（二万円）

寄付することを決めたのである。なお、国安区選出の二名の村議会議員からは、各社に三万円（六万円）を奉呈する旨の申し出があった。

この案に基づいて、六人の大世話人は、秋作収穫後の十一月、各責任集落の各戸を奉賀帳を携えて訪れ、徴収

活動を行った。徴収した金額は区長に届けた。その総額はそれぞれ一一六万四〇〇〇円（二三二万八〇〇〇円）に達した。区長は翌十二月、これを両社の実行委員会に納めたが、いずれの委員会からも全金額の一割に当たる一一万六〇〇〇円ずつが還元金として手渡された。

五　山田郷七区の祭礼参加大綱

翌十四年三月十日夜、和田区の農村集落センターにおいて、七区の正副区長、大世話人（全）の合同会議が開かれた。もちろんそれは和田祭場における渡御神事、祭典、奉迎奉送を実施するに当たっての七区としての方針と大綱を決めるのが主目的であった。

会議はまず、地元和田区長から両社実行委員会が示した祭礼計画の概要についての説明があった。続いて同区長両委員会が七区に示した要望事項（神事、祭典会場の準備、駐車場設定、当日の交通整備、行列参加者、主催者来賓の接待など）を報告した。

しかし、両社委員会からの要望事項について、その対応策はすでに作成済みであった。結局会議は和田区案を承認し、七区そろってこれに協力し奉仕することを確認するものとなった。その大要を次に示しておこう。

一、会場内大型テント設営（具体案は後日検討、業者に依頼する）

二、招待者席（右に同じ）

三、供奉行列者への接待

（1）西金砂神社三月二十三日　湯茶五〇〇人強、ただし昼食は同社実行委員会が用意する。

接待奉仕人数・時間については、後日各区に依頼伝達する。
（2）東金砂神社三月二十六日と三十日（還御行列通過日）湯茶は両日とも四三〇人強、昼食は和田祭場（七区）で用意する。当日実際には五五〇人分を用意した。他は西金砂神社（三月二十三日）に準ずる。
四、交通整備（規制）及び駐車場
（1）警備会社に委託し両社実行委員会主導で進める。ただし和田祭場周辺については、全七区協力体制のもとで整備に当たる。具体的実施計画の立案は警備会社に委ねる。
（2）交通規制については県警察（太田警察署）と協議の上決定する。当日は警備会社のほか県警察機動隊、水府村役場、各区消防団に交通整理・警護を依頼する。
（3）駐車場は一般車、役員車、各区運搬車に分けて設定する。山田小学校校庭、西川原などを候補に検討する。
五、祭場の神木（松）の植栽
神木がすでに枯死しているので、早急に二本の松を植え継ぎする。寄付者には謝礼をしたい。

以上、和田区の対応案が承認され、全区の協力体制が確認されると、（一）当日の服装、（二）村（大字、区）堺での丁渡《ちょうわたし》（引き継ぎ）担当者、（三）両社の奉迎、奉送行事などについて、協議した。

まず（一）については、正副区長、大世話人は従来通り紋付羽織袴着用とする（原則）。（二）については大世話人が担当する。引き継ぎのあいさつ（口上）を述べる者は各区に任せることで（一）、（二）とも簡単に決まった。
（三）については、出席者の中から二つの意見が出た。その一つは、小祭礼同様各区ごと山車（屋台）を用意し、芸妓の手踊りや郷土芸能を演ずるなどして両社を迎え、送る案であり、他は七区共催で祭場一角に舞台を設置し、芸妓の手踊り、音曲を興行し、祭典前後（繰り込み前、出発後）祭場全体を華やいだ雰囲気にし、盛り上げる案であった。結局交通事情や山車の引き手人の不足が予想されることから、前者案の実施は困難と判断し、後者案となった。なお後のことになるが、山車に代って各区とも当日は提灯行列を編成し、両社の供奉行列通過前に行進することが決まった。また子ども会でも、同じように小型みこし（子どもみこし）をくり出すことになった。

協議がほぼ終ったところで、和田区長から各行列とも、松平地内礼の宮にさしかかったら、鳴物などは中断し、静かに行進してほしい旨の注意があった。その理由について同区長は、「礼の宮からは両金砂神社の姉（一説に母）を祀る千寿金砂神社の森が見える。姉（母）を差し置いて弟（息子）共が、華やかに行進する姿を見おろした千寿の神は快く思うだろうか。そこで、姉（母）に遠慮し礼の宮は静かに通過する慣習《ならわし》となっている。これを無視すると必ずバチ（罪）が当たると伝えられている」と説明した。その上で区長は、前回（昭和六年）、この慣例を破って行進したため起こったという懲らしめの事実を当時の山田村長猿田只介（東風）氏の日誌を読み上げ紹介した。それによると、祭典が終了し行列が和田祭場を出発するやまもなく、春には珍しい雷鳴をともなった土砂降りの冷たい雨が一行を襲ったというのである。区長の話は、慣例尊重の意識を改めて認識させるものとなった。

六　和田祭場における予算と会場

三月十日、祭礼に臨む七区としての方針と計画の大綱がまとまったのを受けて、和田区を中心にして予算編成と会場の配置作成に入った。五月下旬までに予算、配置図の原案ができ上がった。

まず、両社合わせた和田祭場での七区共通予算額は八七一万円で、これを各区平等にそれぞれ一二四〜五万円ずつ負担することになった。支出予算の主な内訳をみると、会場設営（テント一〇張）七〇万円、芸妓舞台関係四六万円、芸妓代二〇〇万円、田楽師謝礼二二万円、警備員委託費七五万円、その他招待者、供奉員、警備員の昼食費などとなっている。

また、会場図については、図10－1のような案が提示された。しかし、この段階では両社実行委員会との連絡調整はまだ十分とはいえなかった。したがって、今後変更が予想されるとのことであった。その後和田区が主となって両社との連絡調整を重ね、七区の代表大世話人、正副区長の合同会議を開き、原案の修正が行われたり、具体案、細目が検討された。特に（一）仮設便所数、（二）各区の仮事務所の位置、（三）実行委員会等専用駐車場、（四）祭礼最終日の閉幕祝賀会、（五）交通許可手続きなどについては、議論が重ねられた。結局（一）については増設、（二）は祭礼直前抽選する、（三）は和田区に一任、（四）は各区連携をとり進める、（五）は各区独自に行うことになった。なおこのほか前述した提灯行列は、各区とも各戸一名以上が参加する。子どもみこしは交通事情を考慮し、和田以北の各区は松平（農協支所広場）から出発する。出発順序は抽選によって決めることなどが決まった。ただし、祭場地元の和田、その南の芦間区は、子どもみこしには加わらないとした。

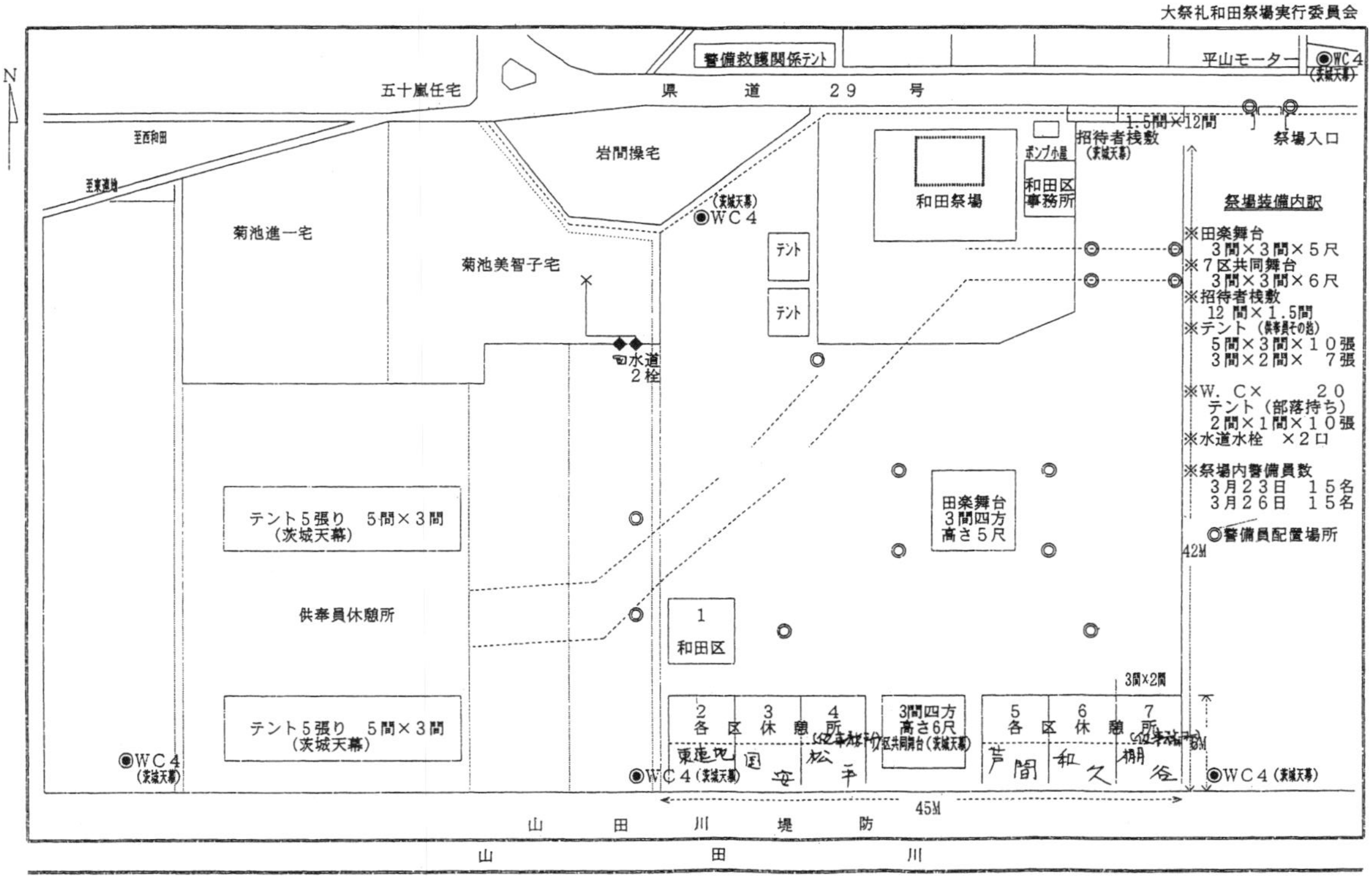

図10－1　第17回西・東金砂神社大祭礼和田祭場配置図

七　国安区の対応と準備品など

七区の祭礼参加の基本方針や要領が決まると、国安区はそれに沿って種々対応しなければならなかった。平成十四年十一月以降、大世話人、小世話人、正副区長ら関係者会議を数回にわたって開き、対応と準備について協議した。時には各集落の自治会長、協議員などを招集することもあった。

まず、国安区として用意しなければならない備品、特に注文に応じて誂える物品については、早急に形式、デザインなどを決める必要があった。特に急いだ品は、

一、提灯類

（1）役職（大小世話人、正副区長、消防団）携帯用弓張提灯

（2）事務所案内用大型提灯一対

（3）提灯行列用の紅白吊り手付提灯―各戸一張配付

二、提灯行列時着用の祭り半てん―各戸一着配付

三、提灯行列時着用の鉢巻用手ぬぐい―各戸一本配付

であった。ただ、表示する文字は、国（國）、区（區）、礼（禮）などすべて旧漢字を使用することにし、そのほかについてはなるべく他区と同一歩調をとるようにした。結局、協議の結果、一、二については図10－2のように決まった。

一の提灯類のうち（3）については、各戸一張用意するが、行列に二人以上参加する家庭では、不足分をそれぞれ個人で業者に注文することにした。二の半てんは大人《おとな》用（大）を配付することにする。注文は各集落ごと小

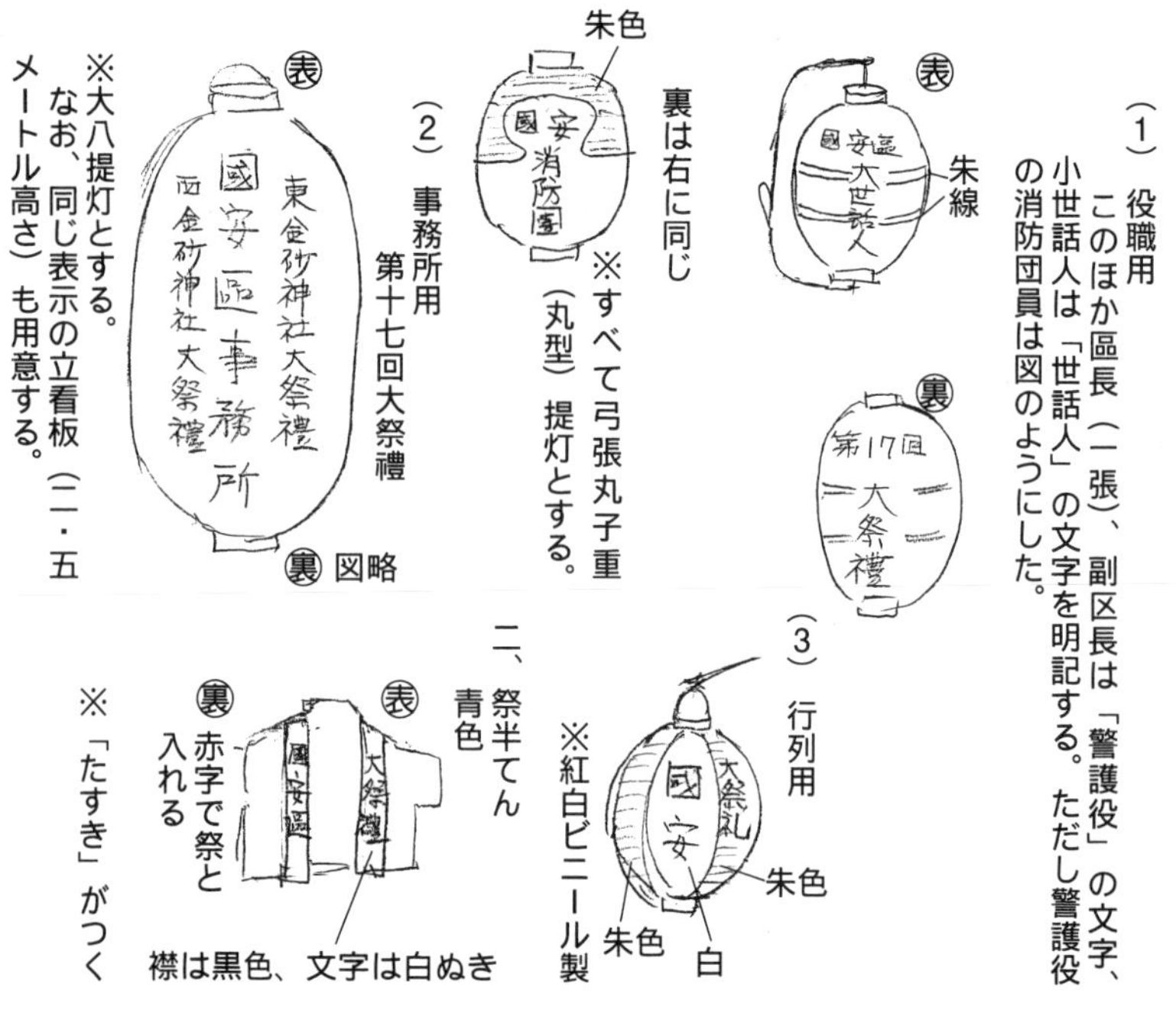

図10－2　提灯類

世話人がまとめ、区内一括して取り運ぶ。ただし、子ども用（中・小）も取り扱うことにする。三の手ぬぐいは、横上段は水色豆絞りとし、下段に「大祭禮國安區」の文字を入れることにした。

次で、各戸に記念品を配付することも決まった。それは笠間の陶芸家寺本守氏作になる置物で、西・東金砂神社田楽舞の第一段目「四方固め」の猿田彦命（天狗面）をレリーフデザインしたものであった（一箇四〇〇〇円）。

以上、提灯、半てん、記念品などの必要経費は総額で一二〇万円程度と予測し、国安区としてはこのほか事務費、会場費負担（和田祭場へ納付）などを加えると、祭礼終了までにほぼ五〇〇万円がかかる見通しがついた。そこで今後の会計執行は、農協からの借り入れ金や通い帳による購入で進め、祭礼終了後支出総額を全戸（一〇一戸）平等に負担することにした。会計の執行方針が決まると、両社祭礼実行委員会や和田区等との連絡をとりながら国安区としての準備計画を立てて着実に進めることにした。

ただ三月三十日、東金砂神社の還御行列が国安区内を通過した直後、祭礼閉幕行事（笠抜き祝賀会）を実施するかどうかについては、なかなか結論がでなかった。しかし、この件については新年最初に開いた大・小世話人、正副区長会議（一月十二日）で、他区とは関係なく開くことで意見の一致をみた。しかし余興については、種々希望意見もあったが、結局大宮町指定無形民俗文化財の「上岩瀬祭ばやし」を招くことで落ち着いた。

そのほか、大祭礼国安事務所開設の件、祭礼参加者傷害保険契約の件、子どもみこし参加などについては、他区と連絡をとりながら、正月以降具体的に決めることにした。なお、記録写真（アルバム）については、大世話人が検討することになった。

そして一月十八日、区民総会を開いて、今までの決定事項を報告し、あわせて祭礼の内容・日程、会計の執行方針を説明し、広く意見を徴し、協力をお願いすることにした。

八　区民総会と事務所開設祝

区民総会を前に、一月十二日、大・小世話人（正副区長も含む）を召集し、区民に対する報告や説明に齟齬のないよう打合せを行った。まず提灯、半てん等の注文について混乱が生じないよう、その手続きについて確認をし、その担当責任者を大世話人会計係（二名）にお願いすることにした。次いで祭礼当日の招待者、寄付者（お花頂戴者）への祝品（返礼）について協議した。結局、祝手ぬぐい、祝酒（二合びん）、赤飯幕の内弁当、祭礼案内印刷物を袋に入れて受付でお渡し（お返し）することにした。その他、総会の順序や各係を決めた。

一月十八日の区民総会では、主任大世話人があいさつを兼ね、祭礼の日程や現在までの決定事項、計画等について報告をした。続いて、区長あいさつがあり、西金砂神社大祭礼実行委員長、東金砂神社同委員長の順で、大祭礼の歴史と内容、国安区通過時の行列形式などに関し具体的な説明があった。最後に、大世話人会計係から会計の執行方針が示された（七参照）。

両社委員長の説明によると、供奉行列はともに大・中・小の規模別に分け、国安通過はいずれも小行列とのことであった。ちなみに、大行列は西金砂が五三〇人、東金砂五五〇人、同様に中行列が西二六五人、東二五〇人、小行列が西五〇人、東一二〇人の編成を計画しているという。小行列にはみこしや青士、下り葉が加わらないと知って、残念がる区民も少なくなかった。なお、両社とも国安通過は二日目の正午を過ぎたころとなる予定であった。

区内総会が終ると、その場で懇親会を開き、酒を酌み交わしながら、互に今後の計画、準備について確かめ合った。

係によっては、翌日からさっそく作業に入った。二月に入ると、祭り気分も少しずつ高まってきた。いよいよ事務所開設日も和田祭場事務所が三月一日、他六区は十五日と決まった。

国安区ではさっそく、全戸に開設案内を出し、さらに次の有志に招待状を送った（実際には世話人が手渡す）。区内選出村議会議員二名、前元同議員二名、村教育委員（区内）、村農業委員（区内）、村民生委員（区内）、歴代区長五名、区協議員一一名、区老人会長、自治会長六名、氏子総代六名、その他前回小祭礼大世話人、現正副区長、消防団長など。

一方、祭典場の地元和田区は、他の六区にさきがけ三月一日午前十一時、各区の正副区長、大世話人代表二名を招き、同区農村集落センターで事務所開きを行った。しかし、時間の大半は、祭礼を前に具体的な準備の打合せについやした（後述）。

十五日は、和田区を除く他六区の事務所開き（祝賀会）が一斉に行われた。国安の場合は招待者の多くが出席したが、一般区民はわずか数名ほどであった。大世話人代表（主任）、及び区長あいさつで式は始まったが、いずれも区としての準備状況の報告、祭礼の具体的計画の説明が中心であった。次いで、国安区選出二名の議員から来賓あいさつなどがあって式は終り、続いて祝宴に入った。来賓の多くからは祝金（総額八万円）やら御神酒五五本（五斗五升）、ビールなどが届けられた。事務所はもちろん国安農村集落センターが当てられ、玄関には事務所用提灯（一対）と立て看板が掲げられた。

翌日から事務所には、大世話人二名、小世話人二名が当番で出勤することになった。当番は他区との連絡、来賓の接待が主な任務であった。

九　直前の準備作業と記録写真

一部重複するが、三月に入ってからの準備作業を日を追って略記する。

○三月一日　和田祭場事務所開設式行われる（午前一一時）。式とはいっても、各区大世話人代表（各二名）、正副区長の合同協議に主眼がおかれた大集会であった。主な協議内容は、（1）田楽奉奏祭式における玉串奉奠、御神酒頂戴の名簿と順序、（2）招待状の発送者、（3）祭礼当日の各区輸送車の届出、（4）各区事務所開設日、（5）消防団員（警護）の昼食と腕章、（6）和田会場祭典にかかわる決算会、（7）和田祭場における各区の仮事務所場所決定などに関する案件であった。なお区境（大字、旧村境）における引き継ぎ（丁渡し）口上について、七区統一をはかった（後述）。この日、国安区事務所開設案内状を配付する。
○三月六日　国安区では、三月二十三日、二十六日の和田祭場における祭典（田楽）の案内状（招待状）を、区外の有志に発送した。主な招待者は国安区出身の事業経営者・管理職（経験者も含む）などの成功者、区内に事業所のある経営者・責任者、その他となっている。その数は六十数名にのぼった。
○三月十日　子どもみこし借用と飾り付け
国安所有のみこしはないため、天下野区から借用した。その後、みこしの飾り付けを大世話人と小世話人代表数名で行った。
○三月十一日　区事務所の用意した祭半てん、手ぬぐい、記念品置物（前述）を小世話人が分担し各戸に配付する。
区長　道路許可願いを日立警察署に提出する（他区と合わせて）。
○三月十五日　国安区事務所開設（前述）。大小世話人は九時に集合し、事務所大提灯、立て看板の取付け、区長　世話人など役職及び招待者、来賓用リボンを用意する。
会場作成等に当たる。
○三月十七日　注文の祭半てん各戸に配付する（小世話人）。
○三月二十一日　子どもみこし参加者配付用茶菓購入。
○三月二十二日　西金砂神社御出社（正午）を前に、朝八時国安鎮守日吉神社の幟を立てる（以後、祭礼終了まで毎日掲揚、降納する）。閉幕祝賀記念行事の際、余興公演を予定している上岩瀬祭ばやし保存会長あて、依頼状を発送する。一時三〇分から大小世話人による準備作業を行う。和田祭場仮事務所（テント）内にいす・テーブルなどを搬入する。区内のほぼ中央部山根集落入口（街道わき）に、縦・横四尺、高さ三尺ほどのみこし台及び駐車場を作成する。行列用提灯の配付準備などを行う。

準備終了後、明日の打合せを行った。主な事項は集合八時集落センター（事務所）、和田祭場接待補助者小世話人五名の確認（九時祭場へ）、併せて仮事務所に搬送する事務所備品、事務所立て看板、弁当、茶菓及び担当係名確認、子どもみこし参加者に配付する弁当（おにぎり）と茶菓の配付者と警護役の確認などであった。

大世話人は明日の身じたく等について、再確認をした。すなわち、紋付羽織・袴着用、白足袋・麻裏ぞうり（雨天下駄）穿き、弓張提灯携帯とする。正副区長もこれに準ずる。小世話人は背広姿に提灯携帯。

一方、記録アルバム編集のための写真撮影計画も二月中に作成されていた。それによると編集の方針は「記録として後世に残すことに力点をおくと同時に、記念写真集としての性格をもたせる」というものであった。撮影についての計画は、次のようになっている。

三月十五日　事務所開設祝賀会の風景

二十二日　準備作業のようす

二十三日　出発前、大小世話人、正副区長の集合写真
提灯行列出発から行進のようす
子どもみこし出発のようす
和久境（迎え）、松平境（送り）での引き継ぎ（丁渡）の風景
和田祭場での祭典、にぎわいのようす

二十六日　二十三日に準じて撮影する
三十日　和田祭場のようす
東金砂神社還御行列、国安区内行進風景、閉幕国安区記念祝賀会会場のようす—式典・余興（大宮町上岩瀬祭ばやし）・祝宴—
その他、日吉神社（国安鎮守）の幟を掲揚した事務所（集落センター）あたりの風景、大世話人、正副区長の顔写真など
なお、撮影と編集は業者に依頼したが、小世話人（一人）を助手としてこれに付属させた。

一〇　山田郷の祭礼当日

◎三月二十三日の西金砂神社の渡御行列通過と祭典の日程は、次のようになっている。
中染祭典が終了すると、大行列を編成し午前一〇時同会場を出発し、町田区に入る。途中で小行列に編成替えし、和久に向かう。行列は和久を経て一二時三〇分ごろ国安区境に達する予定であった。それにあわせ大世話人、正副区長は、一一時三〇分区境に行き出迎えることになっていた。ここで引き継いだ（丁渡をすました）あと、一行を松平境まで案内するわけである。

それより一行は、松平の途中で、大行列に編成を替え、和田祭場に午後一時三五分ごろ繰り込み、祭典、田楽に入る。四時三〇分ごろにこれをすませ芦間に向かい、下大門、増井、新宿（以上常陸太田市）を経由し、馬場に宿泊する。

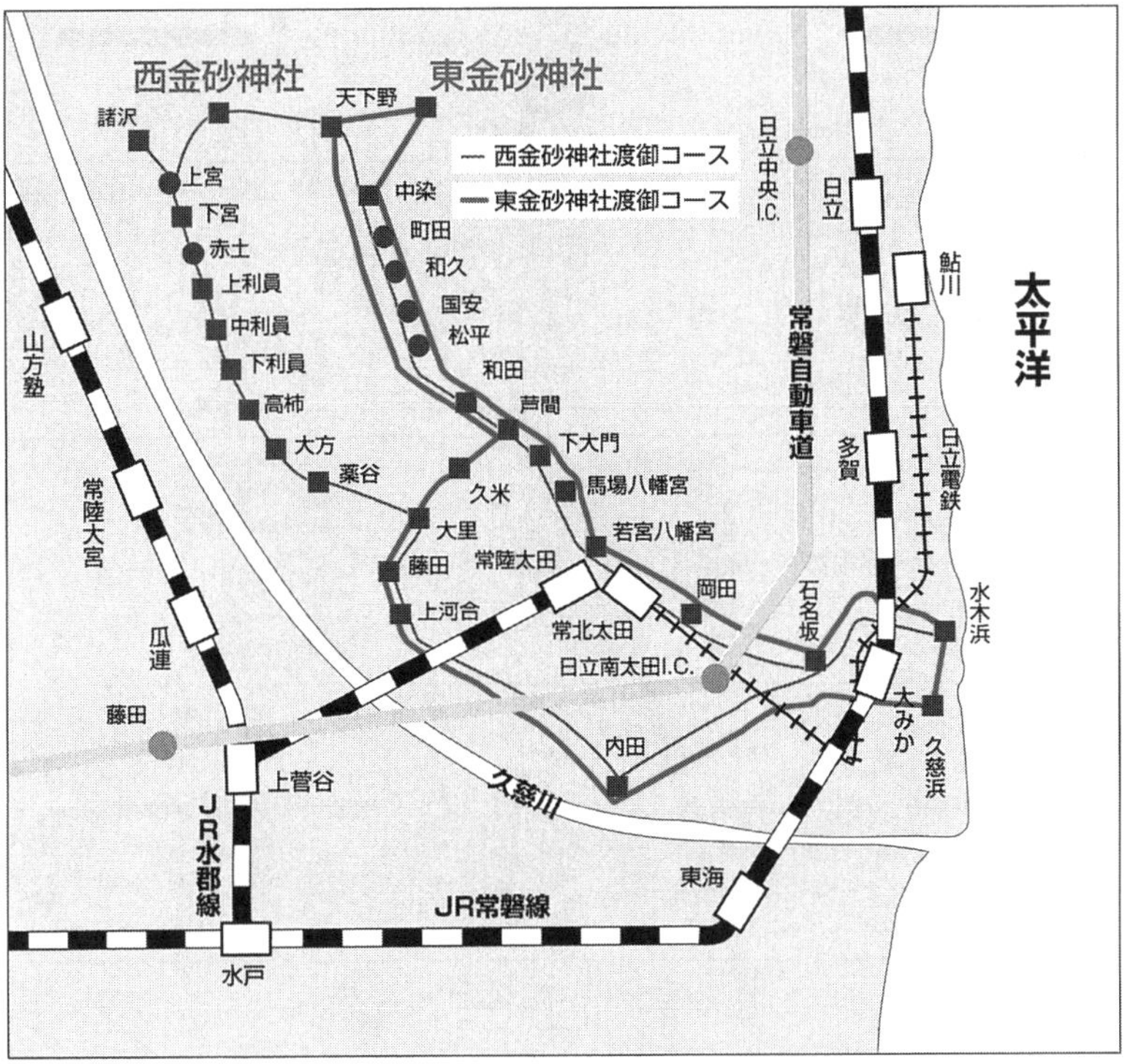

図10－3　行程図

一方、行列通過に先だって繰り出す子どもみこしと提灯行列は、松平農協支所広場に集合し、一一時に和田に向かい出発する予定であった。ただ両行進とも交通混雑、事故防止の観点から、隊伍を組んで一斉に国安事務所を出発する行動は認められなかった。

以上の予定を念頭に、国安区では朝八時に大小世話人、正副区長が集結し、日程確認、作業の手順等について打合せをした。作業に入る前に全員決められたリボン（バラ）や腕章をつけるよう指示した。和田祭場接待補助者（五名）や仮事務所への備品、弁当、立看板等の搬送係は、さっそく現場に向かった。到着すると、仮事務所内に受付を設け、さっそく事務を開始した（受付係は小世話人）。

まもなくすると提灯行列、子どもみ

こしの参加者が少しずつ集まって来た。ここで提灯を渡したり、子どもに茶菓子袋を与え、御協力のお願いと諸注意を伝えた。また出発式ということで、成人には御神酒が振るまわれた。なお子どもには農協広場に集合したところで、おにぎり弁当を配った。

さて、大世話人、正副区長は、一一時三〇分そろって行列迎えのため、和久境に向け国安事務所を出た。しかし行列はかなりおくれ、待つこと一時間半、到着は午後一時をすぎた。国安大世話人、正副区長ら役員一同は、道路に横一列に並び一行（小行列）を迎えた。ここで和久区との引き継ぎ、いわゆる丁渡《ちょうわたし》を行った。その時の代表者の口上を紹介しておこう。

（1）迎える国安側

本日はおめでとうございます。ご苦労様です。私たちは、国安の世話人です。お迎えに参りました。これより松平、棚谷堺までご案内申し上げます。

（2）送る和久側

本日はおめでとうございます。

祭礼につきましては、ご苦労さまです。ご案内を宜しくお願い致します。

（3）神社側（迎える国安に対して）

本日は誠にご苦労様です。ご案内を宜しくお願い致します。

（4）神社側（送られた和久に対して）

大変お世話になりました。

無事に引き継ぎが終了したところで、国安役員一同提灯をかかげ、松平境までの一・五キロメートルの区間、一行を先導した。沿道には多くの見物客が行進を見ようと、あるいは拝礼しようと詰めかけた。

二十数分後松平境に到着した。ここでは同じように松平、棚谷の大世話人、正副区長が横隊で迎え、和久境と同様の口上で丁渡を行った。ここでは棚谷代表が口上を述べた。松平境に棚谷代表まで出迎える慣例について、次のような話が伝わっている。

区境の唐目《からめ》集落は、近世後期まで棚谷村に属していた。ところが天保改革のとき唐目は棚谷村から分離して、松平村に編入された。その名残りで両区（村）代表が出迎えることになった。

ここで引き継いだ一行は、途中大行列に合流し、和田境に向かった。ここで送る側の口上は松平区代表が行った。なお区境に近い礼の宮を通過する際一行は、千寿金砂神社に遠慮し、下り葉、みこしのかけ声、鳴物音曲一切を中止し静かに進行したのである。大行列通過とあって沿道は見物客であふれかえり、案内役（大世話人）の姿もその中に消えてしまったかっこうとなった。それから五〇分ほどして和田祭場に繰り込んだ。祭場の一角で演じていた芸妓の手踊りも笛・太鼓も一切に中断し、一行を迎えた。

一方、提灯行列、子どもみこし参加者は、一〇時ごろ行列を編成せず三々五々松平農協広場に一一時ごろまでに集まった（行列は許可されなかった）。ここで若干の休憩をとり正午を期して和久、棚谷など他区とともに行列を組んで和田に向かい、一時ごろ和田祭場に入った（この区間は行列許可）。

さて、大行列が祭場に到着してしばらくすると、神事の開始が告げられた。修祓、献饌と進み、祝詞奏上のあと、水府村長、金砂郷町長、県神社庁長、各区区長の順で玉串奉奠が行われた。続いて田楽舞が奉納されたあと御神酒頂戴に入った。その名簿（役職名）を示すと、

茨城県知事、副知事、水府村長、金砂郷町長、久慈郡神社総代会長、太田警察署長、村町議会議長、同助役収

入役、同教育委員長、教育長、後見役（和田区代表）、山田郷各区長、同警護（各区副区長）、各区大世話人代表、村有志代表（村議会議員）、教育委員、農業協同組合長、公民館長、農業委員会委員長、小中学校長、松平郵便局長、小中学校ＰＴＡ会長、各区消防団長、交通指導隊長、山田婦人会会長、各区老人会会長、高齢者代表（和田区）、氏子総代代表（和田区）

などであった。

これが終ると御発輿祝詞奏上が行われ、御神体（みこし）とともに供奉行列一行は、和田祭場をあとに芦間に向かった。一行が祭場を離れると、これを豪華に送る意味をこめ直ちに芸妓の演舞が賑やかに始まった。場内はしばらく華やいだ雰囲気につつまれたが、見物客も少しずつ減り、夕暮がせまるころになると閑散とした状況となった。午後五時すぎ子どもみこしや提灯行列は帰路の途についたが、小世話人は大世話人の指示に従って仮事務所や桟敷席のあと片付けを行った。すべて終了したところで、大世話人一同、和田区仮事務所に一日世話になった礼を述べ、国安区事務所に戻った。ここで大小世話人一同、簡単な反省点を出し合い、二十六日の東金砂神社祭典に生かすことにした。朝から温暖な好天に恵まれ事故もなく終了したことを互いに喜び合い、ささやかではあったが慰労の会を開き、一日を終えた（午後八時ごろ）。

なお、仮事務所を訪れ、お花（祝儀）を寄付した方は五〇名に達し、その金額も七五万円を超えた。

◎三月二十六日の東金砂神社の供奉行列、祭典の日程も、二十三日の西金砂神社のそれとほぼ同じであった。見物客も同じ程度であったという。ただ、小行列は一〇〇人を超えていた上、はためく幟の数も多く、色彩もあでやかな感じがでていたこともあって、国安沿道の見物客からは好評であった。

和田祭場の田楽奉奏祭式では、玉串奉奠の後神子舞が演じられ、優雅な雰囲気がいっそう深まったとの声もきかれた。伝統の田楽舞は神子舞のあとに奉納されると、続いて御神酒頂戴、御発輿祝詞奏上を行い、午後五時前、神輿、供奉行列一行は和田祭場をあとにした（小行列）。

前日の東金砂神社御出社は、雨にたたられたが、山田御通過後の第二日は、すっかり晴れわたり、穏やかな一日であった。ただ水田を祭場にしたため、午前中はぬかるみも多く、歩行に困難をきたし、手間どることもあったが、水抜きに心がけたことも功を奏し、午後の祭典執行にはそれほどの支障もなかった。当日の仮事務所でのお花（祝儀）受者は、前回（二十三日）にくらべ少なく、その数は二三名で、金額は三一万円にすぎなかった。

和田祭場を引き揚げた国安区大小世話人は、東西金砂神社の浜降りに関わる行事一切が、円滑円満に終了したことで互に慰労し合った。

一一　還御行列と国安区祝賀会

日立市水木浜で神体を清める潮水行事を終えた西金砂神社は、三月二十五日いよいよ還御の途についた。行列は同市石名坂を経て、常陸太田市内田、上河合、藤田を通り、それより浅川沿いをさかのぼり、山方町諸沢まで行き（今回初）、二十八日めでたく帰社した（この間各地で祭典）。

一方、和田祭場をあとにした東金砂神社は、水木浜での潮水行事をすませると、二十八日日立市久慈浜を経由し、内田から上河合に進み、それより山田川に沿って戻る。三〇日朝、久米祭場で祭典を執行した一行（最初大行列、途中から小行列）は、一一時半和田区に入る予定であった。その時刻に合わせ、芦間と和田の区境に六区（芦間を除く）の大世話人、正副区長勢揃いし迎える手筈を整えた。しかし一時間以上のおくれの到着であった。

和田祭場で一行は昼食、休憩をとって、一路神社をめざし北上した。供奉員の中には、かなり疲労している方も見受けられたが、それをおし隠しての行進も、見物する者に感動を与えたのは確かである。二時すぎ国安区を通過したが、沿道の見物客からは、激励とも受け取れる拍手がわき起こった。和久区境まで案内した大世話人は、閉幕記念祝賀会（俗に笠抜き）のため、区民一同が待つ国安区事務所（農村集落センター）に直行した。

予定通り三時に祝賀会を開いた。主任大世話人から、祭礼期間中、協力を頂いた区民に対し謝辞があり、続いて区長、来賓（村会議員二名）のあいさつがあったあと、祝宴余興に入った。

大宮町指定無形民俗文化財の「上岩瀬祭りばやし」が演じられると、館内は爆笑と歓声につつまれ、祭りを締めくくるにふさわしい盛り上がりとなった。祭りばやしが終ると酒を酌み交わしながら二度と経験することのできない大祭礼一〇日間の思い出や印象を語り合った。一方では希望者によるカラオケも計画されたが、話に花が咲き、これにはあまり熱が入らなかった。

なお入口ではお花（華）の受付けが行われていた。不況の中にあっても、世紀の大祭典とあってか、奮発する者も多く総額で二八五万円を超えた（一〇三名）。結局事務所開設祝、和田祭場（二十三、二十六日）でのお花と合わせると、祝儀額は四〇〇万に達したのである。

なお国安を通過した還御行列の一行は、第一日の御出社浜降りコース（山田川支流染《そめ》川沿い）とは異なり、山田川本流をさかのぼり天下野本丸《もとまる》に向かった。考えてみれば、西・東金砂神社とも、第一日目の御出社は、山の東側の流れに沿って下り、還御のコースは西側の流れをたどったのである。往路・復路でコースを変えるのは山の東西両地域に甲乙なく、湧き水を注いでいることを表わしているためなのだろうか。

翌三十一日朝、最後の神事、田楽を終えると、大行列を組んで午後二時すぎめでたく御入社したのである。

一二　決算とまとめ

一〇日間にわたる世紀の大祭礼は、心配された交通事故も盗難問題もなく無事に幕を閉じた。しかも国安の場合、不景気の中にもかかわらず、前述したように予想を上回る祝儀（お花）もあがって万事めでたく終った。国安の支出総額は和田祭場負担金（一〇〇万二〇〇〇円）も含め、四五七万余であった。不足分はわずかに四〇万円程度ですんだ。その補填は差割《さしわり》（各戸の義務負担）徴収することになったのである。

一方、和田祭場における七区合同の神事、祭事に要した金額は表10－1に示すように予算（八七一万円）を一四三万ほど超える結果となったのである（一〇一四万円余）。四月五日和田区事務所（農村集落センター）に七区の大世話人代表（主、副、会計）及び正副区長を招集し、決算会を開いた。決算書（表10－1）は満場一致で承認されたが、ただ会場広場が手狭だったこともあって問題点も少なくなく、六年後の小祭礼をにらんで種々意見が述べられた。しかし名案はなく、今後の課題として残った。

さて住民の多くは長期にわたって仕事を休み、喜んで親類・知人を迎え共に楽しんだ。その祭礼から住民は多くのことを学んだようだ。その第一は、とかく希薄になりつつある住民同士の連帯感が見直され、共同体としての意識が再認識されたことではないだろうか。祭礼を成功させるため、性別、年齢、学歴、職業などを超え、皆一丸となって工夫をこらし、利害打算を考えず活動した。そんな経験、しかも何日にもわたって経験することなど、現代社会では考えられないことである。「金砂様はたいしたもんだ（偉大なものだ）。選挙運動では対立した者同士も心を一つにさせた」という、住民の間でとり交わされていたことばは印象的であった。

また、多くの見物客が優雅華麗な田楽舞、古式ゆかしい供奉行列に魅了され、改めて日本の伝統文化のすばら

表10－1　第17回西・東金砂神社磯出大祭礼7区共通経費収支決算書

収入の部　　　　　大祭礼和田祭場実行委員会

No.	項　　目	金額(円)	内　　　訳
1	御祝金	2,000,000	水府村役場(補助金)
2	当日御祝金(3/23西金砂神社)	437,000	参考一村長70,000円、ミネルバ30,000円、議員一同50,000円
3	当日御祝金(3/26東金砂神社)	392,000	参考一議員一同50,000円
4	田楽場設置費	100,000	西・東金砂神社より各50,000円
5	弁当謝礼	200,000	東金砂神社(3/26,3/30の2日分)
6	合計	3,129,000	

支出の部

No.	項　　目	金額(円)	内　　　訳
1	会場設営(テント)	947,100	供奉員用3間×5間10張、各区休憩所用2間×3間7張
2	会場設営(芸妓舞台)	369,600	
3	会場設営(招待者桟敷)	635,250	知事・ミネルバ桟敷が追加となる。
4	会場設営(田楽舞台)	300,300	
5	芸妓代	2,000,000	芸子×15名、笛師×7名
6	芸妓舞台装飾代	164,467	主に造花代、紅白の布
7	芸妓舞台の各区提灯代	104,737	大提灯一対含む
8	芸妓飲食代	158,055	昼食、夕食含む
9	芸妓チップ	60,000	3/23、3/26共に30,000円
10	芸妓交渉費	60,318	飲食代
11	御初穂	60,000	西・東金砂神社共に30,000円
12	祭場、参道、避難誘導路経費	258,485	堤防草刈、重機代、材木、鉄筋、晒、ナタ、ノコギリ、ペンチ等の道具類
13	田楽師謝礼	100,000	西・東金砂神社共に50,000円
14	田楽舞台経費	42,920	主にゴザ、紅白の布
15	祭典場砂利、砂代	80,955	祭典場砂利代、参道砂代(3/26)
16	放送機器借り上げ	94,689	拡声器、アンプ、マイク
17	荒縄代	2,615	祭典場、田楽舞台、参道、避難誘導路の注連縄用
18	松の木謝礼	40,000	2本移植、10,000円/本、移植謝礼20,000円
19	四方竹謝礼	10,000	
20	祭典費(神社の提灯各一対含む)	183,430	御神酒頂戴用杯(西・東金砂神社共に150個)、供物
21	神社関係の昼食代	577,500	3/26、3/30東金砂神社550人×2日×525円
22	神社関係の接待関係経費	470,659	主に木炭、お茶、やかん、急須、ウーロン茶、紙コップ、ゴミ袋等
23	来賓、招待者の御祝返し	552,000	1,840円×300人分
24	警備員委託費	472,500	3/23、3/26共に15名
25	消防団腕章代	34,650	和田祭場関係7区
26	警備員の昼食代	21,000	20人×2日×525円(会場設営会社5名含む)
27	ブルーシート	116,400	2間×3間60枚、3間×4間2枚
28	水道関係経費	171,000	工事費(168,000円)、水道料(3,000円謝礼)
29	仮設電気関係経費	45,936	電気料(12,936円含む)
30	煙火代	37,800	18,900円/日
44	水、駐車場謝礼	12,000	
45	合計	10,144,071	

収入支出差引不足金　7,015,071円　　1区当たりの負担金　1,002,153円
上記のとおり報告致します。　　平成15年4月5日
大祭礼和田祭場実行委員長

しさを再認識したことである。芭蕉の俳諧理念である「不易と流行」を引き合いに出すまでもなく、いかに時代が流れ変わろうとも、子孫に引き継ぐべき遺産があることを大祭礼は教えてくれた。ついでながら今回の祭礼では、各区とも区政を担当する区長が常に指導的立場にあって活動した。以前なら大世話人の権威が強く区長は相談役、顧問的な立場であったという。古い時代の方が政教分離の原則に従っていた、との批判も少なくなかった。

さらに、各役職の人選に当たっても、社会が複雑化し、住民意識が多様化する時代だからこそ、単なる平等主義によるのではなく、かつてのように地域に根ざした人望ある人物を優先させるべきだ、との声があがったのも事実である。長年にわたって地域で培われた知恵や慣行を安易に無視することのできないことを、この祭礼で学んだ住民も多かったようだ。

付録

庄屋名一覧 一（茨城郡・行方郡を除く）

貞享二丑年

『紀州熊野山勧化帳』写

村々庄屋姓名

多賀郡

山小屋村　金沢七兵衛
下野村　篠原多兵衛
神岡村町　佐藤権左衛門　※町方
神岡村（村）　丹　五郎兵衛　※村方
仁井田村　樫村シ《ママ》七衛門
大津村　西丸五郎兵衛
磯原村　緑川六左衛門
薄葉村　西丸平八郎
古敷田村　加藤伊衛門
上相田村　柳野《ママ》次郎衛門
内野村　金沢作之丈
大塚村　小室七之允
石岡村　鈴木勘左衛門
上桜井村　小川作左衛門
高崎村　沼田孫兵衛
松井村　沼田勝衛門
足洗村　小室勘四郎
小野矢指村　小室七兵衛
粟野村　小松次兵衛
日棚村　鈴木民部
赤浜村　永久保武左衛門
高戸村　皆川源左衛門
下手綱村　小室弥次郎
上手綱村　（松本浅之衛門
　　　　　 舟生次郎左衛門
秋山村　豊田勘之介
島名村　和田伊兵衛
安良川村　大高斎平
高萩村　大高民弥
愛宕村　関　勘兵衛
伊師村　伊師七兵衛
友部村　樫村次郎兵衛
山部村　樫村七左衛門
川尻村　山形十左衛門
折笠村　住屋半衛門
砂沢村　鈴木六左衛門

小木津村　久加谷弥左衛門
　根本武左衛門
田尻村　沼田長兵衛
加番《ママ》村　嘉兵衛
滑川村　大和田平兵衛
〃　佐藤六兵衛
宮田村　佐藤八兵衛
介川村　鈴木勘兵衛
相加村　白土孫五左衛門
成沢村　綿引久兵衛
諏訪村　小野五郎兵衛
下孫村　清水理兵衛
油縄子村　海野兵次衛門
河原子村　鈴木吉三郎
大久保村　軽部若狭
大沼村　小泉権左衛門
金沢村　喜田沢弥左衛門
水木村　沢畠市平
森山村　塚原忠三郎
久慈村　荒川藤左衛門
南高野村　赤須又市
石名坂村　黒沢清左衛門

久慈郡

大森村　飛田伊大夫

瀬谷村　福地伝左衛門
真弓村　木名瀬市兵衛
亀作村　柴田喜内
高貫村　大縄佐内
幡　村　佐々木太郎衛門
小沢村　岩間金衛門
内田村　高野甚左衛門
沢目村　中村伊衛門
落合村　関岡太郎兵衛
押切村　大内金太夫
岡田村　大津次兵衛
小目村　生田目長衛門
　梅原四郎兵衛
太田村　赤須弥次衛門
太田野場　鈴木源左衛門
新宿村　根本左太夫
田渡村　菊池伝左衛門
根本村　関野山市郎衛門
白羽村　中嶋吉左衛門
瑞龍村　生田目　伝
小野村　宮田八左衛門
茅根村　大谷勘衛門
赤須村　江幡介左衛門
春友村　武藤助十郎

常福地村　武田市郎兵衛
町屋村　森　又衛門
西河内下村　石川次郎衛門
同　中村　根本金大夫
同　上村　田所与平次
岡町村　石川権衛門
西上淵村　鈴木市三郎
岩折村　大部佐左衛門
東上淵村　菅《ママ》地伝左衛門
東河内村　生田目　清
平山村　和田惣左衛門
良子村　斉藤長左衛門
入四間村　中村市兵衛
笹目村　植本儀左衛門

多賀郡

高原村　根本庄左衛門
赤根村　生田目周衛門
悦子村　大部佐左衛門
呉坪村　相沢武左衛門
下幡村　久野半左衛門
菅　村　会沢所左衛門
黒坂村　佐川伝左衛門
米平新田村　久野治郎左衛門
南田代新田　菊池半左衛門

中戸川新田　樫村六左衛門
大能村　佐川佐左衛門
横川村　宇野茂左衛門
里川村　逸《ママ》見甚左衛門
新田(町)村　大森藤兵衛
小妻村　石井次郎左衛門
小中村　大津勘次郎
折橋村　佐川伊衛門
小菅村　佐川儀左衛門
大菅村　大鐘十兵衛

久慈郡

川原野村　井坂権兵衛
細田村　椎名次郎衛門
坂野上村　豊田十兵衛
東染村　菊池八衛門
中染村　関　四兵衛
下高倉村　木村八左衛門
上高倉村　細谷吉兵衛
西染村　中村瀬左衛門
町田村　後藤孫兵衛
和久村　和田七兵衛
国安村　野上次郎衛門
松平村　石井甚兵衛

和田村	和田又兵衛
大門村	榊　五兵衛
増井村	本田嘉左衛門
稲木村	沢畠藤左衛門
天神林村	檜沢兵衛門
谷河原村	黒沢善衛門
磯辺村	金沢半衛門
下川合村	萩庭勘衛門
上川合村	岡本伊衛門
栗原村	宇野勘兵衛
嶋　村	大内庄左衛門
藤田村	萩野谷市郎衛門
小嶋村	長井喜兵衛
中野村	塙　与兵衛
川嶋村	綿引伊衛門
下新地村	嶋根忠大夫
上新地村	堀口惣左衛門
花房村	関李之允
竹合村	松本長左衛門
大方村	堀江茂兵衛
薬谷村	川崎九兵衛
大里村	早川与左衛門
大平村	斉藤十兵衛
久米村	中田五左衛門
玉造村	秋山庄左衛門
芦間村	茅根次左衛門
東連寺村	桜井平次衛門
岩手村	飛田伊衛門
高柿村	新井庄衛門
下利員村	岩間勘兵衛
箕　村	岩間権之允
樫　村	坂本与衛門
小倉村	和田五兵衛
辰ノ口村	墨谷長三郎
塩原村	野沢四郎兵衛
上利員村	鈴木善衛門
中利員村	石川伝左衛門
千手村	和田善左衛門
棚谷村	中村平左衛門
赤土村	金田石兵衛
下宮河内村	関　平左衛門
釜額村	鈴木庄左衛門
小貫村	野上藤兵衛
東谷村	渡辺平左衛門
押沼村	鈴木喜市
上宮河内村	矢部権衛門
諸沢村	會沢市郎衛門
田野村	木村庄兵衛

近番《ママ》村（?）　小野瀬仁兵衛
西金村　小野瀬惣太
下金沢村　吉成孫兵衛
佐貫村　堀江源之允
佐貫村　町嶋勘衛門
相川村　吉成彦次郎
初原村　二方与市郎衛門
茅野倉村　木沢平左衛門
花輪村　吉成長左衛門
山田村　合沢次介
上沢村　合沢杢之允
高岡村　菊池久兵衛
浅川村　長山三衛門
槇野地村　石井七兵衛
冥賀村　菊池忠衛門
上合村　金沢市郎兵衛
上野宮村　石井久左衛門
中郷村　佐藤次郎衛門
沢又村　鈴木吉兵衛
黒沢町付村　飯村五衛門
下野宮村　菊池弥兵衛
中谷田村　戸辺与左衛門
川山村　本田藤兵衛
下谷田村　益子惣左衛門

大子村　益子弥衛門
池田村　本田喜衛門
大生瀬村　斉藤与五衛門
上大野宮《ママ》村　鴨志田五衛門
下大野村　會沢七郎衛門
高柴村　石井兵左衛門
小生瀬村　石井四兵衛
袋田村　桜岡平左衛門
久野瀬村　高瀬惣衛門
北田気村　菊池為衛門
南田気村　見代市郎衛門
下津原村　斉藤茂衛門
頃藤村　武石庄兵衛
同　神永惣兵衛
下小川村　上久保十兵衛
舟生村　森　助衛門
山形《ママ》村　金谷次兵衛
西野内村　柳下七左衛門
野上村　舘《ママ》原太郎
岩崎村　小究孫左衛門
上大賀村　河野九兵衛
小祝村　河野市衛門
別所村　広木四郎衛門
上根本村　藤田次兵衛

横瀬村　柏　伊衛門
部垂村　立原伝左衛門
西宮村　（鈴木左馬之允
　　　　江橋惣左衛門
三才村　薄井半三郎
大橋村　茅根権衛門
田中中村　大内茂兵衛
茂宮村　赤須市郎衛門
小嶋村　高畑又兵衛
留　村　大内杢衛門
亀下村　佐藤甚五衛門
竹瓦村　根本杢〈善〉七
下土木内村　會澤理衛門
釈迦堂村　黒沢理兵衛
本米崎村　福地善六
石神外宿村　寺門庄衛門
舟石川村　河野藤衛門
石神内宿村　渡辺七朗兵衛
北河原村　橋本惣左衛門
白方村　（沢畠半衛門
　　　　大内八郎
村松村　大内長兵衛
　同　寺《ママ》沼十衛門
寺《ママ》沼村　照沼伝衛門

長砂村　川又伊衛門
横道村　飛田太衛門
馬渡村　飛田七兵衛
前浜村　黒沢平兵衛
平《ママ》砂村　礒前市郎兵衛
三反田村　二川清五郎
柳沢村　岸　加兵衛
部田野村　飛田平左衛門
中根村　安　五郎衛門
金上村　西村加衛門
勝倉村　藤ケ作杢兵衛
竹田村　大屋弥兵衛
堀口村　清水忠兵衛
外石川村　黒沢源衛門
大島村　平野伊衛門
外野村　立原武衛門
下高場村　木名瀬又左衛門
高野村　清水七左衛門
足崎村　照沼庄衛門

那珂郡

波賀《ママ》村　塙　四郎衛門
舟場村　小泉仁兵衛
向山村　篠崎五左衛門
堤　村　小薗善兵衛

稲田村　鹿志村善郎衛門
田彦村　平野権衛門
市毛村　寺沼安衛門
後台村　根本甚衛門
菅谷村　横須賀勘兵衛
　同　　平野勘之進
杉　村　瀬谷伊衛門
横堀村　田所次郎衛門
額田屋《ママ》　箕川孫衛門
　同　　大谷与市衛門
門部村　芦間又左衛門
　同　　江幡勘左衛門
磯崎村　高知長衛門
下□野村　高瀬平大夫
前小屋村　斉藤儀衛門
　同　　中村伊衛門
下根本村　野上喜兵衛
上岩瀬村　小又伝左衛門
下岩瀬村　川幡権兵衛
瓜連村　寺門市郎衛門
下大賀村　檜山弥衛門
下村田村　山崎長衛門
上村田村　山本新左衛門
古徳村　岩上惣六

引田村　篠田金衛門
忠中戸村　鯉渕武衛門
高野村　木村善左衛門
菩提村　先崎九兵衛
静　村　柚賀次左衛門
中里村　渡引善三郎
中岡村　高知四郎兵衛
北酒出村　小林又兵衛
南酒出村　高瀬弥衛門
鴻巣村　叶野四郎兵衛
飯田村　青山六衛門
福田村　福田善左衛門
中台村　石川市左衛門
青柳村　伊藤佐左衛門
　同　　菊池半六
西蓮寺村　鈴木次左衛門
中河内村　永井助左衛門
東木倉村　黒沢権左衛門
西木倉村　植田次左衛門
鳥喰村　山田又左衛門
上河内村　鶴田庄左衛門
下国井村　大銭孫左衛門
田谷村　星　三之助
下国井村　　縫衛門

上国井村　瀧田久衛門
戸　村　檜山権兵衛
戸崎村　綿引杢左衛門
田崎村　阿久津半三郎
大内村　根本次左衛門
下江戸村　斉藤権兵衛
小場村　安藤甚左衛門
向山村　小林武衛門
小野村　秋山利左衛門
三美村　塩沢次左衛門
東野村　宇野市郎左衛門
上寺田村　高村又兵衛
長沢村　和智吉衛門
下檜沢村　小金《ママ》市郎衛門
上檜沢村　長岡十兵衛
入檜沢村　葛西作衛門
同　弥兵衛
小田野村　佐藤権兵衛
小舟村　片岡介三郎
同　内田助左衛門
上小瀬村　掛札太郎左衛門
同　長山七郎兵衛
下小瀬村　石崎十兵衛
法性寺村　高倉伊衛門
小玉村　三村次郎左衛門
小瀬沢村　會澤七左衛門
松野草村　佐藤与左衛門
入本郷村　小野長兵衛
千田村　荒井六左衛門
秋田村　広木与左衛門
中井村　泉　喜衛門
吉丸村　青柳市衛門
福岡村　小野善左衛門
国長村　岸　六兵衛
長倉村　泉　伊左衛門
土路部村　赤土佐平次
大田村　石崎平次衛門
那賀村　長山甚三郎
門井村　倉田伊衛門
野口平村　森元六平
野口村　長山七左衛門
右之外
茨城郡
行方郡　略ス
物村員七百三拾七ケ村
貞享二年
丑九月十日
久慈郡大沢村

仁平太左衛門
熊野山法師
山本坊
鈴木大夫
右之通リ村々書写候得共、久敷儀ニ付、虫入等ニ而見江兼候所も有之、其段相心得、且所々入込村落候所御穿鑿可被成候、以上、
弘化四年五月吉日　熊野山
知事
水戸茨城郡
大戸村
百姓多蔵殿　江

＊「旧記」所収（常陸太田市、大内やす子蔵）
※原本に従ったが明らかに誤りと思われる箇所についてはママと傍記した。

庄屋名一覧　二（鹿嶋郡・那賀郡・久慈郡）

『御領中村々名主衆姓名書留帳』

安永七年戊戌四月
天下野村
木村武多平

一常陸国鹿嶋郡大貫村　庄や　田山新五兵衛
一　同郡　磯浜村　庄や　関根権衛門
一　同郡　中湊村　岡山与次衛門
一　柳沢村　人見善之衛門
一　三反田村　二川次衛門
一　金上村　市川善衛門
一　武田村　大谷長之衛門
一　堀口村　清水儀衛門
一　中台村　石川清次衛門
一　東木倉村　後藤利衛門
一　豊喰村　山田庄兵衛
一　西木倉村　植田幸八

一　上河内村　鶴田助左衛門
一　田谷村　小林半衛門
一　下国井村　渡辺長左衛門
一　上国井村　瀧田久衛門
一　戸村　檜山藤兵衛
一　田崎村　鬼沢久衛門
一　大内村　秋山太兵衛
一　下江戸村　斎藤権兵衛
一　向山村　小林武衛門
一　小場村　安藤治之衛門
一　上村田村　冨山治郎兵衛
一　高野村　同　人
一　前小屋村　斎藤又兵衛
一　宇留野村　大曽根浅衛門
一　下根本村　青山喜左衛門
一　下岩瀬村　中崎儀兵衛
一　上岩瀬村　萩谷嘉重
一　下村田村　同　人
一　下大賀村　檜山六左衛門
一同国那珂郡　部垂村　立原伝十
一　石沢村　笹沼四郎太
一　菩提村　先崎又介
一　静村　柏　文衛門
一　古徳村　寺門初衛門
一　瓜連村　綿引左一衛門
一　中里村　大内重兵衛
一　中岡村　中崎半十
一　磯崎村　高畑嘉一兵衛
一　門部村　中井川八郎
一　北酒出村　高瀬弥衛門
一　南酒出村　同　人
一　鴻巣村　高畑儀衛門
一　飯田村　大和田五郎衛門
一　福田村　福田次郎兵衛
一　後台村　山田栄重
一　菅谷村　横須賀藤十郎
一　杉村　瀬谷伊之衛門
一　横堀村　田所治郎左衛門
一　堤村　住谷彦左衛門
一　額田村　鈴木常衛門
一　久慈郡　上川合村　寺門平蔵
一　下川合村　萩谷平衛門
一　落合村　冨岡治衛門
一　内田村　長山利兵衛
一　沢目村　中村伝左衛門
一　小目村　市郎兵衛
一　岡田村　中村忠兵衛
一　幡村　佐々木治之衛門

一　西宮村　鈴木伝左衛門
一　三才村　鈴木瀬兵衛
一　磯部村　金沢庄兵衛
一　小沢村　白土弥衛門
一　谷河原村　篠原平衛門
一　天神林村　萩谷源次衛門
一　藤田村　萩谷伊兵衛
一　嶋村　萩谷彦兵衛
一　栗原村　宇野兵之衛門
一　小嶋村　鴨志田庄五衛門
一　中野村　塙　茂左衛門
一　川嶋村　安　新三郎
一　下新地村　嶋根彦次衛門
一　上新地村　綿引武介
一　花房村　関武左衛門
一　冨岡村　金子忠次衛門
一　小倉村　和田五左衛門
一　塩原村　住谷平之衛門
一　辰野口村　野沢藤蔵
一　東谷村　渡辺甚兵衛
一　釜額村　同　人
一　生井沢村　同　人
一　下宮河（内）村　同　人
一　押沼村　小野瀬伊兵衛
一　小貫村　相田弥兵衛
一　西野内村　細貝忠八
一　諸沢村　中嶋郡次衛門
一　上宮河（内）村　関　太一衛門
一　赤土村　桑原弥兵衛
一　上利員村　金田常衛門
一　中利員村　茅根三右衛門
一　箕村　岩間久兵衛
一　下利員村　同　人
一　竹合村　海老根市郎兵衛
一　大方村　井坂平兵衛
一　高柿村　荒井利衛門
一　岩手村　栗原仁兵衛
一　玉造村　黒羽治郎衛門
次（継）所　和田長十
一　久米村　堀江権兵衛
一　薬谷村　川崎与一兵衛
一　大里村　片野忠衛門
一　大平村　小沢林平
一　新宿村　根本利平次
一　太田村　小沢庄五郎
一　増井村　根本善次衛門
一　芦間村　茅根丹次衛門
一　和田村　榊　甚五衛門

一　松平村　石井甚五兵衛
一　棚谷村　佐藤与一兵衛
一　国安村　野上伊大夫
一　和久村　和田五三郎
一　町田村　後藤重兵衛
一　中染村　関　仁兵衛
一　東染村　和田平兵衛
一　西染村　金沢与一衛門
一　天下野村　木村八大夫
一　高倉村　細谷吉郎兵衛
一　小生瀬村　佐川弥次衛門
一　高柴村　石井平吉
一　□（大か）野上郷村
一　同　下郷村　大藤伝次兵衛
一　大生瀬村　斉藤利平次
（以上）

＊木村進家旧蔵（常陸太田市）

庄屋名一覧　三

『寛永文書』（茨城県立図書館蔵）にみえる村役人（抄出）

《寛永十年（一六三三）九月》
太田町名主皆川惣衛門・石橋半次郎

《寛永十五年（一六三八）前後と推定》
下年数村名主宮内・同庄右衛門、**大平柳沢村**名主久衛門、**成沢村**名主四郎衛門・組頭茂左衛門・同小左衛門・同久衛門・同久太郎、**黒坂村**主税（名主か）、**立われ新田**どうとく、**わるひ（蕨）平新田**作左衛門・五郎左衛門、**下畠村**庄屋平次衛門、一**油ケ崎村**庄屋助十郎、**呉坪村**庄屋善衛門、一**嶋名村**弥次右衛門、**薄場村**庄屋平兵衛、一**松井村**名主又左衛門、**足洗村**庄屋勘三郎、**大津村**庄屋長五郎、**桜井村**名主長三郎、**内野村**庄屋正善、**横河村**庄屋五郎左衛門、**嶋崎村**五衛門、**河原子村**名主次衛門・正衛門・茂兵衛、上相田村けん物（役名無記載）、石滝村庄屋長二郎、粟野村名主久右衛門、大窪村名主拾左衛門、高戸村庄屋帯刀、小野矢指村久兵衛、山辺村庄屋与一左衛門、上君田村正吉、高原村庄屋茂右衛門、友部村庄屋治右衛門、大菅村庄屋勘解由、砂沢村庄屋善四郎、悦子村庄屋佐治衛門・漆平共組左馬丞、菅村庄屋源兵衛、釈迦堂村名主理左衛門、小木津村庄屋茂左衛門、根本村名主甚之丞、白羽村庄屋里兵衛、東蓮寺村名主五右衛門・同源衛門、川尻村庄屋治兵衛・源兵衛、中野村庄屋右馬助・御奉行様、天神林村庄屋甚右衛門、川原野村庄屋次郎兵衛、坂之上村庄屋力助、米崎村名主修理、真弓村庄屋兵吉、石川村庄屋左門、磯原村庄屋彦六、折笠村庄屋□五左衛門、東上淵村庄屋九兵衛、小貫村名主兵衛門、森山村名主吉郎兵衛、石神外宿村名主久郎兵衛、圷村名主右馬丞、小中村庄屋長兵衛、石神白方村名主次右衛門、宮田村庄屋戸右衛門、生井沢村名主次衛門、薬屋村名主茂左衛門・同半七、諸沢村庄屋大学、石神内宿村名主久衛門、大里村庄屋ぬいの丞、小嶋村庄屋又又左衛門・組頭拾衛門・同義左衛門・同惣衛門・同又衛門・同与惣衛門、小妻村庄屋彦衛門、大中村庄屋帯刀、枝川村名主二郎兵衛・同孫作、荒川村庄屋兵右衛門、伊師村庄屋又兵衛、赤須村名主長右衛門、諏訪村名主常学院、稲田村庄屋新左衛門、

沢村名主六右衛門、田渡村庄屋正次郎、小野村庄屋兵部左衛門・寛永拾六年卯十月三日御奉行様○、折橋村庄屋兵助・同兵右衛門、瀬谷村名主治左衛門、小目村庄屋四郎兵衛、上田代新田村組頭清次郎・同治左衛門、嶋村庄屋弥兵衛、上高倉村名主与左衛門、東染村庄屋弥衛門、下高倉村庄屋茂右衛門・同善七・加右衛門、高柿村名主利右衛門、上河井村庄屋久三郎、津田村名主藤次衛門・同長左衛門、岡田村庄屋庄右衛門・同五郎兵衛、新宿村名主税、内田村庄屋佐五衛門、

磯原村庄屋雅楽助・組頭治左衛門・同半四同小平次・兵右衛門・同二郎衛門・同藤衛門・同次兵衛・同小右衛門・同与左衛門、

太田村庄屋庄助・組頭三九郎・同藤兵衛、同雅楽介・同善吉・庄屋作之丞・組頭惣七・同六左衛門・同庄之助・同孫左衛・同利左衛門、太田村名主与兵衛、馬場村庄屋二郎兵衛、亀下村庄屋太郎衛門・同平次右衛門、介川村庄屋清兵衛・同三右衛門、相賀村庄屋茂右衛門、大方村庄屋茂兵衛

《前書之人別帳村々役人之名左ニ　村役人ノ名「寛永十五とら三月十五日」》

藤田村五郎兵衛・次郎兵衛・庄衛門・仁兵衛・孫兵衛・彦太夫（役職名無記載）、足洗村庄屋勘［　］・

組頭［　］・同太［　］・同理［　］・同与次［　］・同平七（役職名無記載）**和久村**庄屋左馬丞（以下役職名無記載）庄太郎・小津衛門・源七郎・長兵衛・羽右衛門・茂左衛門・長次郎、**嶋村**弥兵衛（役職名無記載）・理左衛門・六郎衛門・平次左衛門・ぬい左衛門・彦左衛門・五郎衛門・惣百姓、**小倉村**（役職名無記載）与左衛門・五郎左衛門・正太・左吉・理衛門・長四郎・太郎衛門・源左衛門、**中野村**名主、組頭・惣百姓（名無記載）、**赤土村**織部（役職名無記載）・作兵衛・新左衛門・甚左衛門・正助・杢右衛門・連花・左馬丞・茂左衛門・与三左衛門・忠次郎、**樫村**組頭仁左衛門・茂兵衛・又右衛門・清右衛門・もんと・采女・与惣・与惣左衛門・茂右衛門・弥次右衛門・平三郎・惣百姓、**諸沢村**（役職名無記載）大学・嘉左衛門・嘉右衛門・亥左衛門・次郎右衛門・正吉・惣右衛門・惣百姓中、**上高倉村**名主与左衛門・組頭多兵衛・同喜左衛門・同庄左衛門・同長兵衛・同長作・同右京・惣百姓、**和田村**組頭五左衛門・主水・三硯、又兵衛・惣百姓、**千手村**名主大せん・右馬丞、組頭内蔵丞、**久米村**藤右衛門（役職名無記載）・六右衛門・与兵衛・新右衛門、**岩手村**所左衛門（役職名無記載）・正右衛門・五左衛門・嘉右衛門・左馬丞・源右衛門、**小嶋村**又左衛門（役職名無記載）・与一左衛門・惣衛門・又右衛門・十衛門、**棚谷村**三右衛門（役職名無記載）・三拾郎・宮内左衛門・源楽丞・源左衛門・惣百姓、**宮河内村**藤次衛門（役職名無記載）・甚左衛門・弥左衛門・右馬之助・与兵衛・め゛右衛門・はやと・新六郎・惣百姓共、**長貫村**長兵衛（役職名無記載）・彦六・藤右衛門・源之丞、**辰口村**惣百姓・忠兵衛（役職名無記載）・内蔵介・茂左衛門・三郎左衛門・弥次衛門・五左衛門、**小木津村**名主杢右衛門・組頭左馬丞・同茂左衛門・同弥左衛門・同蔵人・同茂［　］・同左馬［　］・同田［　］・同二郎次衛門・同正左衛門、**下高倉村**彦左衛門（役職名無記載）・加右衛門・茂衛門・長五郎・善七・喜兵衛・ぬい之丞・長吉・はやと・惣百姓、**塩原村**平次衛門（役職名無記載）・善衛門・三之丞・与惣衛門・源太・茂兵衛・孫兵衛・賀衛門・新衛門・弥次衛門・与一左衛門・弥惣衛門・久衛門・賀兵衛・与一郎、**高柿村**名主理右衛門・組頭けき・同次兵衛・同五左衛門・加一左衛門・**大中村**中山備前守百姓平次右衛門・与兵衛・十郎兵衛・四郎兵衛、**中山市正**百姓両乗院・長左衛門・与六郎・又左衛門・藤右衛門・藤左衛門、**松平志摩守**百姓茂平次・次兵衛・弥右衛門、小笹為閑百姓帯刀・文左衛門・主水・庄九郎・左吉、**荒宿村**庄屋主税・組頭仁右衛門・源兵衛・助之丞・庄右衛門、**新町村**清三郎（役職名無記載）・加兵衛・六右衛門・長左衛門・次右衛門・清兵衛、**磯部村**「役人名切れてなし」**小目村**（役職名無記載）・四郎兵衛・清右衛門・理兵衛・弥二右衛門・孫右衛門・ぬいの丞・清七郎・甚六郎・惣百姓、**竹合村**組「無記載」次右衛門・長左衛門・甚兵衛・源太郎・長作・茂兵衛、**三才村**名「無記載」・同「無記載」組頭助衛門・同内蔵介・同彦兵衛・同孫相・同茂左衛門・惣百姓、**根本村**組頭甚之丞・隼人・大・新左衛門・孫左衛門・平次右衛門・弥左衛門、くらのてう・一助・新兵衛、**町田村**（役職名無記載）茂衛門・彦十郎・弥次衛門・孫兵衛・太郎兵衛・与左衛門・仁左衛門、**薬屋町**（役職名無記載）茂左衛門・半七・助十郎・久左衛門・与左衛門・弥次衛門、**花房村**（役職名無記載）孫兵衛・平次衛門・四郎右衛門・弥左衛門・五郎衛門・主水、**かまぬか村**名主宇衛門、**生井沢村**（役職名無記載）次衛門・作右衛門、**追原畠村**（役職名無記載）助作・与一左衛門・藤四郎、**西之内村**名主清兵衛・組頭惣衛門・正八・藤六郎・賀左衛門・喜左衛門・平次衛門・惣百姓、**下年数村**［　］・宮内・三九郎・左次兵、**かち畠村**（役職名無記載）弥右衛門・与三右衛門、**東連寺村**御蔵入分（役職名無記載）五郎右衛門・源右衛門・惣百姓・同村八郎、**小貫村**（役職名無記載）吉衛門・兵衛門・三右衛門・弥右衛門・平次右衛門・庄右衛門、**芦間村**（役職名無記載）六左衛門・孫右衛門・与一左衛門・六右衛門、**川嶋村**名主清兵衛・くみ頭久左衛門・惣百姓、**上新地町**（役職名無記載）惣七・久左衛門・宇衛門、**中年数村**（役職名無記載）六左衛門・新右衛門・助作・津右衛門・善二郎・彦右衛門・理右衛門・左次右衛門・与惣左衛門・若狭、**上年数村**組頭弥五衛門・同多左衛門・同五郎左衛門・同平次衛門・同治左衛門・同与惣左衛門・同与兵衛・同平次衛門・同与七衛門・同吉兵衛・惣百姓

※　原本に百性とあった表記はすべて百姓とした

論集のあとがき

私は平成九年三月、退職を記念してそれまで続けてきた農村史に関する調査研究の一部を一書にまとめ『水戸藩農村史の研究』（目次文末）として出版した。しかし現職時代は種々制約もあって、疑問を抱きながらも取り組めなかった課題も少なくなかった。退職後はそれらの課題をそのままにできないとの思いに駆られ、気分を新たに、農村史研究を続けることにした。研究結果は機会あるごとに地元研究誌等に発表してきた。

その傍ら、平成九年四月から大宮町（現常陸大宮市）の委嘱を受けて「水戸藩利水史料集」の編集に当たることになった。また同十三年四月に始まった北浦町（現行方市）の町史編さん事業には調査執筆者の一員に加えて戴いた。

本書は地元研究誌等に発表し、その後修正した論文の中から六篇を選び、これに『北浦町史』で、私が取り扱った三項目と、さらに七十二年ごとに執行される東西金砂神社磯出大祭礼の記録を加え、編集したものである。しかし収録した六篇のうち、「幕府巡見使の領内通過に関する」論考は『常陸太田市史』や『里美村史』等の自治体史等で紹介した内容をもとに、新たに発見された史料を参考に再構成したものである。なお水戸藩の利水事業や永田家三代の業績については『水戸藩利水史料集―永田茂衛門父子の業績と三大江堰―』（平成十四年大宮町発行）、『図説―永田茂衛門親子と三大江堰』（平成十八年常陸大宮市発行）を参照していただければ幸いである。

今にして思えば、旧水戸藩領の寒村農家の長男として生まれた私が、農村史を研究分野に選んだのは間違いでなかったかも知れない。高校、大学と休日には、両親の農作業を手伝い、時には父に代わって、集落の道橋修理・祭礼行事等に関する共同作業にも出役した。それらの過程で得た経験や、両親・地元古老から聞く体験談・昔話の内容は、地方文書の世界とかなりの部分で重なっていた。確かに当時の農村社会には藩政時代の余風が強く残っていた。私の生活環境は農村史研究を続ける条件としても申し分なかった。

昭和三十三年、茨城大学四年に進級した私が、卒業論文として選んだテーマは結局、農業史分野「水戸藩における灌漑用水に関する一考察」であった。

以後、「近世古文書演習」講座担当の瀬谷義彦先生のご指導を仰ぎ、論文作成に取り組むことになった。先生からは歴史研究の手ほどきを受け、学問を続けることの厳しさを学んだ。一方農作業手伝いも疎かにできなかった私にとって、卒論作成は何かと苦労も多かった。しかし先生の温かいご指導に励まされ、不備の多い内容であれ、何とか十二月末までに仕上げることができた。

こうして始まった私の水戸藩農村史の調査研究は間もなく六十年になる。その後半（退職後）の二十年の研究は、それまで手を付けられなかった課題解決に力を入れ、進めることにした。しかし研究は進まずこれといった成果を残すことはできなかった。そのためもあって、本書出版などもとより考えてもいなかった。

ところが平成二十年「生瀬の乱年代考」を発表した直後、瀬谷先生から「君の生瀬乱に関する新説は今、注目を集めているようだ。急ぎ補足修正し、これを巻頭論文にして、今までに書き上げた論稿と併せ、一本にまとめてはどうか」と出版を勧められた。その後同じように研究仲間からも出版を促され、やっと私は出版を決断した。遅ればせながら、それから新史料の調査に当たり、補足修正文の執筆に取りかかった。

しかし能力不足と、生来の怠惰な性格もあって、作業は進まず、荏苒今日に至っての出版となってしまった。

しかも残念なことに、編集作業を始めて間もない平成二十七年十一月、瀬谷先生は永遠不帰の客となってしまった。先生には何とも申し訳なく、不敏不才を深くお詫びしなければならない。

もちろん小著は先生の学恩・ご期待に十分にお応えでき得る内容には程遠いが、ともかく良き先輩、研究仲間のご支援・ご協力をいただきながらなんとかまとめることができた。編集が終了し、読み返してみると、いたるところ調査・史料不足、分析の未熟等が目立ち、不備多い内容で忸怩たる思いで一杯である。ただ将来同好の士にいささかでもお役に立つことになれば、私としては望外の幸せである。

最後に本書編集に当たり、種々お力添えを戴いた秋山高志、小松徳年、木村宏、石井聖子、高村恵美、片山俊文、宇留野美雪の諸氏に感謝の意を表します。

小著を長年ご高恩に預かった瀬谷義彦先生と、大学進学を許してくれた両親の霊前に捧げたいと思う。

煩雑な史料、図表の多い各論稿を丹念に整理し、まとめて頂いたにもかかわらず、発刊を真近にし逝かれた茨城新聞社営業局顧問の寺門次郎氏に心から御礼申し上げます。

平成二十八年十一月

常陸太田市国安町の自宅にて　　野上　平

・・・・・・・・・・・・・・

平成九年三月、出版した小著『水戸藩農村の研究』の構成（目次）を掲げておく。

一　村落社会の構造と展開

著者略歴

野上　平（のがみ・たいら）

昭和11年常陸太田市（旧水府村）生まれ。茨城大学教育学部卒業。茨城県内小中学校、茨城県立養護学校、高等学校教諭、教頭を経て、同県立佐竹高等学校校長で定年退職。現在、常陸大宮市文書館調査協力員。

著書――『水戸藩農村の研究』（風涛社）、『水戸藩利水史料集』（大宮町）、『図説　永田茂衛門親子と三大江堰』（常陸大宮市）

共著――『水戸の洋学』（柏書房）、『常陸の社会と文化』（ぺりかん社）、『豊後国の二孝女』（豊後国の二孝女研究会）、『探検家農政家　木村謙次』（水府村）、『日本歴史地名体系―茨城県の地名―』（平凡社）、『日本史用語辞典』（柏書房）、『茨城県風土記』（旺文社）、その他、茨城県内の自治体史（『水府村史』『里美村史』『常陸太田市史』『北茨城市史』『図説日立市史』『新修日立市史』『北浦町史』）

水戸《みと》藩《はん》農村《のうそん》社会《しゃかい》の史的《してき》展開《てんかい》

ISBN978-4-87273-452-2

定価＝3,800円＋税
2016年11月20日　発行

著　者　野上　平

発行所　茨城新聞社
〒310-8686　茨城県水戸市笠原町978-25
茨城県開発公社ビル
電話　029(239)3008

印刷所　藤原印刷